ENSEIGNEMENTS DE LA FORÊT
ENSEIGNEMENTS POUR LES CHANTRES

Note éditoriale

La *Br̥had-āraṇyaka-upaniṣad* et la *Chāndogya-upaniṣad* ont fait l'objet d'éditions en sanskrit, traduites et annotées, par Émile Senart (1947-1928), publiées à titre posthume aux Belles Lettres dans la « Collection Émile Senart », respectivement en 1934 et 1930. Ce sont ces traductions ainsi qu'une partie des notes qui ont été reprises dans ce volume.

L'introduction de Patrick Olivelle est tirée de son édition bilingue (sanskrit-anglais) des Upaniṣads : *The Early Upaniṣads, annotated text and translation*, New York, Oxford University Press, 1998.

Les illustrations sont la reproduction de la série « Upanishads », 6 huiles sur bois (1,00 x 0,65 m) d'Augustin Frison-Roche réalisées à l'automne 2021 pour cette édition.

ENSEIGNEMENTS DE LA FORÊT

—

ENSEIGNEMENTS POUR LES CHANTRES

La *Brihad-aranyaka-upanishad* et la *Chandogya-upanishad*

Traduction et notes d'Émile Senart

Introduction de Patrick Olivelle,
traduite de l'anglais par Laurent Cantagrel

Illustrations d'Augustin Frison-Roche

LES BELLES LETTRES
Série indienne

Pour l'introduction :
Patrick Olivelle, *The Early Upaniṣads Annotated text and translation*.

95 bd Raspail 75006 Paris.
www.lesbelleslettres.com

ISBN : 978-2-251-45300-2

PRONONCIATION
DES TERMES SANSKRITS

Pour la prononciation des mots sanskrits translittérés dans cet ouvrage, on peut considérer que :

ś et ṣ se prononcent ch

c se prononce tch

r̥ se prononce ri

ṇ, ṭ et ḍ se prononcent comme n, t et d mais avec le bout de la langue pointant sur le palais dur

les consonnes suivies d'un h sont aspirées

Notons également que certains mots peuvent avoir plusieurs formes, pour des raisons inhérentes à la grammaire sanskrite. Ainsi *sāma* est le nominatif de *sāman, karma* de *karman,* etc. *Yajus* pourra prendre la forme *yajur* en composition, le préfixe *ud-* pourra devenir *ut-*, etc.

Prajāpati est l'année. Il a seize parties ;
les nuits en forment quinze ; la seizième est fixe.
C'est par les nuits qu'il croît et décroît. Puis, la nuit de la nouvelle lune,
entrant au moyen de cette seizième partie dans tout ce qui a souffle,
il renaît au matin.

(BU, I, 5, 14)

INTRODUCTION

Les upaniṣads dont on lira ici la traduction comptent parmi les productions littéraires les plus importantes de l'histoire de la culture et de la religion indiennes, à la fois parce qu'elles ont joué un rôle essentiel dans le développement des idées religieuses en Inde et parce qu'elles constituent des sources précieuses nous permettant de mieux comprendre l'histoire religieuse, sociale et intellectuelle de l'Inde ancienne. Les upaniṣads ont été composées à une époque de grands changements sociaux, économiques et religieux ; elles témoignent de la transition entre le ritualisme archaïque du Veda et de nouvelles idées et institutions religieuses. C'est dans ces textes que l'on voit apparaître pour la première fois quelques-unes des notions religieuses fondamentales de l'hindouisme et d'autres courants religieux, comme le bouddhisme et le jaïnisme, nés peu de temps après la composition des plus anciennes upaniṣads. Parmi ces notions se trouve la doctrine de la réincarnation, avec la loi du *karman* qui en régit le processus, et les techniques permettant d'échapper au cycle des réincarnations, comme l'entraînement mental associé au yoga, l'abnégation ascétique, les mortifications ou encore le renoncement au sexe, à la richesse et à la vie de famille. Même si, en théorie, l'ensemble du corpus védique est considéré comme une vérité révélée, ce sont en fait les upaniṣads qui ont influencé le plus durablement la vie et la pensée des diverses traditions religieuses que nous en sommes venus à appeler hindouisme. Les upaniṣads sont ainsi les textes par excellence de l'hindouisme.

L'arrière-plan social des upaniṣads

Les spécialistes modernes sont parvenus à éclairer jusqu'à un certain point le passé lointain et longtemps oublié de l'Inde du Nord. Jusqu'au milieu du deuxième millénaire avant notre ère, cette région était sans doute peuplée par de nombreux groupes, d'origines ethniques et linguistiques diverses. Nous savons très peu de choses à leur sujet, à l'exception d'un groupe de population sur lequel nous disposons d'une mine d'informations mises au jour par des archéologues au début du XXe siècle. Le peuple en question a développé une civilisation urbaine le long du fleuve Indus (que l'on a appelée pour cette raison civilisation de la vallée de l'Indus), autour des deux grandes villes de Harappa et Mohenjo Daro[1]. Cette civilisation, qui a duré depuis environ 2300 jusqu'au milieu du deuxième millénaire avant notre ère, a fini par disparaître sans exercer d'influence notable sur celles qui lui ont succédé.

À peu près au moment où s'éteignait la civilisation de la vallée de l'Indus eut lieu, selon la théorie communément admise, une migration assez importante de populations venues

1. À propos de cette civilisation, voir B. et F.R. Allchin, *The Rise of Civilization in India and Pakistan*, Cambridge, Cambridge University Press, 1982 ; Gregory L. Possehl (éd.), *Ancient Cities of the Indus*, Durham, Carolina Academic Press, 1979 ; Gregory L. Possehl (éd.), *Harappan Civilization : A Contemporary Perspective*, Delhi, Oxford university Press, 1982.

de l'ouest vers la haute vallée de l'Indus[1]. Ces nouveaux venus étaient un peuple pastoral mais militairement puissant qui s'appelait lui-même *ārya* (littéralement : « noble » ou « honorable »), d'où vient le mot « aryen ». C'est dans leur langue, connue par la suite sous le nom de sanskrit, qu'a été rédigé l'ancien corpus védique, dont les upaniṣads. Des études linguistiques ont montré que le sanskrit appartient à une famille de langues, généralement appelées indo-européennes, qui comprend le grec, le latin et la plupart des langues modernes d'Europe et d'Inde du Nord, ainsi que les langues anciennes et modernes d'Iran. La diffusion de ces langues d'une même famille conduit à supposer qu'un groupe de peuples pastoraux apparentés entre eux a migré à travers l'Europe ainsi que vers l'est, s'installant d'abord en Iran, puis en Inde du Nord.

Les premiers Aryens qui parvinrent en Inde commencèrent par coloniser les terres fertiles des affluents du Haut Indus (correspondant à l'actuelle région du Pendjab), avant de poursuivre leur migration plus loin vers l'est, dans la vallée du Gange. Bien que la culture matérielle des Aryens ait été de beaucoup inférieure à celle de la civilisation de la vallée de l'Indus – la culture urbaine, par exemple, n'allait reprendre son essor qu'un millénaire plus tard –, ils nous ont laissé un vaste

1. La théorie d'une migration aryenne a été remise en cause par plusieurs archéologues : voir Colin Renfrew, *Archaeology and Language : The Puzzle of Indo-European Origins*, Londres, Jonathan Cape, 1987. Même si cette théorie de la migration doit éventuellement être révisée et s'il est possible que les migrations aryennes se soient produites à différents moments et en une période bien antérieure, je pense que la plupart des témoignages continuent de plaider en faveur de l'idée qu'il s'est bien produit une migration aryenne vers l'Inde au cours du deuxième millénaire avant notre ère et que la langue des Vedas correspond à celle de ces Aryens. Sur cette question, voir G. Erdosy (éd.), *The Indo-Aryans of Ancient South Asia*, Berlin, De Gruyter, 1995.

corpus de textes écrits, les Vedas. C'est pour cette raison que l'on appelle « civilisation védique » cette civilisation aryenne pendant l'époque qui va de la composition des plus anciens hymnes ṛgvédiques, sans doute au cours des derniers siècles du deuxième millénaire avant notre ère, jusqu'au Vᵉ siècle avant notre ère environ[1].

Les Aryens dominaient les populations indigènes dans une grande partie de l'Inde du Nord. Leur suprématie militaire s'explique par de nombreux facteurs, parmi lesquels un rôle important revient certainement à leur emploi de chevaux et de chars tirés par des chevaux. Le cheval est de fait resté un symbole capital du pouvoir royal dans l'Inde ancienne, et le sacrifice d'un cheval, qui figure en bonne place dans le premier chapitre de la *Bṛhadāraṇyaka-upaniṣad*, est devenu la principale expression rituelle de ce pouvoir. Mais la domination des Aryens n'était sans doute pas due à une supériorité numérique. Selon Erdosy en effet, « les preuves d'un peuplement étendu dans la vallée du Gange à la fin du deuxième millénaire avant notre ère suggèrent que la population indigène était numériquement en écrasante majorité »[2]. Ce mélange de peuples indigènes et aryens a été constitutif de la société védique.

Les peuples non aryens soumis semblent avoir été relégués en général dans la classe inférieure d'une structure sociale

1. La meilleure description de la société védique à partir des sources écrites reste celle de W. Rau (*Staat und Gesellschaft im alten Indien nach den Brāhmaṇa-Texten dargestellt*, Wiesbaden, Harrassowitz, 1957). M. Witzel (notamment dans *Inside the Texts, Beyond the Texts : New approaches to the Study of the Vedas*, Cambridge, Department of Sanskrit and Indian Studies, 1997) a donné la toute première histoire sociale des textes védiques.
2. G. Erdosy, *Urbanisation in Early Historic India*, Oxford, BAR, 1988, p. 101.

quadripartite qui était en train de se mettre en place. Elle comprenait : (1) l'élite dirigeante avec la classe militaire, habituellement appelée kṣatriya ; (2) la classe sacerdotale héréditaire des brâhmanes ; (3) le grand groupe des paysans et des artisans connu sous le nom de vaiśya ; enfin (4) le groupe des śūdra, qui rassemblait un ensemble hétéroclite de personnes, dont des non-aryens assujettis, des serviteurs et des esclaves. Ces quatre groupes sociaux étaient appelés *varṇa* (littéralement : « couleur »), les trois premiers ne comprenant, en théorie du moins, que des Aryens.

Ces groupes n'étaient pas aussi fermés que les castes qui diviseront plus tard la société indienne, et il semble qu'il y ait eu une relative mobilité entre eux. La répartition de la société en *varṇa* est néanmoins restée, de l'époque védique jusqu'aux temps modernes, la conception théologique et théorique dominante de la société en Inde[1], et elle sous-tend une grande partie des réflexions que l'on trouve dans les upaniṣads. À l'époque des derniers hymnes du Ṛgveda, probablement pendant les premiers siècles du premier millénaire avant notre ère, la division de la société en *varṇa* était devenue si fondamentale d'un point de vue théologique qu'un hymne à la création décrit l'émergence des quatre classes à partir de la bouche (brâhmane), des bras (kṣatriya), des reins (vaiśya) et des pieds (śūdra) d'un homme primitif (*puruṣa*), dont le sacrifice et le démembrement ont donné naissance à l'univers (Ṛgveda 10.90).

La question de l'influence qu'ont pu exercer les traditions religieuses et culturelles non aryennes sur la culture védique

1. À propos de l'idéologie des *varṇa* et de son emploi comme principe de classification, voir B. K. Smith, *Classifying the Universe : The Ancient Indian* Varṇa *System and the Origins of Caste*, New York, Oxford University Press, 1994.

dominante a alimenté nombre de débats et de controverses. Il n'est guère contestable qu'elles ont dû avoir une certaine influence, mais il est, me semble-t-il, à peu près impossible sinon vain de vouloir identifier des éléments particuliers non aryens dans la culture védique[1]. Comme le fait remarquer Erdosy, la permanence même de l'ordre social créé par les immigrants aryens conduit à supposer que ces derniers avaient utilisé et exploité les divisions sociales en vigueur chez les peuples non aryens (Erdosy *Urbanisation, op. cit.*, p. 101). Les élites de ces populations ont ainsi vraisemblablement été cooptées pour entrer dans la classe dirigeante des kṣatriyas ; quant à la classe sacerdotale des brâhmanes, elle comprenait des spécialistes aryens et non aryens des rituels. Tout souvenir éventuel d'être venus de l'ouest s'est d'ailleurs rapidement effacé de la mémoire collective des Aryens : aucun des anciens textes védiques n'en présente la moindre trace.

L'influence des peuples indigènes a probablement été la plus forte dans le domaine économique. À l'origine peuple nomade d'éleveurs de bétail, les Aryens ont adopté une grande partie du système économique des populations indigènes : entre 1000 environ et 600 avant notre ère, l'économie de la société védique dans la vallée du Gange fut dans l'ensemble une économie agricole, même si l'élevage des animaux, en particulier du bétail, a continué d'y jouer un rôle important et que les vaches sont restées le symbole de la richesse. Le riz, céréale locale de la région du Gange, est devenu leur aliment de base. Des documents montrent également qu'ils exerçaient l'artisanat, notamment la poterie et le travail du textile ou du métal, et les textes védiques eux-mêmes attestent qu'il existait

1. Sur ce sujet, voir P. Olivelle, *The Āśrama System : The History and Hermeneutics of a Religious Institution*, New York, Oxford University Press, 1993, p. 68-69.

des négociants pratiquant le commerce[1]. L'économie était néanmoins principalement agricole, structurée par villages : la société védique est restée essentiellement villageoise jusqu'au VIe siècle environ avant notre ère.

Au-delà des villages et de leur organisation interne, des unités politiques plus larges, dirigées par des chefs, régnaient sur de nombreux villages. D'après Erdosy, « dès la période allant du Xe au VIIe siècle avant notre ère, on relève la présence d'implantations relevant d'une hiérarchie à deux niveaux : on peut supposer que le centre important était là pour contrôler les mouvements et le traitement des matières premières, tirant parti de sa position à la frontière de deux régions aux ressources distinctes » (Erdosy, *Urbanisation*, *op. cit.*, p. 55). Ces chefferies furent sans doute les plus grandes unités politiques de cette période, contrôlant l'artisanat et le commerce, collectant impôts et tributs et exerçant un pouvoir à la fois juridique et militaire.

À la fin de la période védique, ces unités s'étaient suffisamment consolidées pour que l'on puisse parler de l'émergence de royaumes et d'une forme de gouvernement monarchique dans la vallée du Gange. Vers le VIe siècle avant notre ère – c'est-à-dire à l'époque des premières upaniṣads – étaient apparus de nombreux royaumes assez importants. Les rois et la royauté, comme l'indique le témoignage des upaniṣads elles-mêmes, ont commencé à jouer un rôle croissant tant dans l'économie politique de l'Inde du Nord que dans le domaine des idées et des institutions religieuses.

L'urbanisation est un aspect fondamental quand on étudie la société védique tardive. Après la disparition de la civilisation urbaine de Harappa et Mohenjo Daro, la société du nord de

1. Voir Rau, *Staat und Gesellschaft*, *op. cit.*, p. 28.

l'Inde était essentiellement structurée en villages. Les données archéologiques et littéraires dont nous disposons indiquent que l'essor des villes le long de la vallée du Gange s'est produit entre le VIe et le IVe siècle avant notre ère[1]. Ces villes fonctionnaient comme des centres administratifs, commerciaux et militaires dans le cadre des royaumes. « Si les découvertes archéologiques de la période précédente signalent l'existence de chefferies, écrit Erdosy, nous avons ici de bonnes raisons de parler de la première apparition d'un niveau étatique d'organisation politique » (Erdosy, *Urbanisation, op. cit.*, p. 116). Ces royaumes assez vastes facilitaient le commerce et les déplacements, favorisant non seulement la distribution des biens mais aussi la propagation des idées et des institutions religieuses.

On ne saurait néanmoins affirmer avec certitude que l'urbanisation de la vallée du Gange s'est produite avant ou après la composition des plus anciennes upaniṣads en prose, ni déterminer quelle influence elle a exercée – si tant est qu'elle en ait exercé une – sur le développement des idées formulées dans les upaniṣads. La société et la culture dont témoignent ces textes sont toutefois très différentes de celles de l'ancienne période védique. Certaines au moins des idées et des institutions nouvelles, en particulier l'ascétisme et le célibat[2], renvoient, me semble-t-il, à un contexte sinon urbain, du moins engagé dans un processus d'urbanisation. Le vaste espace géographique qu'évoquent les upaniṣads fait penser qu'il était relativement facile de voyager et de faire

1. Sur les témoignages archéologiques concernant l'émergence de villes et d'États dans la vallée du Gange du VIe au IVe siècle avant notre ère, voir l'excellente étude d'Erdosy, 1988, *op. cit.*
2. À propos de la façon dont la nouvelle urbanisation peut avoir affecté les idées et les institutions religieuses, voir Olivelle, *The Āśrama System, op. cit.*, p. 55-58.

du commerce dans la majeure partie de l'Inde du Nord. Les références qu'on y trouve vont en effet de la région du Gandhāra au nord-ouest à celle de Videha au sud-est, deux régions séparées par plus de 1 600 kilomètres. Les gens parcouraient ainsi de longues distances non seulement pour commercer, mais aussi pour acquérir des connaissances (*Bṛhadāraṇyaka-upaniṣad* 3.3.1). Il est également intéressant à cet égard de noter que l'on relève très peu de métaphores et d'images agricoles dans les upaniṣads, tandis que celles tirées de l'artisanat, comme le textile, la poterie et la métallurgie, sont nombreuses. Ces métiers pouvaient bien sûr être présents dans la vie villageoise, mais la prédominance des métaphores artisanales incite à imaginer un milieu au moins un peu éloigné de la routine agricole des villages. Une lecture attentive de ces textes suggère à mon avis que leur contexte social était dans l'ensemble celui d'une vie de cour et d'artisanat, plutôt que de villages et d'agriculture. Quant aux upaniṣads plus tardives en vers, elles ont certainement été composées après le développement de l'urbanisation, voire après la création de l'empire Maurya à la fin du IVe siècle avant notre ère.

L'histoire littéraire des upaniṣads

Les upaniṣads font partie d'un vaste ensemble de textes sacrés connus collectivement sous le nom de Veda. Elles font donc partie intégrante des textes fondamentaux de la plupart des personnes que nous appelons « hindoues », et c'est sous cette forme qu'elles ont été transmises à travers les siècles. Il nous faut donc considérer d'abord leur position au sein du large corpus védique. Mais ce sont par ailleurs des documents composés et édités par des individus à des moments donnés de l'histoire et dans des lieux spécifiques : nous devrons donc nous pencher aussi sur les circonstances de leur composition.

Les upaniṣads dans le corpus védique

Les textes des Vedas ont été composés par les brâhmanes et leur étaient en grande partie destinés. Différentes familles de brâhmanes se sont spécialisées dans l'accomplissement de différents aspects des rituels sacrificiels nombreux et complexes qui dominaient leur vie et leur pensée. Ces traditions familiales distinctes ont donné naissance à des « écoles » védiques (*śākhā*, terme que l'on traduit parfois aussi par « branche ») au sein desquelles furent produits et transmis des textes rituels spécifiques. La structure littéraire du corpus védique reflète donc la division de la communauté sacerdotale en écoles spécialisées dans les différents aspects de rituels sacrificiels complexes[1].

Le Veda est divisé *grosso modo* en trois sections : Ṛgveda, Sāmaveda, et Yajurveda. Au fil du temps, une quatrième section est venue s'ajouter à elles, l'Atharvaveda[2]. L'identité d'un brâhmane est en premier lieu définie par son affiliation à l'une des écoles védiques ; j'expliquerai plus loin les différentes fonctions sacerdotales associées à chacune d'elles. Des « ramifications » ultérieures se sont

1. Pour avoir un aperçu d'ensemble sur ces textes, voir M. Winternitz, *A History of Indian Literature*, trad. S. Ketkar, vol. 1, New Delhi, Oriental Books Reprint Corp., 1972 ; J. Gonda, *Vedic Literature*, Wiesbaden, Harrassowitz, 1975.
2. L'Atharvaveda n'est pas directement lié à la tradition liturgique védique et inclut des croyances et des rituels de guérison et de magie. Les upaniṣads que l'on trouve dans l'Atharvaveda sont généralement tardives et ont été probablement composées sous forme de textes indépendants, hors du cadre des écoles védiques.

produites dans les traditions védiques sous l'influence de nombreux facteurs, notamment la situation géographique, la spécialisation relative aux rituels et les conflits d'interprétation des doctrines et des rituels.

Chaque école védique a pour texte fondateur un « recueil » (saṃhitā) de versets ou de formules liturgiques[1] et un texte en prose (brāhmaṇa) expliquant le sens de la liturgie (voir fig. 1). La saṃhitā de chaque Veda est en général commune à toutes ses écoles (même si chacune d'entre elles peut en avoir sa propre version révisée) tandis que chaque école a son propre brāhmaṇa. Les brāhmaṇas n'étaient pas l'œuvre d'un seul auteur, et on leur apportait périodiquement des ajouts comprenant des éléments ésotériques destinés à expliquer les significations cachées des actions et des paroles rituelles. Certaines sections ésotériques des brāhmaṇas ont été appelées āraṇyakas (textes qui devaient être récités dans la nature, en dehors du village), d'autres, upaniṣads. La distinction entre ces deux types de textes n'est pas tout à fait claire car ils traitent tous deux de sujets similaires ; certaines upaniṣads, comme l'*Aitareya*, sont intégrées dans leurs āraṇyakas respectifs, tandis qu'un texte comme le *Bṛhadāraṇyaka* (littéralement : le « Grand Āraṇyaka ») est considéré à la fois comme un āraṇyaka et une upaniṣad. Notons toutefois que les sujets cosmologiques et métaphysiques occupent une position généralement plus importante dans les upaniṣads que dans les āraṇyakas et que les upaniṣads sont, dans l'ensemble, plus tardives que les āraṇyakas. La figure 1 illustre la position des premières upaniṣads dans le cadre du corpus védique.

1. La saṃhitā du Ṛgveda est en vers et contient 1 028 hymnes répartis en dix livres ; la saṃhitā du Sāmaveda consiste principalement en versets ṛgvédiques mis en musique ; la saṃhitā du Yajurveda est en prose et contient des formules que l'on récite pendant un sacrifice.

	ṚGVEDA	YAJURVEDA			SĀMAVEDA	ATHARVAVEDA
		Black (Kṛṣṇa)		White (Śukla)		
Saṃhitā	Ṛgveda saṃ.	Taittirīya saṃ.	Kāṭhaka saṃ.	Vājasaneyi saṃ.	Sāmaveda saṃ.	Atharvaveda saṃ. (Śaunaka)
Brāhmaṇa	Aitareya brāh. Kauṣītaki/ Śāṅkhāyana brāh.	Taittirīya brāh.		Śatapatha brāh.	Talavakāra (Jaiminīya) brāh.	Gopatha brāh. Chāndogya brāh.
Āraṇyaka	Aitareya āra. Śāṅkhāyana āra.	Taittirīya āra.				
Upaniṣad	Aitareya up. Kauṣītaki up.	Taittirīya up. Śvetāśvatara up.	Kaṭha up.	Bṛhadāraṇyaka up. Īśa up.	Chāndogya up. Jaiminīya-up.-brāh. Kena up.	Muṇḍaka up. Praśna up. Māṇḍukya up.

Figure 1 : les upaniṣads dans le cadre du corpus védique.
NB. Ce tableau n'est pas exhaustif : d'autres écoles et textes védiques n'y figurent pas parce que nous ne disposons d'aucune upaniṣad qui leur soit propre.

Les textes védiques, y compris les upaniṣads, ont d'abord été composés et transmis oralement de génération en génération et dans le cadre de leurs écoles védiques propres. On peut relever à la lecture les nombreux cas où le caractère oral des upaniṣads est manifeste, comme lorsque l'auteur utilise les déictiques « celui-ci » et « celui-là » pour désigner ses deux yeux, ou « ceci (ici) » et « cela (là-bas) » pour parler de la Terre (ou de quelque chose qui se trouve sur la Terre) et du soleil. Ces documents n'ont été mis par écrit qu'au bout d'un millier d'années peut-être, mais leur transmission orale avait été très fidèle – plus scrupuleuse, ajouterais-je, que la plupart des traditions manuscrites –, et la tradition sacerdotale avait développé de nombreux procédés, souvent artificiels, pour assurer une transmission fiable.

Vers les derniers siècles avant notre ère, et certainement dès les premiers siècles de notre ère, le rôle du sacrifice dans la religion a perdu de son importance ainsi que celui des écoles védiques dans le savoir brahmanique. Des formes de savoir spécialisées (*śāstra*) ont vu le jour, d'abord la grammaire sanskrite, puis le droit religieux (Dharmaśāstra), la science politique (Arthaśāstra) et la médecine, constituant des traditions transversales par rapport aux écoles védiques. Même dans le cadre des pratiques rituelles et religieuses, la pensée brahmanique en vint à considérer les textes de toutes les écoles védiques – c'est-à-dire la totalité du Veda – comme un corpus faisant autorité pour les membres de chacune des écoles védiques. Les upaniṣads elles-mêmes se sont quelque peu détachées de leurs écoles respectives et sont devenues le bien commun de tous les brâhmanes sous le titre générique de « vedānta », qui signifie la fin ou la conclusion du Veda et, dans un sens étendu, l'essence du Veda.

Le *Vedāntasūtra* (ou *Brahmasūtra*), attribué à Bādarāyaṇa, constitue un premier effort, réalisé probablement au cours des cinq premiers siècles de notre ère, pour donner une présentation systématique des doctrines védantiques[1]. Les upaniṣads en vinrent à être considérées comme la section du Veda contenant la connaissance relative au salut (*jñānakāṇḍa*), tandis que les autres sections contenaient des informations sur les rites (*karmakāṇḍa*). En tant que source révélée de la connaissance, les upaniṣads sont donc ainsi devenues l'autorité écrite fondamentale pour la plupart des traditions théologiques indiennes ultérieures.

Étant donnée l'importance de ce corpus fondamental, on a donné le titre d'« upaniṣad » à de nombreux autres textes, exprimant souvent les idées d'un courant particulier et qui ont joui, grâce à ce nom, de l'autorité et du caractère sacré attachés aux Vedas au moins auprès de certaines franges de la population. La plupart de ces textes tardifs ont été rattachés à l'Atharvaveda. Les upaniṣads de ce genre, que l'on a continué à produire sans doute jusqu'au XVIe siècle de notre ère, se comptent par centaines. Par ailleurs, dans la première moitié du deuxième millénaire de notre ère, les anciennes upaniṣads ont été détachées des brāhmaṇas dont elles faisaient partie et rassemblées en recueils avec les upaniṣads plus tardives ; le nombre d'upaniṣads comprises dans ces recueils variait en fonction de la région, généralement autour de 52 dans le nord et de 108 dans le sud.

1. Voir *The Vedānta Sūtras of Bādarāyaṇa with the Commentary by Śankara*, trad. en anglais de G. Thibaut, 2 parties, SBE 34, Oxford, 1890-1896, réimpression New York, Dover Publications, 1962.

La composition des upaniṣads

La deuxième question relative à l'histoire littéraire des upaniṣads concerne leur composition. Qui en furent les auteurs ? Quand et où ont-elles été composées ? [1] Ce sont des questions auxquelles il est difficile de répondre, car les upaniṣads sont parvenues jusqu'à nous sous forme de textes anonymes et, en dehors des informations internes aux textes eux-mêmes, il n'existe aucun témoignage extérieur permettant de déterminer leur auteur ou la date de leur composition.

Les auteurs

La question des auteurs est compliquée par le fait que certaines des upaniṣads les plus anciennes et les plus longues – au moins la *Bṛhadāraṇyaka*, la *Chāndogya* et la *Kauṣītaki* – sont des anthologies de textes qui ont eu une existence indépendante avant d'être incorporés dans ces upaniṣads par un éditeur ou une succession d'éditeurs. Quelques-uns de ces textes-sources sont d'ailleurs inclus dans plus d'une upaniṣad, ce qui nous amène à penser que les éditeurs ont, au moins en partie, puisé dans un stock commun de récits et d'enseignements [2].

1. Ces questions sont, bien sûr, d'ordre historique. D'un point de vue théologique, la tradition brahmanique considère les Vedas comme une révélation. La conception dominante est qu'ils n'ont aucun auteur humain ni divin : ils sont une connaissance existant par elle-même (*veda* signifie littéralement « connaissance »), « entendue » dans les temps anciens par des voyants (*śruti*, « écouter, entendre », est un autre terme désignant les Veda). D'autres considèrent que les Vedas ont été révélés par Dieu.
2. L'épisode rapportant la révélation de la doctrine des cinq feux, par exemple, se trouve dans plusieurs upaniṣads : la *Bṛhadāraṇyaka* (6.2),

Ces matériaux originaux consistent notamment en dialogues ou en débats et en enseignements formels de maîtres célèbres de l'époque, que l'on a pu identifier. Parmi les plus connus figurent Yājñavalkya (dans la *Bṛhadāraṇyaka-upaniṣad*, désormais abrégée en BU), Uddālaka Āruṇi (dans la *Chāndogya-upaniṣad*, désormais abrégée en CU), Janaka, Pravāhaṇa Jaivali, Ajātaśatru, Śāṇḍilya et Satyakāma Jābāla[1]. Nombre d'entre eux étaient, bien sûr, des brâhmanes, qui étaient prêtres mais aussi théologiens et professeurs dans la hiérarchie sociale de leur temps. Il est donc surprenant que plusieurs des personnages éminents qui enseignent les doctrines des upaniṣads soient présentés comme des rois, ou du moins comme appartenant à la classe des kṣatriyas. La contribution de ces derniers à la pensée upaniṣadique a été une question longtemps débattue entre les spécialistes, dont beaucoup sont allés jusqu'à affirmer que les éléments novateurs des doctrines des upaniṣads étaient à mettre sur le compte de kṣatriyas[2].

Les upaniṣads elles-mêmes semblent confirmer ce point de vue. Elles relatent de nombreux épisodes où l'on voit un ou plusieurs brâhmanes prétendument savants avoir le dessous dans un débat avec un kṣatriya, qui leur

la *Chāndogya* (5.3-10) et la *Kauṣītaki* (1.1-2), et en d'autres endroits. Le segment de la *Bṛhadāraṇyaka* qui comprend le récit de cette révélation (6.1-3) correspond d'ailleurs à celui de la *Chāndogya* (5.1-10).

1. À propos de ces penseurs, voir W. Ruben, *Die Philosophen der Upaniṣaden*, Berne, Francke, 1947.
2. Voir par exemple P. Horsch, *Die vedische Gāthā- und Śloka-Literatur*, Berne, Francke, p. 427-441. Certains spécialistes ont expliqué les formes non standard de sanskrit que l'on rencontre dans certaines upaniṣads par l'influence d'un hypothétique dialecte kṣatriya du sanskrit.

enseigne ensuite une nouvelle doctrine. Le roi Pravāhaṇa Jaivali, par exemple, affirme que la célèbre doctrine des cinq feux « n'est pas parvenue aux brâhmanes ; c'est bien pourquoi dans tous les mondes la domination a été réservée à la classe des kṣatriyas » (CU 5.3.7). On rencontre d'autres récits analogues faisant intervenir les rois Aśvapati Kaikeya (CU 5.11-24), Ajātaśatru (BU 2.1), et d'autres encore.

La classe sacerdotale et la classe royale entretenaient des relations complexes dans l'Inde ancienne. À un certain niveau, elles étaient en symbiose : la coopération entre ces deux groupes, entre les mains desquels était concentré tout le pouvoir, leur permettait à tous deux de prospérer. À un autre niveau, ces deux classes étaient en rivalité de pouvoir et de prestige. Toute l'idéologie brahmanique de la société ainsi que la science et la pratique des rituels étaient conçues, d'une part, pour renforcer le pouvoir des kṣatriyas et, d'autre part, pour obliger ces derniers à reconnaître que les brâhmanes étaient la source même de leur pouvoir. Il serait donc naïf de prendre au pied de la lettre et de considérer comme une vérité historique l'affirmation littéraire des upaniṣads sur le fait que leurs auteurs étaient des kṣatriyas. Il est certain que ces textes ont été composés et transmis par des brâhmanes. Pourquoi ceux-ci ont-ils alors délibérément inclus des scènes qui les montrent en position d'infériorité face à des représentants de la classe royale ? Ils devaient avoir des raisons politiques, religieuses, économiques voire littéraires pour insérer ou imaginer ces épisodes. Si l'on se souvient que la classe des brâhmanes n'était pas une entité monolithique, tout ce que l'on peut supposer est que certains membres de la communauté brahmanique devaient trouver opportun de présenter les idées qu'ils défendaient comme provenant de l'élite royale[1].

Cela ne revient évidemment pas à nier que la noblesse entourant les rois n'ait joué un rôle dans la vie intellectuelle et religieuse du temps. À une époque qui n'est pas très éloignée de celle des premières upaniṣads, de nouvelles religions comme le bouddhisme et le jaïnisme se sont développées à peu près dans cette même région du nord de l'Inde, religions dont on pense que leurs fondateurs étaient issus de la classe royale. Les doctrines des cultes dévotionnels qui sont devenus des parties intégrantes du brahmanisme sont également décrites comme ayant été enseignées par des personnes de cette classe, par exemple Krishna et Rāma, considérés tous deux comme des incarnations du dieu Vishnu. L'important, cependant, n'est pas de savoir si telle ou telle doctrine est apparue chez les kṣatriyas, mais que le nouveau climat religieux du nord de l'Inde, contexte des upaniṣads, se soit développé grâce à l'interaction intellectuelle de « nouveaux penseurs » de ces deux groupes.

On rencontre aussi dans les anciennes upaniṣads deux femmes au moins, Gārgī Vācaknavī (BU 3.6 ; 3.8) et Maitreyī, l'épouse de Yājñavalkya (BU 2.4 ; 4.5), qui participent à des discussions et à des débats théologiques. Le fait qu'elles soient présentées sans un mot pour justifier ou expliquer qu'elles fussent en mesure de prendre position sur des points de théologie suggère que les femmes de certaines classes au moins jouissaient à cette époque d'une position sociale et religieuse relativement élevée – ce que

1. Sur ce sujet, voir Olivelle, *The Āśrama System*, *op.cit.*, p. 61-62.

semble confirmer la description d'un rituel pour obtenir « une fille savante » dans la BU (6.4.17).

Éléments de chronologie

Malgré les affirmations de certains spécialistes[1], toute tentative pour dater ces documents avec une précision supérieure à quelques siècles n'est guère plus solide qu'un château de cartes. Il s'est établi un consensus, à juste titre me semble-t-il, pour dire que la *Bṛhadāraṇyaka* et la *Chāndogya* sont les plus anciennes des upaniṣads. Nous avons vu, cependant, qu'il s'agit de textes réunis par des éditeurs et que certaines de leurs sources sont beaucoup plus anciennes que d'autres. Selon toute vraisemblance, ces deux upaniṣads telles que nous les connaissons sont pré-bouddhistes : il peut être raisonnable de les situer au VIIe ou au VIe siècle avant notre ère, à un siècle près environ[2]. Viennent ensuite trois autres upaniṣads en

1. Voir par exemple la datation précise de plusieurs penseurs upanishadiques que donne Ruben (dans *Die Philosophen, op. cit.*) : Śāṇḍilya (670-640 avant notre ère) ; Uddālaka Āruṇi et Yājñavalkya (640-610 avant notre ère) ; Śvetaketu (610-580 avant notre ère).
2. La datation des upaniṣads et d'autres anciens textes dépend en grande partie de celle de la mort de Buddha. La date généralement admise d'environ 486 avant notre ère a récemment été remise en question. La date avancée par Bechert, située entre 375 et 355 avant notre ère (« The Date of the Buddha Reconsidered », *Indologica Taurinensia*, 10, 1981, p. 29-36), a été défendue par Erdosy sur la base de données archéologiques (« The Archaeology of Early Buddhism », in N. K. Wagle et F. Watanabe (éd.), *Studies on Buddhism in Honour of Professor A. K. Warder*, Toronto, University of Toronto Centre for South Asian Studies, 1993, p. 40-56). Si l'on admet cette dernière date, ce que je tends à faire, alors la date des plus anciennes upaniṣads doit être avancée d'un siècle environ (voir M. Witzel,

prose – la *Taittirīya*, l'*Aitareya* et la *Kauṣītaki* : elles sont toutes probablement pré-bouddhistes et remontent sans doute au VIe ou au Ve siècle avant notre ère.

La *Kena* est la plus ancienne des upaniṣads en vers. Elle contient nombre de thèmes qui reviennent dans les quatre autres upaniṣads en vers – par exemple la recherche du dieu unique, à la fois créateur et agent de libération des humains. Parmi ces quatre autres upaniṣads, la plus ancienne est probablement la *Kaṭha*, suivi de l'*Īśā*, de la *Śvetāśvatara*[1] et de la *Muṇḍaka*. Elles présentent toutes des tendances théistes marquées, aussi sont-elles sans doute les plus anciens produits littéraires de la tradition théiste, dont le corpus comprendra ensuite la *Bhagavad Gītā* et les purāṇas. Toutes ces upaniṣads ont vraisemblablement été composées au cours des derniers siècles avant notre ère. Il y a enfin les deux upaniṣads tardives en prose, la *Praśna* et la *Māṇḍūkya*, qui ne sont sans doute guère plus anciennes que le début de notre ère.

Situation géographique des upaniṣads

La dernière question concernant la composition des upaniṣads porte sur les régions où elles ont été composées. D'après les textes, les auteurs des upaniṣads connaissaient une aire géographique correspondant en gros à l'Inde du Nord, allant de la haute vallée de

« Tracing the Vedic Dialects », in C. Caillat (éd.), *Dialectes dans les littératures indo-aryennes*, Paris, De Boccard, 1989, p. 241-251).

1. Oberlies (« Die *Śvetāśvatara-Upaniṣad*, Einleitung, Edition und Übersetzung von Adhyāya I. », 1995, p. 68) estime impossible que la *Śvetāśvatara-upaniṣad* ait été composée longtemps après le premier siècle avant notre ère.

l'Indus à la basse vallée du Gange, et des contreforts de l'Himalaya à la chaîne de montagnes des Vindhya. On peut affirmer sans grand risque qu'ils étaient tous issus du cœur géographique de l'ancien brahmanisme, comprenant les régions de Kuru-Pañcāla et de Kosala-Videha, ainsi que les régions directement au sud et à l'ouest de celles-ci (voir fig. 2). Mais il est beaucoup plus difficile de déterminer l'origine géographique de chacune des upaniṣads. Plusieurs spécialistes ont récemment tenté de localiser les écoles et les textes védiques à partir des indices que l'on peut relever dans les textes eux-mêmes. Bien que les résultats n'en soient guère concluants, ces recherches sont importantes en ce qu'elles révèlent une prise de conscience croissante de la nécessité, pour interpréter les textes anciens, de compléter l'approche philologique par la connaissance des contextes géographique et social dans lesquels ils ont été composés. Je reproduis ici certaines conclusions provisoires des remarquables travaux de Michael Witzel[1] : la carte de la figure 2 montre à la fois les régions importantes mentionnées dans les upaniṣads et celles dans lesquelles certaines upaniṣads ont pu être composées. De manière générale, on constate que les textes les plus anciens du corpus védique sont originaires des régions de l'ouest et du nord-ouest, et que le centre de l'activité littéraire s'est ensuite déplacé vers l'est lors de la période védique plus tardive, surtout vers la région de Kuru-Pañcāla. Certaines upaniṣads ont été composées plus à l'est encore, dans la région de Videha.

1. « On the Localisation of Vedic Texts and Schools » in *India and the Ancient World*, Louvain, Departement Oriëntalistiek, 1987; « Tracing the Vedic Dialects », *op. cit.* ; « The Development of the Vedic Canon and its School » in M. Witzel, *Inside the Texts*, *op. cit.*

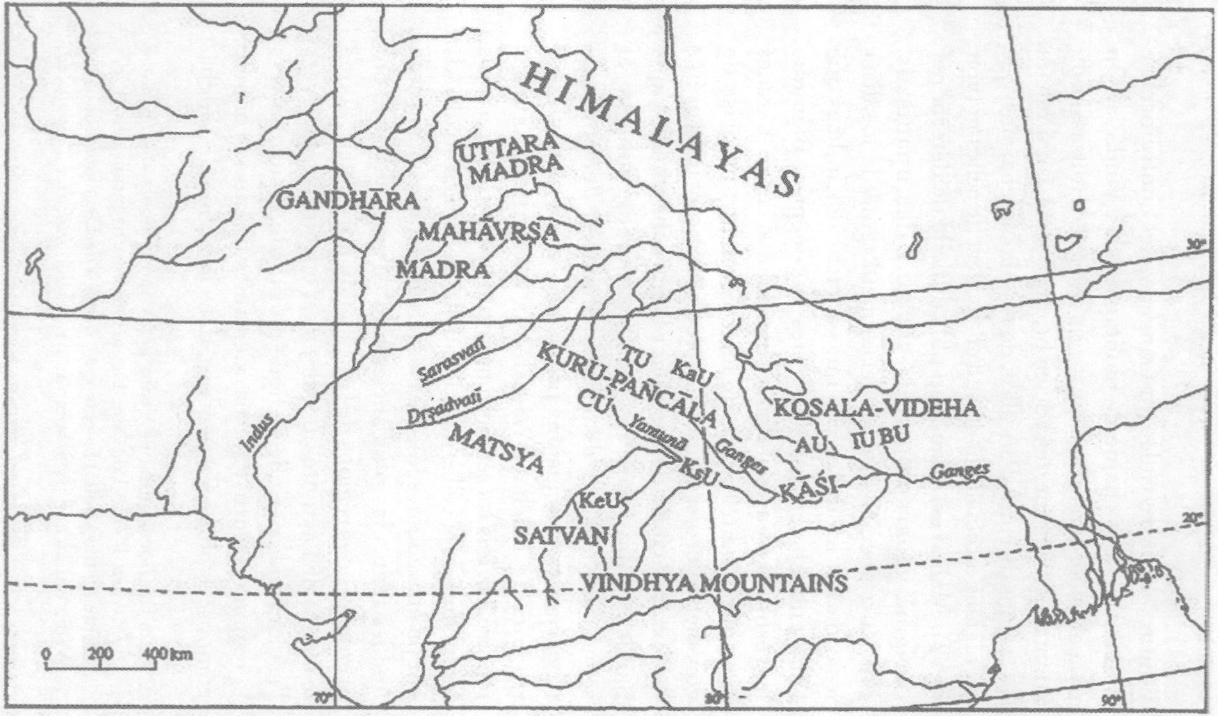

Figure 2 : Carte de l'Inde du Nord : l'espace géographique des upaniṣads.

Dans le cas des deux upaniṣads les plus anciennes, la *Bṛhadāraṇyaka* et la *Chāndogya*, leur localisation est encore compliquée par le fait qu'il s'agit de compilations de documents préexistants. Dans l'ensemble, cependant, les lieux où se déroule la *Bṛhadāraṇyaka* ont pour centre la région de Videha, dont le roi, Janaka, joue un rôle capital, avec à son côté Yājñavalkya, qui est presque présenté comme le théologien personnel du roi. Pendant la période védique tardive, le cœur géographique du brahmanisme était la région de Kuru-Pañcāla : les brâhmanes de cette région la considéraient comme le lieu par excellence de l'activité théologique et littéraire et regardaient sans doute Videha comme une région frontalière peu raffinée. Les troisième et quatrième chapitres de la BU étaient probablement destinés à montrer comment Yājñavalkya a eu raison de tous les meilleurs théologiens du Kuru-Pañcāla (BU 3.9.19), apportant ainsi la preuve non seulement de la prééminence de Yājñavalkya mais aussi de l'importance croissante de Videha comme centre de savoir.

Les témoignages permettant de localiser la *Chāndogya* sont plus maigres encore[1], mais je pense que Witzel a raison de

1. Les incertitudes des preuves internes sont démontrées par deux exemples concernant la CU. Les références à la grêle dans le pays de Kuru (CU 1.10.1) et à des rivières coulant vers l'est et vers l'ouest (CU 6.10.1) pourraient inciter à les situer géographiquement dans le nord de la région de Kuru, où la grêle est un phénomène habituel et où les affluents supérieurs du Gange et de l'Indus coulent respectivement vers l'est et vers l'ouest. Mais le sens du terme traduit par « grêle » n'est pas clair, il signifie sans doute plutôt « sauterelle ». Et même la BU, un texte composé clairement plus à l'est, parle de rivières coulant dans les deux directions (BU 4.8.9) : il pourrait ainsi s'agir d'un motif

lui assigner « un lieu plutôt à l'ouest qu'à l'est », probablement quelque part dans la région occidentale de Kuru-Pañcāla (Witzel, « On the Localisation... », p. 194 n. 74). Le grand théologien de cette dernière région, Uddālaka Āruṇi[1], qui est diffamé dans la BU, et Pravāhaṇa, le roi de la région de Pañcāla, jouent des rôles essentiels dans la CU.

Les rituels védiques

Même si les auteurs des upaniṣads s'élèvent parfois avec véhémence contre le rituel védique, ces textes lui sont si étroitement liés qu'il est impossible de les comprendre sans avoir quelques connaissances de la pratique et du lexique du rituel védique. Tout comme les brāhmaṇas, les upaniṣads cherchent à expliquer les significations et les liens cachés des paroles et des actes rituels. Leurs auteurs étaient des maîtres du rituel et supposaient que leurs auditeurs en possédaient une connaissance analogue.

À l'époque des premiers brāhmaṇas, vers le VIIIe siècle avant notre ère, le rituel védique s'était développé en un ensemble de sacrifices très coûteux et d'une haute complexité, dont l'accomplissement requérait les services d'un grand nombre de spécialistes des rituels. Certains de ces sacrifices suivaient le calendrier liturgique, par exemple le sacrifice quotidien du feu (*agnihotra*), les sacrifices de

géographique du temps que les auteurs des upaniṣads connaissaient indépendamment du lieu où ils vivaient.

1. Il est expressément identifié comme un brâhmane du Kuru-Pañcāla dans le *Śatapatha Brāhmaṇa*, où il est dit qu'il a voyagé dans les régions du nord en essayant de provoquer des débats avec les brâhmanes de cette région frontalière (ŚB 11.4.1.1-2).

la nouvelle lune et de la pleine lune, les sacrifices de quatre mois effectués au début de chacune des trois saisons (printemps, pluies, automne) et l'offrande des premiers fruits au moment de la récolte. D'autres étaient accomplis pour des raisons particulières ou en des occasions spéciales, comme l'onction d'un nouveau roi ou la construction d'un autel du feu. C'est aussi le cas des deux sacrifices majeurs qui occupent une place centrale dans la pensée upaniṣadique, le sacrifice du cheval et le sacrifice du soma.

Tout sacrifice est offert par un riche mécène qui, dans la plupart des cas, devait être un kṣatriya[1]. Il est désigné comme le *yajamāna*, ce que l'on traduit généralement par le « sacrifiant ». Cette traduction est un peu trompeuse car ce n'est pas le *yajamāna*, mais les prêtres qu'il a engagés qui accomplissent concrètement le sacrifice. Le *yajamāna* est l'« ordonnateur du sacrifice », et c'est en son nom et à son bénéfice que les prêtres l'effectuent. Seul un homme marié accompagné de son épouse légitime a le droit d'être l'ordonnateur d'un sacrifice, ce qui montre bien le caractère essentiel du mariage dans la religion rituelle védique. Avant le sacrifice, l'ordonnateur subit une consécration sacrificielle appelée *dīkṣā* : il est alors mis à l'écart des autres et doit suivre un régime rigoureux jusqu'à ce qu'il prenne le bain qui signale l'achèvement du sacrifice.

Les prêtres pour leur part sont toujours des brâhmanes qui se sont spécialisés dans la connaissance de certains aspects de l'exécution du sacrifice. Comme je l'ai déjà signalé en parlant de la division des textes védiques,

1. Même si, en théorie, la loi brahmanique permet à tout homme marié appartenant à l'une des trois classes de « deux-fois-nés », c'est-à-dire aux classes des brâhmanes, des kṣatriyas et des vaiśyas, d'accomplir un sacrifice.

il existe trois grandes classes de prêtres : le hotar est un prêtre du R̥gveda, responsable de toutes les récitations ; l'adhvaryu est un prêtre du Yajurveda, responsable de toutes les actions sacrificielles, dont la préparation de l'aire sacrificielle, la construction des foyers pour les feux, l'abattage et le dépeçage de l'animal sacrifié, la cuisson des offrandes sacrificielles et le fait de les jeter dans le feu rituel ; l'udgātar est un prêtre du Sāmaveda, responsable du chant. Chacun de ces prêtres principaux dispose de plusieurs assistants. Les upaniṣads mentionnent l'āgnīdhra, assistant de l'adhvaryu, ainsi que le prastotar et le pratihartar, tous deux assistants de l'udgātar. En plus de ces prêtres qui accomplissent les différents rites liés au sacrifice, un autre prêtre principal, appelé brahmane[1], est assis en silence au sud du feu aux offrandes : censé être le plus savant et connaître l'intégralité de l'exécution du sacrifice, il a pour rôle de redresser toute erreur qu'auraient commise les autres prêtres dans le déroulement du rituel.

L'élément essentiel de tous les sacrifices védiques, du plus simple au plus complexe, est le feu rituel. Toutes les offrandes sont jetées dans le feu, et l'on croit que lorsque le feu les détruit, les dieux eux-mêmes les consomment. Le mot sanskrit *agni* désigne à la fois le feu rituel et le dieu du feu, qui est considéré comme la bouche des dieux, car c'est par le feu que les dieux consomment les offrandes sacrificielles.

1. Sans accent circonflexe (skt. *brahma*, ang. *brahman*), à ne pas confondre avec le brâhmane de caste (skt. *brāhmaṇa*, ang. *brahmin*), ni avec *brahman* (skt. *brahman*), désignant cette notion fondamentale dont le sens est discuté à la toute fin de cette introduction (NdE).

Un sacrifice védique prévoit d'ordinaire l'utilisation de trois feux : le feu du maître de maison (*gārhapatya*), le feu du sud (*anvāhāryapacana*, ou plus simplement *dakṣiṇāgni*) et le feu aux offrandes (*āhavanīya*). Ces feux sont placés dans des foyers de formes différentes. Le feu du maître de maison est situé à l'ouest ; par rapport à lui, le feu du sud est placé un peu au sud et à l'est, et le feu aux offrandes est placé plein est (voir fig. 3). Au début du sacrifice, on commence par allumer le feu du maître de maison en se servant d'un feu que l'on vient de produire en frottant des forets (voir BU 1.4.6), puis on allume les deux autres feux avec des charbons tirés de ce premier feu. Les upaniṣads mentionnent deux autres feux rituels : le feu domestique, allumé le jour du mariage d'un homme et entretenu en permanence dans le foyer de la cuisine, et le feu dit d'assemblée, probablement associé aux salles d'assemblée royales. Il est ainsi souvent question des « cinq feux », liés aux souffles de feu d'une personne.

Entre le feu du maître de maison et le feu aux offrandes se trouve un espace rectangulaire aux côtés concaves (dont on dit qu'il ressemble à un corps de femme), appelé *vedi*. Cette zone sacrificielle est couverte d'herbe sacrée, et on y dispose les outils et les instruments du sacrifice (couteaux, pots, tasses, etc.).

Trois types d'énoncés sacrés sont utilisés au cours d'un rituel : le *ṛc*, le *yajus* et le *sāman*. Tirés respectivement des recueils (saṃhitā) du Ṛgveda, du Yajurveda et du Sāmaveda, ils sont récités ou chantés par les prêtres des trois classes mentionnées ci-dessus. Ces énoncés font l'objet de réflexions et de spéculations approfondies dans les upaniṣads.

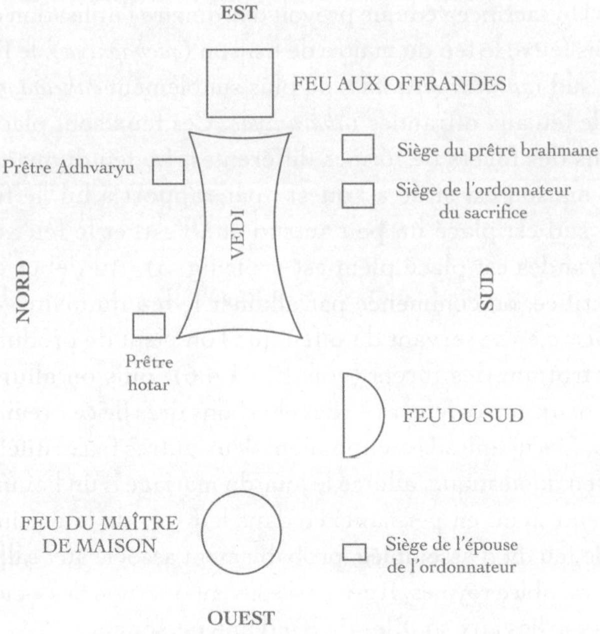

Figure 3 : L'aire des sacrifices.

Il y a enfin la *dakṣiṇā*, la rétribution du sacrifice ou le cadeau offert par l'ordonnateur aux prêtres officiants. Il va de soi que les brâhmanes y attachaient une grande importance : leur survie économique en dépendait. La théologie brahmanique conférait à la *dakṣiṇā* un pouvoir et une portée immenses, jusqu'à la considérer comme le fondement même du sacrifice, encourageant ainsi les « ordonnateurs » à faire preuve de générosité. Le résultat et l'efficacité d'un rituel dépendaient, croyait-on, du montant de la rétribution du sacrifice.

Parmi les nombreux sacrifices décrits dans les textes védiques, deux font l'objet d'un traitement à part dans les upaniṣads : le sacrifice du cheval et le sacrifice du soma[1]. Ils sont tous deux longs et complexes, et je me contenterai d'en mentionner ici quelques aspects importants.

Le sacrifice du cheval est accompli par un roi à la fois pour démontrer sa souveraineté et pour renforcer rituellement sa domination. On fait choix d'un cheval exceptionnel, très rapide et dont le corps présente des marques et des couleurs particulières. Après avoir effectué un rituel élaboré, on le laisse libre de courir à sa guise pendant une année entière, sous la garde des troupes du roi. Chaque jour de cette année, des sacrifices spéciaux sont offerts en présence du roi, et les prêtres récitent des contes et des légendes par cycles de dix jours. L'année écoulée, on fait venir le cheval, on le tue, et ses différentes parties sont cuites et offertes en sacrifice au cours d'une procédure qui dure trois jours.

Il existe sept types de sacrifices du soma. Le principal est appelé agniṣṭoma (littéralement : « louange du feu »), et les six autres sont conçus d'après lui. L'agniṣṭoma est un rite destiné à être accompli au printemps et dans le cours d'une seule journée, même si, à cette occasion, on exécute des rites secondaires pendant plusieurs jours. La cérémonie centrale consiste à presser les plants de soma, généralement en les écrasant avec des pierres, pour en extraire le jus. Ce pressurage a lieu à trois reprises pendant cette journée – le matin, à midi et le soir – et s'accompagne du sacrifice d'un bouc. Le jus du soma est ensuite filtré et mélangé à

1. Le meilleur ouvrage pour s'informer sur ces deux sacrifices, ainsi que sur le sacrifice du feu quotidien et sur la construction d'un autel du feu dont il est question dans la *Kaṭha-upaniṣad*, est celui de P.V. Kane, *History of the Dharmaśāstra*, Poone, Bhandarkar Institute, t. II, 1974 (2e éd.), p. 976-1255. Le sacrifice du soma est décrit en détail par W. Caland et V. Henry dans *L'Agniṣṭoma*, Paris, E. Leroux, 1906.

du lait, et une partie en est offerte aux dieux dans le feu et une autre bue par les prêtres.

Les spécialistes se sont beaucoup interrogés sur l'identité de cette plante. Elle poussait sans doute dans les collines des régions du nord-ouest, s'étendant peut-être jusqu'en Afghanistan et en Iran, puisqu'elle était également connue des anciens Iraniens sous le nom de *haoma*. Dès la période védique tardive, lorsque le centre du brahmanisme s'était déplacé vers la vallée du Gange, cette plante était devenue difficile à trouver : le rituel lui-même exige que l'on acquière la plante, autorisant néanmoins plusieurs substituts. Son importance dans le rituel est attestée par le fait que le neuvième livre de la saṃhitā du Ṛgveda est tout entier constitué d'hymnes au soma. Et il est devenu l'objet de spéculations rituelles : il était considéré comme la boisson qui rend les dieux immortels et confère l'immortalité aux êtres humains. Le soma se trouve dans la lune, et la consommation qu'en font les dieux explique pourquoi la lune décroît avant d'être à nouveau remplie de soma qui la fera croître. Aussi le mot de soma est-il souvent employé dans ces textes pour désigner la lune.

Les cosmologies védiques

Au début de la période védique, on imaginait que l'univers était composé de trois sphères (*loka*) : la Terre, le ciel ou firmament, et l'espace entre les deux, la région intermédiaire. Les anciens Indiens partageaient cette cosmologie tripartite avec d'autres peuples indo-européens. Les premiers poètes védiques se sont tout particulièrement intéressés aux phénomènes associés au ciel et à la région intermédiaire : dans la région intermédiaire, les nuages de pluie, les éclairs, le tonnerre, le vent, la tempête et la pluie et, dans la région céleste, le soleil, la lune, les étoiles et la voûte céleste resplendissante.

Cet univers tripartite était contrôlé par des puissances personnalisées, les dieux, qui étaient pour la plupart associés à leurs homologues dans l'univers naturel, comme le soleil, la lune, la tempête, les rivières ou le feu. Aussi les noms sanskrits des dieux sont-ils souvent identiques aux noms des entités cosmiques correspondantes : le nom du dieu Sūrya désigne aussi le soleil et celui du dieu Agni, le feu. Les noms varient parfois, mais leur lien avec les phénomènes cosmiques reste évident : Indra est ainsi lié au tonnerre et à l'eau qui tombe, et son arme est le foudre (BU 3.9.6).

Dans les premiers temps de l'ère védique, les dieux eux-mêmes étaient répartis entre les trois sphères : il y avait les dieux de la Terre, ceux de la région intermédiaire et ceux du ciel. Bien que cette répartition ait persisté, les dieux ont fini par être situés de manière générale dans le ciel, royaume de la lumière et de l'immortalité. Les termes sanskrits désignant ces trois sphères – *bhūr*, *bhuvas*, *svar* – sont devenus des sons sacrés, peut-être parce qu'ils contenaient à eux trois la totalité de l'univers (voir CU 2.23.3). De nombreuses spéculations upanishadiques portent sur le sens caché de ces sons.

Dans leurs études sur la cosmologie védique, Michael Witzel et Joel Brereton[1] ont attiré l'attention sur l'importance de la Voie lactée et des étoiles entourant l'étoile polaire. Witzel a montré que l'expression *svarga loka*

1. M. Witzel, « Sur le chemin du ciel », *Bulletin d'études indiennes* 2, 1984. J. Brereton, « Cosmographic Images in the *Bṛhadāraṇyaka upaniṣad* », *IIJ* 34, 1991.

(littéralement : « monde brillant », habituellement traduit par « monde céleste ») renvoie spécifiquement à la Voie lactée. La porte de notre monde est située à l'embouchure des deux bras qui s'étendent vers l'est depuis la Voie lactée quand on la contemple pendant les mois d'hiver dans le nord de l'Inde, ce qui explique l'importance de l'est et du nord-est dans le rituel et les spéculations cosmologiques. La Voie lactée est également l'océan brillant du ciel, les eaux célestes : elle est la source des rivières qui coulent depuis les montagnes de l'Himalaya, reliant ainsi les eaux terrestres aux eaux célestes.

Pendant la période védique tardive apparaît néanmoins une autre conception de la structure de l'univers qui comprend sept sphères : aux trois précédentes sont venues s'ajouter trois régions plus lointaines, au-delà du ciel, appelées Mahas, Janas et Tapas, et le monde le plus éloigné, nommé Satyaloka (« monde de la vérité ») ou Brahmaloka (« monde de *brahman* »). Parallèlement à ces sept mondes supérieurs ou agréables, des textes d'une période beaucoup plus tardive parlent de sept mondes descendants et désagréables ou enfers, mais cette idée est tout à fait absente des upaniṣads.

Selon une autre conception, l'univers est divisé en monde des humains, monde des ancêtres ou des mânes et monde des dieux (BU 1.5.16). Bien qu'elle soit moins directement liée à la réalité observable, cette façon de considérer l'univers est plus importante pour les croyances concernant la vie après la mort. Le monde des humains est, bien sûr, le monde observable dans lequel se déroulent nos existences ordinaires. Au cours de la période védique ancienne, on croyait que tous les humains, ou tout au moins ceux qui avaient mené une vie rituellement correcte, allaient après leur mort dans le monde des ancêtres, mais les upaniṣads présentent un autre scénario, selon lequel seuls les êtres humains destinés à revenir et à renaître dans le monde des humains suivent la voie menant au monde des ancêtres, tandis que ceux qui sont destinés à ne pas revenir et à devenir immortels accèdent au monde des dieux (voir BU 6.2).

Cette conception est liée à l'émergence d'une vision du monde centrée sur la doctrine de la réincarnation. La façon dont on pensait qu'opérait le processus de réincarnation est similaire à celle dont la pensée brahmanique considérait le fonctionnement des actions rituelles. Les rites atteignent leurs résultats en vertu de leur propre pouvoir, selon une loi de cause à effet qui leur est spécifique : leur succès ne dépend pas de la volonté d'un dieu. La loi morale qui régit la réincarnation agit de manière similaire : ceux qui accomplissent de bonnes actions se réincarnent dans de bonnes conditions, tandis que ceux qui agissent mal sont conduits à renaître sous une mauvaise forme (CU 5.10.7). La corrélation entre la sphère rituelle et la sphère éthique, manifeste dans ces textes anciens, est facilitée par le fait qu'en sanskrit, un même mot, *karman* (littéralement : « action »), sert à désigner les actions rituelles et les actions morales. La dimension morale donnée aux processus cosmiques, évidente dans les upaniṣads, restera d'ailleurs une caractéristique constante des cosmologies indiennes ultérieures.

La conception du processus de la réincarnation et de l'évasion hors du cycle des réincarnations telle qu'elle est exposée dans la célèbre doctrine des cinq feux (BU 6.2) est liée à l'ancienne vision d'un univers tripartite et clos. Le firmament, ou la voûte céleste, est considéré comme une couverture solide. Après leur incinération, les humains destinés à se réincarner s'élèvent jusqu'à la lune sous forme de fumée ou de vapeur, d'où ils reviennent sur Terre sous forme de pluie pour entrer dans les plantes. Lorsque celles-ci sont mangées par un homme, ils deviennent semence et prennent finalement une nouvelle vie dans le ventre d'une femme. L'univers est donc une prison avec des murs au-dessus (le firmament) et au-dessous (la terre). Mais ceux qui acquièrent la connaissance libératrice parviennent à briser ce cycle et à s'échapper de cette prison. Le soleil est vu comme un couvercle obstruant la seule ouverture de la voûte céleste, la seule porte vers la liberté : il permet aux individus libérés de passer par cette ouverture et de s'échapper vers la condition immortelle hors de l'univers.

Un autre sujet essentiel dans les upaniṣads est celui des « commencements » : l'expression « au commencement » (*agre*) revient souvent, notamment au début des récits de la création. Le créateur, la source d'où émerge l'univers, est en général Prajāpati, principal dieu créateur des brāhmaṇas, identifié au sacrifice lui-même (voir BU 3.9.6). Les deux autres principes régulièrement situés « au commencement » sont *brahman* et *ātman*, dont je parlerai plus loin.

À l'époque des upaniṣads en vers plus tardives, comme la *Śvetāśvatara*, de nouvelles cosmologies plus théoriques étaient apparues, dont la principale est celle que l'on associe aux traditions sāṃkhya et yoga. Étant donné que ces textes comptent parmi les plus anciens documents formulant les conceptions sāṃkhya de l'univers, la cosmologie qui les sous-tend n'est pas vraiment claire, mais elle diffère à coup sûr des descriptions classiques de la cosmologie sāṃkhya contenues dans les ouvrages didactiques des époques ultérieures. Comme ces dernières, cependant, cette cosmologie ancienne postule l'existence d'une source matérielle, d'une matière primitive appelée *prakṛti* ou *pradhāna*. Occulte à l'origine, cette matière primitive contient trois qualités ou fibres (*guṇa*) : la bonté (*sattva*), l'énergie (*rajas*) et l'obscurité (*tamas*). L'univers visible et manifeste étant issu de cette matière originelle, ces trois qualités sont réparties selon des proportions différentes dans les divers constituants de l'univers. Contrairement au sāṃkhya classique, toutefois, cette cosmologie primitive postule l'existence d'un dieu unique qui règne sur la matière primitive et régit la production de l'univers visible à partir de celle-ci. À côté de la matière primitive et de ce dieu, il y a les âmes individuelles des humains, qui sont piégées à l'intérieur des corps matériels produits par la matière primitive. Mais grâce à l'aide de dieu, ces âmes peuvent espérer être libérées de leur prison matérielle.

Physiologie et psychologie humaines

Bien que les spéculations rituelles et cosmologiques abondent dans les upaniṣads, l'objet central de leur questionnement reste l'être humain – la construction de son corps, ses pouvoirs vitaux et ses facultés, ses processus cognitifs et ce qui constitue son noyau essentiel. Il n'est évidemment pas surprenant que ce soit là un sujet essentiel dans les upaniṣads : les doctrines religieuses du monde entier tendent à l'anthropocentrisme.

Dans l'Inde ancienne, le corps humain était investi d'une signification cosmologique sans pareille, et certaines parties du corps étaient en relation d'homologie avec des phénomènes cosmiques. J'ai déjà mentionné cet ancien hymne cosmogonique du Ṛgveda (10.90), antérieur de plusieurs siècles aux upaniṣads, qui décrit la création de l'univers par le démembrement sacrificiel du corps d'un homme primitif (*puruṣa*). Les différentes parties de son corps ont ainsi donné naissance non seulement aux *varṇas* de la société mais aussi aux éléments du cosmos : le soleil à partir de l'œil, la lune, de l'esprit, le vent, du souffle, le ciel, de la tête, la terre, des pieds, et ainsi de suite. Je traiterai plus en détail de ces relations cosmiques dans la section suivante, après avoir décrit brièvement ici les idées formulées dans les upaniṣads sur la physiologie et la psychologie humaines.

Dans ces textes, le mot le plus fréquemment utilisé en référence à un corps vivant et respirant est *ātman*, or ce terme est susceptible d'être mal compris et mal traduit car il peut également signifier le moi spirituel ou le noyau le plus profond d'un être humain, en plus de fonctionner comme un simple pronom réflexif. En outre, le corps dont parlent les upaniṣads est avant tout le corps masculin : le corps féminin n'est que rarement pris en considération, et le plus souvent à propos de l'activité sexuelle masculine. Le terme *yoni* utilisé dans ces contextes peut désigner à la fois le vagin dans lequel le sperme est déposé et l'utérus dans lequel le fœtus se développe.

Les auteurs des upaniṣads connaissaient bien sûr l'édifice extérieur visible du corps humain et celui du corps animal. Mais les prêtres dépeçaient les animaux sacrifiés, et cette pratique de la dissection a dû leur fournir des informations détaillées sur les organes internes des animaux. Ces connaissances sont exposées, par exemple, dans l'énoncé liminaire de la BU (1.1.1), qui met en relation d'homologie les parties du corps du cheval avec des réalités cosmiques. Suivant les axes verticaux et horizontaux, on distingue dans le corps une partie gauche d'une partie droite et une partie supérieure d'une partie inférieure (une partie antérieure d'une partie postérieure dans le cas d'un animal), chacune ayant sa propre valeur symbolique. La gauche, par exemple, est associée à la femme, et la droite à l'homme.

Ce sont toutefois les pouvoirs vitaux – les facultés de se mouvoir, d'évacuer, d'éjaculer, de respirer et de parler, mais aussi la pensée et les cinq sens – qui sont au cœur du questionnement des upaniṣads. Les plus importants de ces pouvoirs sont la respiration, la pensée, la parole, la vue et l'ouïe. Ensemble, ils sont souvent appelés « souffles » (*prāṇa*), ce mot ayant ici le sens de vie et de force vitale (on trouve dans BU 1.5.21 une explication traditionnelle de la raison pour laquelle on les appelle « souffles »). Lorsqu'ils traitent de la vue et de l'ouïe, et dans une certaine mesure aussi des autres facultés, ces textes distinguent nettement entre le pouvoir ou l'acte de voir ou d'entendre et les organes externes respectifs, les yeux et les oreilles, utilisant systématiquement des termes sanskrits différents pour les désigner : *cakṣus* et *śrotra* pour la vue et l'ouïe, et *akṣan* et *karṇa* pour l'œil et l'oreille respectivement.

La respiration est le plus important des pouvoirs vitaux. Plusieurs upaniṣads assimilent le souffle à la vie voire au Soi de l'être humain (*ātman*). Leur réflexion sur le pouvoir de la respiration a conduit les auteurs des upaniṣads à distinguer plusieurs types de souffle dans le corps, en général cinq : la signification exacte de chacun d'eux n'est pas tout à fait claire et, pour certains, elle semble avoir changé au fil du temps. Dans une grande partie de ces textes néanmoins, les cinq souffles paraissent avoir les significations suivantes : l'expiration (*prāṇa*), l'inspiration (*apāna*), le souffle qui monte (*udāna*), le souffle qui traverse (*vyāna*) et le souffle qui équilibre ou relie (*samāna*)[1].

Le premier souffle, *prāṇa*, est celui auquel il est fait le plus souvent référence : souvent utilisé comme terme générique pour parler du souffle en général, c'est aussi un mot signifiant la vie, et, au pluriel, les puissances vitales évoquées plus haut. Le deuxième, *apāna*, en est venu progressivement à désigner aussi le souffle qui descend depuis le nombril et qui est responsable de l'évacuation et des pets. *Vyāna* pourrait avoir signifié à l'origine l'intervalle entre l'inspiration et l'expiration : aussi dit-on qu'il est situé là où ces dernières se rencontrent et qu'il s'identifie par conséquent avec la parole, parce qu'en parlant, on n'inspire ni n'expire (voir CU 1.3.3). Il a été considéré par la suite comme le souffle responsable de la circulation sanguine. De manière analogue, *samāna* a été localisé dans le ventre et associé à la digestion de la nourriture. L'image qui se dégage de tout cela est celle d'un corps parcouru par l'air, qui circule en lui par différents canaux, anime le corps et lui permet d'accomplir ses nombreuses fonctions. Il est également fait référence à un « souffle dans la bouche » (BU 1.3.7-27) et à un « souffle central » (BU 1.5.21-22), qui sont considérés comme les principaux porteurs de vie.

1. Les souffles, ou l'air circulant dans le corps, sont aussi un thème important dans l'ancienne médecine indienne, l'āyurveda. Les termes désignant les différents souffles ont fait l'objet de nombreux débats et ont donné lieu à des interprétations erronées. On pensait par exemple autrefois que *prāṇa* signifiait inspiration, sens que l'on trouve aujourd'hui encore dans plusieurs dictionnaires. Bodewitz (dans « Prāṇa, Apāna and other Prāṇa-s in Vedic Literature », *ALB* 50, 1986, p. 334-336) a montré qu'*udāna*, dans certains contextes, est synonyme d'*āpāna* et signifie inspiration.

Parmi les organes internes, le cœur fait l'objet d'un examen approfondi. Il a une cavité en son centre et est entouré par le péricarde vers lequel partent des canaux ou veines qui se dirigent aussi vers d'autres parties du corps. La cavité du cœur est le siège des forces vitales et du Soi ; elle joue un rôle essentiel dans l'explication des trois états de conscience – veille, rêve et sommeil sans rêve – ainsi que de la mort. Dans le sommeil, les pouvoirs cognitifs répartis dans tout le corps pendant les heures de veille se rassemblent dans la cavité du cœur, dont l'espace est en relation d'homologie avec l'espace cosmique (voir CU 3.12.7-9). Dans l'état de rêve, l'être voyage dans cet espace en voyant et en éprouvant le même type de choses qu'à l'état de veille. Pendant le sommeil profond et sans rêve, le Soi s'échappe de l'espace cardiaque et entre dans les veines qui vont du cœur au péricarde, où il demeure, inconscient de tout (voir BU 2.1 ; 4.3-4). Au moment de la mort, le Soi et les forces vitales quittent le cœur le long d'un canal et sortent par la cime de la tête (*Taittirīya-upaniṣad* 1.6) ou bien par l'œil (BU 4.4.2).

Les liens cosmiques

Dans ce qui précède, nous avons distingué trois domaines dans la réflexion des penseurs védiques : le rituel, les réalités cosmiques et le corps humain ou l'être humain. La sphère rituelle comprend les formules rituelles, les prières et les chants, ainsi que les actions et les cérémonies rituelles. Comme nous l'avons vu, les penseurs védiques ne faisaient pas de distinction stricte entre les dieux et les réalités cosmiques : la sphère cosmique inclut donc les deux. La préoccupation essentielle de tous les penseurs védiques, y compris les auteurs des upaniṣads, est de découvrir les liens qui unissent les uns aux autres les éléments de ces trois sphères. Ils partent de l'hypothèse que l'univers forme un tissu de relations et que les choses qui semblent isolées et séparées des autres sont en fait reliées à différentes choses. Une autre hypothèse fondamentale est que ces liens cosmiques réels sont généralement cachés à la vue du commun des mortels : leur découverte constitue une connaissance secrète qui est contenue dans les upaniṣads. Et cette connaissance des liens cachés confère à la personne qui la possède le pouvoir, la richesse et le prestige dans ce monde, ainsi que la félicité céleste et l'immortalité après la mort. Dans les premiers textes védiques, l'accent était mis sur les liens entre la sphère rituelle et la sphère cosmique, mais l'intérêt des penseurs upanishadiques s'est déplacé par la suite vers la personne humaine : les liens qu'ils s'agit de découvrir sont ceux qui relient les parties de l'organisme humain aux réalités cosmiques.

Dans les anciens textes védiques, le mot le plus couramment utilisé pour « lien » est *bandhu*, dérivé d'un verbe signifiant « lier, relier ». *Bandhu* sert généralement à désigner un parent, mais quand on dit d'une chose qu'elle est un *bandhu* d'une autre, on entend que la première est reliée à la seconde ou qu'elle en est la contrepartie. L'usage le plus ancien de ce mot important qu'est *upaniṣad* montre qu'il avait un sens voisin : il signifiait « lien » ou « équivalence »[1].

1. Gren-Eklund (dans « Causality and the Method of Connecting Concepts in the Upaniṣads », *IndT* 12, 1984, p. 117) déclare que le terme « dénote le fait que deux choses sont placées en relation l'une avec l'autre ». À la lumière de ces études, l'ancienne idée que le terme dérive du sens de « être assis près » d'un professeur, faisant référence à un groupe de disciples absorbant un savoir ésotérique

Il implique également une idée de hiérarchie : les liens dont parlent les upaniṣads sont organisés de manière hiérarchique, et l'objectif de la quête est de découvrir la réalité qui se trouve au sommet de cet univers tissé de liens hiérarchisés. Ces relations étant toujours occultes, le mot *upaniṣad* est aussi employé au sens de « lien caché » dans les upaniṣads (voir par exemple CU 1.1.10 et 1.13.4), puis il en est venu à désigner également un secret, en particulier une connaissance ou une doctrine secrète. C'est probablement par extension de cette dernière signification que le terme a fini par être utilisé pour désigner des textes entiers contenant ces doctrines secrètes – c'est-à-dire ces textes que nous appelons les upaniṣads.

Les upaniṣads emploient très fréquemment un autre terme qui fait lui aussi référence aux liens et aux équivalences existant dans l'univers : *upās*, « vénérer ». Quand on lit que « quelqu'un vénère X comme Y », il faut comprendre que cette personne reconnaît le lien caché ou le rapport d'homologie entre X et Y. Ainsi, dans la *Chāndogya*, on nous dit qu'Aṅgiras, Bṛhaspati et Ayāsya ont vénéré le Haut Chant comme le souffle dans la bouche (CU 1.2.10-12)[1]. Le texte expose ensuite les étymologies cachées des noms de ces trois personnages qui font qu'ils s'identifient à ce souffle lui-même. L'idée est claire : quiconque découvre

auprès d'un maître, est devenue indéfendable. Le terme signifie aussi une doctrine ou un rite secret : voir Bodewitz, « The Cosmic, Cyclical Dying » in *Sanskrit and World Culture*, Berlin, Akademie Verlag, 1986, p. 438 n. 4.

1. Émile Senart traduit le rapport d'homologie entre le Haut Chant et le souffle par la formule « un tel savait que X est Y », sans recourir à la notion de vénération. Il se fonde pour cela sur l'emploi alterné du verbe *upās* et du verbe *vid* (savoir) (NdE).

l'homologie cachée des choses devient lui-même identifié aux choses dont il a reconnu l'homologie.

Le paragraphe liminaire de la *Bṛhadāraṇyaka* offre un excellent exemple de ce type de liens : les parties du corps du cheval sacrificiel et même ses activités physiques (relevant donc de la sphère rituelle) s'y trouvent mises en relation avec des phénomènes du monde (c'est-à-dire de la sphère cosmique). Ailleurs, les sphères rituelle et corporelle seront mises en relation, ou les sphères corporelle et cosmique – les trois sphères sont ainsi en correspondance deux à deux : le Ṛc est relié à la terre, à l'atmosphère et au ciel, et le Sāman au feu, au vent et au soleil (BU 1.6) ; le Ṛc est relié à la parole, à la vue et à l'ouïe, et le Sāman au souffle, au corps et à l'esprit (BU 1.7) ; et la parole, le souffle, la vue, l'ouïe et l'esprit sont reliés respectivement au feu, au vent, au soleil, aux quarts (points cardinaux) et à la lune (BU 1.3.11-16). Certains de ces liens, comme celui de l'œil et du soleil ou du souffle et du vent, semblent obéir à des associations d'idées qui nous paraissent évidentes ; d'autres, comme celui de l'esprit et de la lune, sont plus difficiles à saisir pour un lecteur d'aujourd'hui : il s'explique peut-être par des idées courantes à l'époque sur la nature de l'esprit et celle de la lune, ou par des associations d'ordre mythique entre les deux.

Quoi qu'il en soit, ces liens reposent pour une grande part sur la similarité phonétique entre les mots sanskrits désignant les deux choses reliées entre elles voire sur le simple fait que leurs deux noms ont le même nombre de syllabes[1]. On rencontre avec une fréquence presque

1. Voir par exemple BU 5.5.3-4 et 5.14.1-3.

monotone des mises en relation « étymologiques » de ce genre dans les upaniṣads, en particulier dans la *Chāndogya*. Le lien entre le Haut Chant et le soleil, par exemple, repose sur la similarité phonétique entre *udgītha*, « Haut Chant », et *udyan*, « levant, montant » (CU 1.3.1). Certains spécialistes modernes ont rejeté ces rapprochements comme des étymologies populaires fantaisistes. Il ne s'agit évidemment pas d'étymologies « populaires » : les auteurs de ces textes étaient des hommes fort savants, et ces textes eux-mêmes montrent que la science de la grammaire avait alors déjà atteint un haut degré d'élaboration. Nos auteurs connaissaient sans doute les étymologies philologiques des termes qu'ils employaient, mais leur questionnement ne visait pas à exposer ces relations étymologiques courantes et bien connues, mais à dégager des liens plus profonds et cachés, et ils trouvaient dans les sonorités des noms un indice de ces liens.

Cette croyance que les choses dont les noms ont des sonorités analogues doivent être dans un rapport d'analogie entre elles était fondée sur la théorie selon laquelle l'essence d'une chose était exprimée dans son nom et dans son apparence visible (*nāmarūpa*). L'importance accordée aux sons de la parole est évidente dans les réflexions sur certains sons particuliers, comme *bhūr*, *bhuvas* et *svar* (les sons qui correspondent aux trois mondes), ainsi que sur le son le plus fondamental et le plus puissant de tous, OṂ. Ces sons de la parole ont en eux-mêmes une puissance et donnent accès à la réalité fondamentale du monde, au *brahman*. Pour comprendre les liens étymologiques phonétiques, nous devons donc nous placer – ce qui ne veut pas dire y croire ou l'admettre – dans le cadre de la vision du monde de ces auteurs ; rejeter ces étymologies comme fantaisistes ne nous aide pas à comprendre la pensée dont elles relèvent. Ces équivalences phonétiques nous renvoient également à la nature orale des textes védiques, composés et transmis verbalement de génération en génération. Ces textes ont pris forme par leurs performances orales, lors de récitations rituelles, publiques ou privées, au sein d'une communauté, ainsi que par les méthodes d'enseignement traditionnelles[1].

Certains spécialistes ont avancé que ces liens révèlent l'identité de réalités disparates, tandis que d'autres affirment qu'ils ne font que mettre en évidence un rapport de ressemblance. Qu'il s'agisse d'identité ou de ressemblance, ceux qui discernent ces liens cherchent également à établir une hiérarchie entre les choses ainsi mises en relation, ou bien, en les regardant sous un angle différent, à découvrir des réalités de plus en plus profondes qui servent de fondement ou de base à d'autres (voir BU 2.9.19-26). Les auteurs des upaniṣads emploient plusieurs métaphores pour exprimer le lien et la dépendance hiérarchiques d'une réalité par rapport à une autre, comme le fil sur lequel le monde est enfilé (BU 3.7.1) ou la trame sur laquelle le monde est tissé dans un sens et dans l'autre (BU 3.8.3-7). Cette idée d'interrelations universelles et hiérarchisées est sans doute ce qui donne une certaine unité aux réflexions variées formulées dans les upaniṣads, comme le résume succinctement Brereton : « Chaque enseignement des upaniṣads crée une vision intégrative, une vue

1. À propos du caractère essentiellement oral et auditif des textes sacrés, voir William A. Graham, *Beyond the Written Word : Oral Aspects of Scripture in the History of Religion*, Cambridge, Cambridge University Press, 1987, en particulier, à propos des Vedas, p. 65-80.

d'ensemble qui rassemble les éléments séparés du monde et de l'expérience humaine et les comprime en une seule forme. Pour celui qui a cette vision plus large des choses, le monde n'est pas une collection d'objets et d'êtres vivants divers et désorganisés, mais constitue plutôt une totalité ayant une forme et un caractère distincts »[1].

Au sommet de cet univers hiérarchiquement lié et structuré se trouvent, chacun de manière différente, *brahman* et *ātman*. Ces deux notions ont joué un rôle capital dans le développement des philosophies et théologies indiennes ultérieures et fait l'objet d'études approfondies de la part des spécialistes modernes. Elles permettent aux upaniṣads de créer « une vision intégrative en identifiant un principe unique, global et fondamental qui donne forme au monde » (*ibid.*). Je ne peux en donner qu'un bref aperçu dans les limites de cette introduction.

Ātman a plusieurs significations et différents usages dans le lexique des upaniṣads, un de ses sens renvoyant au « Soi », à l'essence ultime de l'être humain, même s'il ne règne aucun consensus sur ce qui constitue cette essence. Il serait toutefois anachronique d'interpréter cet emploi du terme comme se référant exclusivement à quelque noyau « spirituel » de l'être humain : l'image physique du corps humain est toujours présente même quand les upaniṣads s'efforcent d'isoler cette essence. Dans la *Chāndogya*, par exemple, Aśvapati souligne l'inadéquation de plusieurs propositions d'identification du Soi à telle ou telle chose, déclarant que la chose à laquelle est ainsi identifié le Soi n'est que la tête, la vessie ou les pieds du Soi (CU 5.12-17).

1. J. Brereton, « The Upanishads » in *Approaches to the Asian Classics*, New York, Columbia University Press, 1990, p. 118.

Brahman a lui aussi plusieurs significations, et il est impossible de trouver un unique terme français qui rende compte de tous ces sens[1]. *Brahman* peut signifier « une formulation de la vérité »[2], le Veda, ou l'essence ultime et fondamentale du cosmos. La *Taittirīya-upaniṣad* donne une définition élémentaire de ce terme dans ce dernier sens : « Ce à partir de quoi ces êtres sont nés ; ce sur quoi, une fois nés, ils vivent ; et ce en quoi ils passent après la mort – cherchez à percevoir cela ! C'est le *brahman* ! » (TU 3.1) Le *brahman* se trouve donc au sommet du schéma hiérarchique, ou à sa base en tant que fondement ultime de toutes choses, même s'il est important de ne pas oublier que cette notion conserve toujours son caractère verbal en tant qu'« expression sonore » de la vérité ou de la réalité. La dernière *upaniṣad* ou « l'homologie ultime » est entre *ātman*, le Soi essentiel, et *brahman*, le réel ultime.

Même si cette homologie a joué un rôle important dans les développements ultérieurs de la religion et de la théologie en Inde et qu'elle constitue la pierre angulaire de l'une de ses principales traditions théologiques, l'Advaita Vedānta, il serait inexact de dire que le but unique de toutes les upaniṣads est d'énoncer cette simple vérité. Un lecteur attentif de ces textes pourra noter la diversité des objectifs poursuivis par leurs auteurs, au premier rang desquels

1. Pour des études spécifiques et approfondies de ce terme, on consultera Renou et L. Silburn, « Sur la notion de "Brahman" », *Journal asiatique* 7-46, 1949, repris dans L. Renou, *L'Inde fondamentale : études d'indianisme réunies et présentées par Charles Malamoud*, Paris, Hermann, 1978 ; J. Gonda, *Notes on Brahman*, Utrecht, Beyers, 1950 ; P. Thieme, « Brahman », *ZDMG* 102, 1952.
2. En ce sens, le terme apparaît parfois pour indiquer un corpus de textes : voir BU 2.1.1 ; CU 3.5.1-2.

figurent la nourriture, la prospérité, le pouvoir, la renommée et une vie heureuse après la mort. Il existe ainsi des rites pour atteindre à la grandeur, pour gagner l'amour d'une femme[1], pour nuire à l'amant de sa femme, pour provoquer une grossesse, pour se prémunir contre une grossesse, pour assurer un accouchement sans danger – et l'on pourrait sans peine allonger la liste. De nombreux spécialistes ignorent ces passages et d'autres du même genre dans leur recherche de la « philosophie » ou de la « conception fondamentale » des upaniṣads. Mais avons-nous raison de procéder ainsi ? Si les compilateurs des upaniṣads les ont jugés suffisamment importants pour les inclure dans ces recueils, de quel droit les rejetons-nous ? Ces passages, je crois, sont aussi importants pour comprendre l'histoire religieuse de cette période que ceux qui proclament l'unicité d'*ātman* et de *brahman*.

Patrick Olivelle

1. Quelques anciens traducteurs (Max Müller, par exemple) étaient tellement offensés par ces descriptions explicites de la sexualité qu'ils omettaient ces passages ou bien les traduisaient en latin !

Enseignements de la forêt

La Bṛhad-āraṇyaka-upaniṣad

Du cheval du sacrifice le ciel est le dos, l'atmosphère le ventre,
la terre le bas-ventre, les points cardinaux les flancs,
les points de l'horizon les côtes, les saisons les membres,
les mois et les demi-mois les articulations,
les jours et les nuits le support, les constellations les os,
les nuages les chairs, le sable la nourriture, les fleuves les intestins,
les montagnes le foie et les poumons, les plantes et les arbres le poil.
(BU I, 1, 1)

PREMIÈRE LEÇON

PREMIER BRĀHMAṆA

Om. C'est, en vérité, l'aurore qui est la tête du cheval du sacrifice ; 1, 1
le soleil l'œil, le vent le souffle, le feu Vaiśvānara[1] la bouche ouverte, l'année son être. Du cheval du sacrifice le ciel est le dos, l'atmosphère le ventre, la terre le bas-ventre, les points cardinaux les flancs, les points de l'horizon les côtes, les saisons les membres, les mois et les demi-mois les articulations, les jours et les nuits le support, les constellations les os, les nuages les chairs, le sable la nourriture, les fleuves les intestins, les montagnes le foie et les poumons, les plantes et les arbres le poil ; le soleil levant est sa moitié antérieure, le soleil couchant sa moitié postérieure ; quand le cheval bâille, il éclaire ; quand il s'ébroue, il tonne ; quand il pisse, il pleut ; sa voix est *vāc* (la voix, la parole) elle-même.

Le jour, en vérité, *mahiman*[2] de devant, est né à la suite du 1, 2
cheval ; sa matrice est dans l'océan oriental ; la nuit, *mahiman* d'arrière, est née à la suite du cheval ; sa matrice est dans

1. Litt. « commun à tous les hommes » (NdE).
2. De rares notions sanskrites sont translittérées dans le texte sans être traduites. Elles sont explicitées dans l'index en fin de volume, où les entrées sont rangées dans l'ordre alphabétique français (NdE).

l'océan occidental. Les deux surgissent comme les deux *mahiman*, de part et d'autre du cheval. Il est *haya* comme monture des dieux, *vājin* (comme monture) des Gandharvas, *arvan* des Asuras, *aśva* (cheval) des hommes. C'est de l'océan qu'il naît, l'océan est sa matrice.

II

2, 1 Au commencement, il n'y avait rien ici-bas. Tout était enveloppé par Mṛtyu (la mort), par la faim, car la faim est Mṛtyu. [La mort] conçut cette pensée : Puissé-je me réaliser ! Tout en priant (*arc*), il se mit en mouvement ; tandis qu'il priait les eaux naquirent et il se dit : En vérité, c'est tandis que je priais (*arc*) que m'est échu le bonheur (*ka*[1]). D'où l'*arka* (le rayon, le feu) a son nom. Le bonheur, en vérité, échoit à celui qui connaît ainsi pourquoi l'*arka* s'appelle *arka*.

2, 2 Les eaux sont *arka*. Ce qui était la crème des eaux se solidifia et ce fut la terre. Sur la terre Mṛtyu peina ; lui peinant, lui s'échauffant, se dégagea l'essence du *tejas*, le feu.

2, 3 Il se partagea lui-même en trois, le soleil étant le second tiers et le vent le troisième. C'est la vie (le souffle) même partagée en trois. L'orient est sa tête[2], et ce point et ce point sont ses avant-bras ; l'occident est sa queue, et ce point et ce point sont ses cuisses ; le sud et le nord sont ses flancs, l'atmosphère est son ventre, la terre est sa poitrine ; il repose sur les eaux. Partout, où qu'il aille, il a un support solide, celui qui sait (*veda*) ainsi[3].

1. *Ka* peut signifier bonheur et eau (NdE).
2. Il semble qu'ici s'insinue l'image du *puruṣa* classique.
3. Un des premiers exemples de cet emploi de *veda* si caractéristique de ces écrits (« celui qui sait ainsi », « celui qui possède cette

[La mort] désira : Puisse-t-il me naître un autre moi-même. Mṛtyu-Faim s'accoupla en esprit avec la Voix. Ce qui était la semence devint l'année. Auparavant, en effet, il n'y avait pas d'année. Il porta tout juste le temps qu'est une année et au bout de ce temps il enfanta. Le fruit à peine né, il ouvrit la bouche pour le saisir ; il fit *bhāṇ* et ce fut la voix. 2, 4

Il considéra : En vérité, si je m'attaque à lui, je ferai un bien petit repas. Et de cette voix, de cet autre lui-même, il produisit tout ce qui est, les *ṛc*, *yajus*, *sāman*[1], *chandas*, sacrifices, hommes, animaux. Tout ce qu'il produisait il se mettait à le manger. C'est comme mangeant (*ad*) tout (*atti*) que Aditi s'appelle Aditi. Il mange tout, tout est sa proie (nourriture), celui qui connaît ainsi l'origine du nom d'Aditi. 2, 5

Il désira : Puissé-je sacrifier grandement par un grand sacrifice. Il peina, il s'échauffa en *tapas*[2]. Quand il eut peiné, qu'il se fut échauffé, splendeur, énergie se dégagea. En vérité, les souffles (la vie) sont splendeur, énergie. Alors, les souffles échappés, le corps se mit à gonfler ; mais dans son corps était le *manas* (l'esprit). 2, 6

Il désira : Que ceci (le corps) soit pour moi propre au sacrifice ; puissé-je par ceci me réaliser. Alors, il devint cheval. Ce qui s'était gonflé (*aśvat*) devint propre au sacrifice (*medhya*) ; c'est pourquoi le sacrifice du cheval s'appelle *aśva-medha*. En vérité, celui-là connaît l'*aśva-medha* qui le connaît ainsi. 2, 7

connaissance »). Il est visible qu'il ne s'agit pas d'une connaissance distincte de l'esprit, mais d'une sorte d'initiation magique et mystique.

1. Les hymnes du Ṛg-Veda, les formules sacrificatoires du Yajur-Veda, les chants liturgiques du Sāma-Veda (NdE).
2. *Tapas* comporte une double acception « chaleur et austérité », qui, comme pour *tejas*, exige le rappel du terme même.

Sur le cheval il fixa sa pensée sans le retenir. Au bout d'une année, il le prit pour lui ; les bêtes, il les céda aux divinités. C'est pourquoi on sacrifie comme appartenant à Prajāpati ce qui a été consacré à tous les dieux. Celui qui brûle là-haut (le soleil) est *aśva-medha* ; il se réalise dans l'année. Ce feu est l'*arka* ; c'est dans le monde visible qu'il se réalise. Ils sont deux, *arka* et *aśva-medha* ; mais au fond il n'y a qu'une divinité[1] unique, qui est Mr̥tyu. Il triomphe de la remort, la mort ne l'atteint pas, il se réalise en Mr̥tyu, il devient un avec ces divinités [celui qui sait ainsi].

III

3, 1 Les enfants de Prajāpati sont de deux sortes, les dieux et les asuras. Les dieux étaient les cadets, les asuras les aînés. Ils luttèrent entre eux pour les mondes sensibles. Or, les dieux dirent : Allons, dominons les asuras dans le sacrifice grâce à l'*udgītha*[2].

3, 2 Et ils dirent à la voix : Chante pour nous l'*udgītha*. — Soit, dit-elle. Et pour eux la voix chanta. Ce qu'il y a de jouissance dans la voix, en chantant, elle le procurait aux dieux et, à elle-même, ce qui est dit de bien. Les asuras connurent : En vérité, grâce à cet *udgātar*, ils vont nous dominer. Lui courant sus, ils la percèrent du mal. Ce mal, c'est tout ce qui, ici-bas, est mal à dire ; c'est cela même, ce mal.

3, 3 Et ils [les dieux] dirent au souffle : Chante pour nous l'*udgītha*. — Soit, dit-il. Et pour eux le souffle chanta. Ce qu'il y a de jouissance dans le souffle, en chantant, il le procurait aux dieux et, à lui-même, ce qu'il y a de bon à sentir. Les asuras

1. Ou sans doute « suprême réalité objective ».
2. Partie du chant liturgique, l'*udgātar* étant le chantre (NdE).

connurent : En vérité, grâce à cet *udgātar*, ils vont nous dominer. Lui courant sus, ils le transpercèrent du mal. Ce mal, c'est tout ce qui, ici-bas, est mauvais à sentir ; c'est cela même, ce mal.

Et ils dirent à l'œil : Chante pour nous l'*udgītha*. — Soit, 3, 4
dit-il. Et pour eux l'œil chanta. Ce qu'il y a de jouissance dans la vue, en chantant, il le procurait aux dieux et, à lui-même, ce qui est bon à voir. Les asuras connurent : En vérité, grâce à cet *udgātar*, ils vont nous dominer. Lui courant sus, ils le transpercèrent du mal. Ce mal c'est tout ce qui, ici-bas, est mauvais à voir ; c'est cela même, ce mal.

Et ils dirent à l'oreille : Chante pour nous l'*udgītha*. — Soit, 3, 5
dit-elle. Et pour eux l'oreille chanta. Ce qu'il y a de jouissance dans l'ouïe, en chantant, elle le procurait aux dieux et, à elle-même, ce qu'il y a de bon à entendre. Les asuras connurent : En vérité, grâce à cet *udgātar*, ils vont nous dominer. Lui courant sus, ils la transpercèrent du mal. Ce mal, c'est tout ce qui, ici-bas, n'est pas bon à entendre ; c'est cela même, ce mal.

Et ils dirent au *manas* (esprit, pensée) : Chante pour nous 3, 6
l'*udgītha*. — Soit, dit-il. Et pour eux le *manas* chanta. Ce qu'il y a de jouissance dans le *manas*, en chantant, il le procurait aux dieux et, à lui-même, ce qu'il est bon de vouloir[1]. Les asuras connurent : En vérité, grâce à cet *udgātar*, ils vont nous dominer. Lui courant sus, ils le transpercèrent du mal. Ce mal c'est ce qui, ici-bas, il est mauvais de vouloir ; c'est cela même, ce mal.

Ainsi, en vérité, ils assaillirent ces divinités[2] de maux ; ainsi ils les percèrent du mal.

1. Et aussi d'« imaginer ».
2. Les sens sont souvent qualifiés de *devās* dans la phraséologie des upaniṣads, probablement parce qu'ils sont les organes grâce auxquels, pour l'homme, les choses extérieures s'*objectivent*.

3, 7 Et alors, ils dirent à ce souffle qui est dans la bouche : Toi, chante pour nous l'*udgītha*. — Soit, dit-il. Et il chanta pour eux. Les asuras connurent : En vérité, grâce à cet *udgātar*, ils vont nous dominer. Et lui courant sus, ils voulurent le percer du mal. Et ainsi que, rencontrant une pierre, une motte de terre s'émietterait, de même, s'étant émiettés dans toutes les directions, ils disparurent. Ainsi les dieux furent ; les asuras périrent. De même, celui qui sait ainsi, conserve l'être ; son ennemi, son rival périt.

3, 8 Et ils dirent : Où donc était celui qui s'est ainsi attaché à nous ? Puisqu'il est dans la bouche, il est *ayāsya* ; il est *āṅgirasa*, car il est l'essence du corps (*aṅgānāṃ rasa*).

3, 9 Et cette divinité a pour nom Dūr : en effet, Mr̥tyu est loin (*dūra*) d'elle. Mr̥tyu reste loin de celui qui connaît ainsi.

3, 10 Et cette divinité, ayant chassé Mr̥tyu le mal de ces divinités, le relégua au bout du monde[1] ; là elle déposa leurs maux. C'est pourquoi il ne faut pas aller chez les peuples (étrangers) au bout du monde, de peur de rejoindre Mr̥tyu le mal.

3, 11 Et cette divinité, ayant chassé de ces divinités Mr̥tyu le mal, les transporta ainsi par delà Mr̥tyu.

1. La suite semble contenir une allusion à la propagande bouddhique au dehors et supposerait par conséquent, comme il semble possible, que le bouddhisme est antérieur à notre upaniṣad. — Pour les origines de cette conception des maux ou du mal chassés par une puissance supérieure, cf. ci-dessous I, 4, 1 où le *puruṣa* est substitué au souffle vital dans ce rôle de sauveur.

C'est la voix qu'il[1] transporta la première ; et quand elle 3, 12
fut affranchie par delà Mr̥tyu, ce fut le feu, ce feu qui brille
par delà Mr̥tyu, le dépassant[2].

Et il transporta par delà, le souffle ; et quand il fut affranchi 3, 13
par delà Mr̥tyu, le dépassant, ce fut le vent qui purifie.

Alors il transporta par delà, l'œil ; et quand l'œil fut 3, 14
affranchi par delà Mr̥tyu, le dépassant, ce fut le soleil ;
c'est ce soleil qui chauffe là-haut, par delà Mr̥tyu.

Alors il transporta par delà, l'oreille ; et quand elle fut 3, 15
affranchie par delà Mr̥tyu, ce furent les régions de
l'espace ; ces régions de l'espace sont par delà Mr̥tyu,
elles le dépassent.

Alors il transporta par delà, l'esprit ; et quand l'esprit fut 3, 16
affranchi par delà Mr̥tyu, ce fut la lune. C'est cette lune
qui, le dépassant, brille par delà Mr̥tyu. De même cette
divinité transporte par delà Mr̥tyu celui qui sait ainsi.

Alors il se procura pour lui-même, en chantant, la nourriture ; 3, 17
car toute nourriture qui se mange, c'est grâce à lui qu'elle
se mange ; il en est le support.

Les dieux dirent : Tout ce qui, ici-bas, est nourriture, tu 3, 18
l'as, en chantant, obtenu pour toi-même ; fais-nous avoir
part à cette nourriture. — Pénétrez donc en moi. — Soit.
Et, tout à l'entour, de toutes parts, ils pénétrèrent en lui.
C'est pourquoi les divinités sont rassasiées par cette

1. Rigoureusement, il faudrait le féminin ; mais le texte substitue le masculin.
2. On voit ici l'identification de la voix, de l'hymne avec le feu du sacrifice ; et bien que Mr̥tyu soit identifié avec le feu, le feu le domine puisqu'il renaît sans cesse, peut-être aussi parce que, après la destruction du mort, il survit au bûcher.

nourriture que l'on ne mange que par lui. De même, les siens prennent en lui leur refuge, il est le protecteur des siens, il est le meilleur, le guide, le fort, le maître, celui qui connaît ainsi. Celui qui, parmi les siens, veut tenir tête à qui connaît ainsi, celui-là ne suffit pas à entretenir sa clientèle ; mais qui se subordonne à lui ou ne prétend entretenir sa clientèle que dans sa dépendance, celui-là suffit à entretenir sa clientèle.

3, 19 Il est Ayāsya Āṅgirasa, car il est l'essence des corps (*aṅgānāṃ rasa*) ; le souffle, en vérité, est l'essence du corps. Parce que le souffle est l'essence du corps, de quelque membre que le souffle (la vie) s'échappe, ce membre se dessèche ; c'est que le souffle est l'essence des membres.

3, 20 Et il est Bṛhaspati ; la voix est, en vérité, *bṛhatī* ; il est le maître (*pati*) de la voix ; il est donc *bṛhaspati*.

3, 21 Et il est Brahmaṇaspati ; la voix, en vérité, est *brahman* ; il est le maître (*pati*) de la voix ; il est donc *brahmaṇaspati*[1].

3, 22 Et il est le *sāman* ; la voix, en vérité, est le *sāman* ; il est *sā* et il est *ama*[2] ; d'où le nom de *sāman*. Et parce qu'il est égal (*sama*) à un vermisseau, égal à un moucheron, égal à un éléphant, égal aux trois mondes, égal à cet univers, par cette raison il est *sāman*. Il obtient l'union avec le *sāman*, il participe au monde du *sāman*, celui qui connaît ainsi le *sāman*.

1. C'est-à-dire que, comme le *brahman*, la vie est égale, est la même partout et répandue partout.
2. Cf. *Chāndogya-upaniṣad*, I, 6 et 7 (p. 202-205). L'essentiel paraît être, là comme ici, qu'« il contient un élément féminin et un élément mâle » — peut-être la voix (*sā*) et le feu (*ama*) ?

Et il est, en vérité, l'*udgītha* ; le souffle est *ut*, car c'est, en effet, par le souffle que tout cet univers est soutenu (*uttabdha*), et la voix est chant (*gīthā*) ; *ut* et *gīthā* donnent *udgītha*. 3, 23

Et c'est ainsi que Brahmadatta Caikitāneya, consommant le roi Soma, dit : Que ce roi fasse tomber ma tête en morceaux si c'est autrement que Ayāsya Āṅgirasa exécutait l'*udgītha*. C'est bien par la voix et par le souffle qu'il exécutait l'*udgītha*. 3, 24

À qui connaît le propre du *sāman*, il échoit en propre. En vérité, le propre du *sāman*, c'est le son. Celui qui doit remplir les fonctions de *ṛtvij* (prêtre) doit donc souhaiter avoir de la sonorité dans la voix pour remplir ses fonctions avec une voix sonore ; c'est pourquoi on désire voir au sacrifice un prêtre doué d'une voix sonore, qui possède donc le propre [du *sāman*]. La propriété échoit à qui connaît ainsi le propre du *sāman*. 3, 25

À celui qui connaît l'or du *sāman* échoit l'or. En vérité, c'est le son qui est l'or du *sāman*. Il échoit de l'or à celui qui connaît ainsi cet or du *sāman*. 3, 26

Qui connaît le support du *sāman*, celui-là possède un solide support. C'est, en vérité, la voix qui est le support du *sāman*, car c'est en s'appuyant sur la voix que le souffle devient chant. D'autres disent sur la nourriture. 3, 27

Et maintenant la cérémonie s'élève aux *pavamāna*. En vérité, le *prastotar* entonne (*prastauti*) le *sāman*. Tandis qu'il entonne, on[1] dit à voix basse : 3, 28

« Fais-moi aller du non-être à l'être ;
« Fais-moi aller de l'obscurité à la lumière ;
« Fais-moi aller de la mort à l'immortalité. »

1. C'est-à-dire le *yajamāna*, le laïc qui offre le sacrifice.

Quand il dit : « Fais-moi aller du non-être à l'être », la mort, en vérité, est le non-être ; l'être est l'immortalité : « Fais-moi aller de la mort à l'immortalité, fais-moi immortel », voilà, en réalité, ce qu'il dit. Quand il dit : « Fais-moi aller de l'obscurité à la lumière », la mort, en vérité, est l'obscurité, la lumière est l'immortalité : « Fais-moi aller de la mort à l'immortalité, fais-moi immortel », voilà, en réalité, ce qu'il dit. Quand il dit : « De la mort fais-moi aller à l'immortalité », là tout est clair. Quant aux autres chants (*stotra*), il peut, en les chantant, assurer ses besoins ; qu'il y mette donc une intention, quel que puisse être l'objet de son désir. L'*udgātar* qui sait ainsi obtient soit pour lui-même, soit pour celui qui offre le sacrifice, l'objet qu'il souhaite. En vérité, le *sāman* conquiert le monde (*loka*) ; il n'a pas à craindre de manquer la place [qu'il peut désirer] dans le monde, celui qui connaît ainsi le *sāman*.

IV

4, 1 L'*ātman* existait seul, à l'origine, sous la forme de *puruṣa*[1]. En regardant autour de lui, il ne vit rien d'autre que lui-même. Il prononça d'abord : Je suis. D'où le nom de « moi » ; de là vient aussi que, aujourd'hui encore, si l'on appelle quelqu'un, il répond d'abord : « C'est moi », et seulement ensuite il déclare l'autre nom qui est le sien propre. Parce que, antérieur à tout (*pūrva*), il a consumé (*uṣ*) tous les maux, par cette raison il est *puruṣa*. En vérité, il consume qui prétend se placer devant lui, celui qui sait ainsi.

1. Le monde était un seul corps (*ātman*) semblable à un homme (*puruṣa*) (NdE).

Il eut peur : c'est pourquoi celui qui est seul a peur. Puis 4, 2
il considéra : « Puisqu'il n'existe rien d'autre que moi, de quoi aurais-je peur ? » Et, du coup, sa peur s'évanouit. De qui aurait-il eu peur ? C'est d'un autre qu'on a peur.

Il n'avait pas non plus de plaisir : c'est pourquoi le plaisir 4, 3
n'est pas pour qui est seul. Il souhaita un second. Or, il avait l'ampleur d'un homme et d'une femme qui se tiennent embrassés. Il se divisa en deux ; de là furent l'époux et l'épouse. C'est pourquoi Yājñavalkya a dit : « Nous sommes individuellement (*idam*) chacun une moitié. » C'est pourquoi le vide laissé est rempli par la femme. Il s'unit à elle : de là naquirent les hommes.

Alors elle réfléchit : « Comment, m'ayant engendré de lui- 4, 4
même, s'est-il uni à moi ? Allons, il faut que je me cache ! » Ce disant, elle devint vache, lui taureau ; il s'unit à elle : de là naquirent les vaches. Elle devint jument, lui étalon ; elle ânesse, lui âne ; il s'unit à elle : de là naquirent les solipèdes. Elle devint chèvre, lui bouc ; elle brebis, lui bélier ; il s'unit à elle : de là naquirent chèvres et moutons. De la sorte il produisit tout ce qui va par couple, jusqu'aux fourmis.

Il connut : En vérité, je suis la création, car c'est moi qui ai 4, 5
tout produit. Ainsi, il fut la création. Il a part à sa création, celui qui sait ainsi.

Puis il frotta ainsi[1] ; et, de sa bouche comme matrice, avec 4, 6
ses mains il produisit le feu. C'est pourquoi bouche et mains sont sans poils à l'intérieur ; car la matrice est, à l'intérieur, sans poils. [Lors donc que l'on dit : « Sacrifie à tel dieu ! sacrifie à tel dieu ! » et ainsi pour tous à tour de rôle, ce ne

1. Ceci suppose un geste explicatif, montrant la friction d'un foret sur une planchette pour produire le feu.

sont que créations particulières de lui ; c'est lui seul qui est tous les dieux][1]. Tout ce qu'il y a d'humide, il le produisit de son sperme : c'est le *soma*. En vérité, tout sans exception, ici-bas, est manger ou mangeur. Soma est manger, Agni est mangeur. Cette création est une surcréation de *brahman*[2] ; surcréation puisqu'il a produit des dieux supérieurs à lui[3], parce que, mortel, il a produit des immortels. Il appartient à cette surcréation[4], celui qui sait ainsi.

4, 7 Tout, dans le monde, était encore indéterminé. C'est par le nom et par la forme qu'il détermina : « Ceci a tel nom, ceci a telle forme. » De même c'est aujourd'hui encore par le nom et par la forme que tout est déterminé : « Ceci a tel nom, ceci à telle forme. » Lui-même y est entré jusqu'au bout des ongles. Comme le rasoir enfermé dans son étui ou le *viśvaṃbhara*[5] dans son nid, on ne le voit pas. En effet, il ne se manifeste que partiellement, souffle quand il respire, voix quand il parle, œil quand il voit, oreille quand il entend, esprit quand il pense. Ce sont seulement les noms de ses actes. Celui qui les considère isolément ne le connaît pas ; car il ne se manifeste que partiellement par l'un ou par l'autre. Il faut reconnaître l'*ātman* ; car en lui est l'unité de tous. C'est l'*ātman* qu'il faut, en toutes choses, suivre à la trace, car par lui on connaît tout. Et comme on trouve en suivant

1. Cette phrase, visiblement déplacée, semble devoir être reportée avant la formule finale du verset 5.
2. Agni et Soma étant les éléments du sacrifice, du *brahman*, le texte est, par ce détour, ramené à l'identification de *brahman*.
3. Voir ci-dessous I, 4, 11.
4. C'est-à-dire, je pense, il entre dans la classe des dieux, dans l'immortalité.
5. Sens douteux : feu (?) ou animal indéterminé.

des traces, il trouve la renommée, la gloire, celui qui sait ainsi.

Plus cher qu'un fils, plus cher que la fortune, plus cher 4, 8
que tout et plus intime est cet *ātman*. Si d'un homme qui parle d'un autre comme lui étant plus cher que l'*ātman* (son soi), on disait : « Il perdra l'objet qui lui est cher », on aurait sûrement raison. Il ne faut considérer comme cher que l'*ātman* (son soi). Celui qui ne considère comme lui étant cher que l'*ātman* (son soi), à celui-là l'objet qu'il tient pour cher ne risque pas d'échapper.

On dit : Si les hommes pensent que, par la connaissance 4, 9
de *brahman*, ils deviendront le Tout, qu'est-ce donc que connut ce *brahman* par quoi il devint ce Tout ?

En vérité, à l'origine, *brahman* seul existait. Il ne connaissait 4, 10
donc que lui-même : « Je suis *brahman* » ; et il était le Tout. Puis chacun des dieux le fut, au fur et à mesure qu'ils s'éveillèrent à la pensée ; de même des *ṛṣi*, de même des hommes. C'est ce que voyant le *ṛṣi* Vāmadeva a déclaré : « J'ai été Manu et Sūrya ». De même aujourd'hui, celui qui sait ainsi : « Je suis *brahman* », celui-là est le Tout, et les dieux mêmes ne peuvent l'en empêcher ; car il est leur *ātman*. Et celui qui considère que la divinité est autre : « Le dieu est un et moi je suis un autre », celui-là ne sait pas. Il est pour les dieux comme un bétail. Et comme beaucoup d'animaux sont au service de l'homme, chaque homme est au service des dieux. Qu'un animal soit pris, c'est fort déplaisant ; combien plus s'il s'agit d'un grand nombre ! C'est pourquoi il leur déplaît que les hommes sachent cela.

En vérité, à l'origine, il n'existait que *brahman*, lui tout 4, 11
seul. Étant seul, il ne se manifestait pas. Alors il produisit

au-dessus de lui une forme plus excellente, la souveraineté (*kṣatra*), ces souverainetés qui sont, parmi les dieux, Indra, Varuṇa, Soma, Rudra, Parjanya, Yama, Mṛtyu, Īśāna. Aussi n'est-il rien au-dessus de la souveraineté ; et c'est pourquoi le brâhmane est, dans le *rājasūya*, assis au-dessous du kṣatriya. C'est à la souveraineté (*kṣatra*) qu'il rend cet hommage ; mais la matrice de la souveraineté est *brahman*[1]. C'est pourquoi, encore qu'il ait la suprématie, c'est finalement à *brahman*, sa matrice, que remonte le roi. Celui qui fait violence à un brâhmane blesse sa propre matrice. Il est le pire, s'étant attaqué au meilleur.

4, 12 [*Brahman*] ne se manifestait toujours pas. Il produisit la *viś* (la classe des Vaiśyas), ces classes de dieux qu'on désigne par groupes, Vasus, Rudras, Ādityas, Viśve-devas, Maruts.

4, 13 Il ne se manifestait toujours pas. Il produisit la classe des Śūdras, Pūṣan. Cette terre, en vérité, est Pūṣan, car elle nourrit (*puṣyati*) tout ce qui existe ici-bas.

4, 14 Il ne se manifestait toujours pas. Alors, au-dessus de lui, il produisit une forme supérieure, le *dharma* (la Loi) ; le *dharma* est la souveraineté de la souveraineté. C'est pourquoi il n'est rien de supérieur au *dharma*. Et un plus faible balance un plus fort par le *dharma* comme par un pouvoir royal[2]. Ce qui est *dharma* est vérité. D'où l'expression, pour qui dit la vérité : « Il dit le *dharma* », pour qui dit le *dharma* : « Il dit la vérité » : c'est que, en vérité, les deux ne font qu'un.

1. Autrement dit, la matrice de la souveraineté est le pouvoir du prêtre (NdE).
2. Le roi, agent de la loi, tire sa force d'elle.

Il y a ainsi *brahman, kṣatra, viś* et *śūdra*. C'est par Agni (le feu) que *brahman* s'est réalisé parmi les dieux, comme brâhmane parmi les hommes, le kṣatriya par le kṣatriya[1], le vaiśya par le vaiśya, le śūdra par le śūdra. C'est pourquoi c'est en Agni que l'on souhaite une place parmi les dieux, dans le brâhmane parmi les hommes, parce que c'est sous ces deux formes que s'est réalisé *brahman*. Et celui qui quitte ce monde sans avoir considéré sa place [future], celui-là, faute de savoir, n'en jouit pas ; de même que le Veda non récité ou un rite non accompli [n'est d'aucun profit]. Et celui même qui, sans savoir ainsi, accomplit quelque acte de grand mérite, le mérite pour lui finit par s'en épuiser : c'est l'*ātman* (son soi) qu'il faut considérer comme sa vraie place. Celui qui considère que l'*ātman* est sa vraie place, de celui-là le mérite ne s'épuise pas[2]. Quelque chose qu'il désire, il le tire de cet *ātman*[3]. 4, 15

Donc cet *ātman*[4] est le lieu de tous les êtres : des *deva* par l'offrande et le sacrifice ; des *ṛṣi* par les récitations ; 4, 16

1. J'admets, en raison surtout de la phrase suivante, que le *brahman* n'est directement incorporé que dans Agni et dans les brâhmanes ; les autres castes sortiraient par génération normale de leurs appartenants respectifs (?). D'après le commentaire, elles naîtraient d'une sorte d'hypostase (*vikāra*) du *brahman*.
2. C'est toute la théorie ultérieure du mérite passager des actes et des œuvres sacrificielles, et du mérite absolu de la connaissance seule qui, par l'identification avec *ātman*, arrache aux liens du *saṃsāra* (cycle des renaissances successives).
3. Comme dans *Chāndogya-upaniṣad*, VIII, 2-3 (p. 310-312), la haute vision de l'existence absolue en *brahman* est, tout d'un coup, rabaissée à la notion d'une satisfaction grossière de tous les désirs : mélange singulier, et qu'il serait curieux d'expliquer, de deux ordres de pensée inégaux et chronologiquement successifs.
4. Il semble qu'ici *ayam ātmā* change de sens et désigne, comme parfois « le corps, la personne humaine ».

des *pitṛ*[1] par les libations faites aux mânes et le vœu d'une postérité ; des hommes par les aumônes de vêtements et de nourriture ; des bestiaux par l'eau et le fourrage qu'on leur donne ; des bêtes et des oiseaux jusqu'aux fourmis par l'asile que leur procurent les demeures des hommes. Et autant il peut souhaiter lui-même avoir sa sécurité assurée, autant tous les êtres le souhaitent pour celui qui sait ainsi. Voilà, en vérité, la science profonde.

4, 17 À l'origine, il n'était rien que l'*ātman*, tout seul. Il désira : Puissé-je avoir une épouse, et engendrer, et posséder de la richesse, et accomplir des actes[2]. En vérité, cela embrasse tout désir, et on ne saurait trouver rien de plus à désirer. C'est pourquoi, aujourd'hui encore, celui qui est seul désire : Puissé-je avoir une épouse, et engendrer, et posséder de la richesse, et accomplir des actes ! Aussi longtemps que lui manque un seul de ces objets, il se sent incomplet. Voici sa plénitude : la pensée est son *ātman*, la parole son épouse, le souffle (la vie) sa progéniture, la vue les biens terrestres — car c'est seulement par la vue qu'on les découvre —, l'ouïe les biens célestes — car c'est par l'ouïe que se perçoit l'enseignement ; l'*ātman*[3] même est son activité, car c'est par l'*ātman* qu'on agit. Quintuple est le sacrifice, quintuple la victime, quintuple l'homme ; tout ce qui existe est quintuple. Il obtient tout ce qui existe celui qui sait ainsi.

V

5, 1 Des sept nourritures qu'engendra le Père
Par sa volonté et par son *tapas*,

1. Respectivement des dieux, des sages, des mânes (NdE).
2. Ou exclusivement : accomplir des sacrifices ?
3. Ici, de nouveau *ātman* retombe au sens de corps.

L'une fut commune à tous les êtres,
Deux furent le partage des dieux.
Il en fit trois pour lui-même,
Il en accorda une aux animaux ;
Là-dessus tout repose,
Ce qui respire et ce qui ne respire pas.
Comment, constamment mangées,
Ces nourritures ne s'épuisent-elles jamais ?
Celui qui connaît cette indestructibilité,
Celui-là mange de la nourriture avec sa bouche ;
Il monte parmi les dieux,
Il vit de la Force.

Tels sont les vers.

Des sept nourritures qu'engendra le Père 5, 2
Par sa volonté et par son *tapas*…

C'est bien par volonté et *tapas* que le Père engendra ;

Une est commune à tous les êtres…

Cette nourriture, commune à tous, c'est tout ce qui est mangé ici-bas ; celui qui croit à cette nourriture ne s'affranchit pas du mal ; car elle est mélangée.

Deux furent le partage des dieux…

à savoir : *huta* (les offrandes versées dans le feu) et *prahuta* (les oblations) ; c'est pourquoi on fait des offrandes aux dieux dans le feu et en libations. Mais on dit aussi que c'est des sacrifices de la nouvelle et de la pleine lune qu'il s'agit. Il ne faut donc pas offrir de sacrifice en vue d'un désir à satisfaire.

Il en accorda une aux animaux…

C'est le lait ; car c'est de lait que commencent par vivre hommes et animaux. C'est pourquoi à un nouveau-né on fait d'abord lécher du beurre fondu, ou bien on lui fait prendre le sein ; et d'un veau qui vient de naître on dit qu'il ne mange pas d'herbe.

Sur elle tout repose,
Ce qui respire et ce qui ne respire pas…

C'est en effet, sur le lait que reposent tous les êtres, qu'ils respirent ou non. Quant à ce qu'on dit : « Celui qui pendant une année fait l'offrande du lait échappe à la remort », il ne faut pas croire cela. C'est seulement au jour où il fait cette offrande qu'échappe à la remort celui qui sait ainsi ; il offre, en effet, aux dieux toute nourriture.

Pourquoi, constamment mangées,
Ne sont-elles jamais épuisées ?…

Puruṣa, en vérité, est indestructibilité ; c'est lui qui sans cesse produit et reproduit cette nourriture.

Celui qui connaît cette indestructibilité…

Le *puruṣa*[1], en vérité, est indestructibilité. C'est lui qui, de rite en rite, par les œuvres liturgiques produit la nourriture. S'il ne le faisait pas, elle s'épuiserait.

Il mange la nourriture avec sa face…

La face, c'est-à-dire la bouche ; il mange par la bouche.

Il monte parmi les dieux,
Il vit d'ambroisie…

On indique sa récompense.

1. Le premier *puruṣa* est le *puruṣa* cosmique et psychologique ; le second est le *puruṣa* individuel et spéculatif.

Il en fit trois pour lui même… 5, 3

L'esprit, la parole, le souffle, ce sont les trois qu'il fit pour lui-même. On dit : « J'avais l'esprit ailleurs, je n'ai pas vu ; j'avais l'esprit ailleurs, je n'ai pas entendu » ; en effet, c'est grâce à l'esprit qu'on voit, grâce à l'esprit qu'on entend. Désir, pensée, doute, foi, incroyance, volonté, faiblesse, pudeur, réflexion, crainte, tout cela est esprit (*manas*). C'est pourquoi, touché par derrière, on le connaît par l'esprit. Tout ce qui est son est parole. Elle est (parole) par la fin à laquelle elle sert ; elle n'est pas (par elle-même une entité spéciale)[1]. *Prāṇa, apāna, vyāna, udāna, samāna, ana,* tout cela n'est rien que souffle. Voilà de quoi est fait l'*ātman* : de parole, d'esprit, de souffle.

Il y a trois mondes : ce monde terrestre est parole, le monde 5, 4
de l'atmosphère esprit, le monde de là-haut souffle.

Il y a trois Vedas : le Ṛg-Veda est parole, le Yajur-veda 5, 5
esprit, le Sāma-veda souffle.

Il y a les *deva*, les *pitṛ*, les hommes : les dieux sont parole, 5, 6
les mânes esprits, les hommes souffle.

Il y a le père, la mère, l'enfant : le père est esprit, la mère 5, 7
parole, l'enfant souffle.

Il y a le connu, le connaissable, l'inconnu : tout ce qui est 5, 8
connu se classe avec la parole[2], car la parole est connue (a un sens) ; c'est à ce titre que la parole sert l'homme ;

1. J'entends que, à la prendre en elle-même, la parole n'est que bruit ; ce n'est pas une entité spéciale comme le souffle, parce que le son devient parole par l'objet auquel il sert.
2. Littéralement : est un aspect de la parole.

5, 9 Tout ce qui est connaissable se classe avec l'esprit, car l'esprit est le (s'étend au) connaissable ; c'est à ce titre que l'esprit sert[1] l'homme ;

5, 10 Tout ce qui est inconnu se classe avec le souffle, car le souffle est inconnu ; c'est à ce titre que le souffle sert l'homme.

5, 11 De la parole la terre est le corps, le feu est l'aspect lumineux. C'est pourquoi aussi grande est la parole, aussi grande est la terre, aussi grand le feu.

5, 12 De l'esprit le ciel est le corps, le soleil l'aspect lumineux. C'est pourquoi aussi grand est l'esprit, aussi grand est le ciel, aussi grand le soleil. Les deux formèrent un couple qui s'unit. De là naquit le souffle. Il est Indra, il est sans rival. Un second est un rival. Celui-là n'a pas de rival qui sait ainsi.

5, 13 Du souffle les eaux sont le corps, la lune l'aspect lumineux. C'est pourquoi aussi grand est le souffle, aussi grandes sont les eaux, aussi grande la lune. Tous ceux-là (esprit, parole, souffle) sont égaux, tous infinis. Celui qui les croit finis conquiert un monde fini ; mais celui qui les croit infinis conquiert un monde infini.

5, 14 Prajāpati est l'année[2]. Il a seize parties ; les nuits en forment quinze ; la seizième est fixe. C'est par les nuits qu'il croît et décroît. Puis, la nuit de la nouvelle lune, entrant au moyen de cette seizième partie dans tout ce qui a souffle, il renaît au matin. C'est pourquoi il ne faut, cette nuit-là, trancher

1. Ceci sera expliqué plus bas aux versets 18-20, qu'il faut rapprocher des versets 8-10 et 11-13, comme autant de variations sur le thème de la même triade.
2. L'année considérée dans le raccourci du mois lunaire. Année et temps, il ne faut pas l'oublier, sont synonymes.

le souffle d'aucun être qui respire, fût-ce d'un lézard, par respect pour cette divinité.

L'homme qui sait ainsi est lui-même Prajāpati, l'année à 5, 15
seize parties. Son bien constitue quinze de ces parties, son *ātman* est la seizième. En bien il croît et décroît. Le moyeu est l'*ātman*, le bien est la jante. C'est pourquoi, même perdant tout, si avec l'*ātman* il garde la vie, on dit de lui : « Il en est quitte pour la jante ».

Il y a donc trois mondes : le monde des hommes, le monde 5, 16
des *pitr̥*, le monde des dieux. C'est seulement par un fils, et par rien d'autre, qu'on conquiert le monde des hommes ; par le sacrifice, le monde des *pitr̥* ; par la science, le monde des dieux. En vérité, le monde des dieux est le meilleur des mondes ; c'est pourquoi on exalte la science.

Et maintenant la transmission. Quand on sent que l'on va 5, 17
mourir, on dit à son fils : « Tu es *brahman*, tu es le sacrifice, tu es le monde. » Le fils répond : « Je suis *brahman*, je suis le sacrifice, je suis le monde. » Tout ce qui se récite est compris dans « *brahman* » ; les sacrifices, quels qu'ils soient, sont compris dans le « sacrifice » ; les mondes, quels qu'ils soient, sont tous compris dans le « monde ». C'est donc tout ce qui existe : « Étant tout (pense le père), il m'aura aidé au sortir d'ici-bas ». C'est pourquoi d'un fils instruit on dit qu'il est *lokya*[1], et c'est pourquoi on instruit un fils. Quand trépasse de ce monde celui qui sait ainsi, il pénètre avec ces souffles (ses sens, ses facultés) dans son fils. S'il a fait quoi que ce soit de travers, de tout son fils le libère : d'où le nom de *putra* pour « fils ». Par son fils il garde un support dans ce monde et les souffles divins, immortels, pénètrent en lui.

1. On pourrait traduire si l'on veut : « qui a du monde ».

5, 18 De la terre et du feu la parole divine pénètre en lui. C'est, en vérité, cette parole divine en vertu de laquelle tout ce qu'il dit se réalise.

5, 19 Du ciel et du soleil l'esprit divin pénètre en lui. C'est, en vérité, cet esprit divin en vertu duquel il est tout à la joie et n'éprouve aucune peine.

5, 20 Des eaux et de la lune le souffle divin pénètre en lui. C'est, en vérité, ce souffle divin qui, qu'il se meuve ou ne se meuve pas, ne souffre jamais ni trouble ni dommage. Celui qui sait ainsi est l'*ātman* de tous les êtres. Telle est cette divinité (Prajāpati), tel il est. Comme tous les êtres servent cette divinité, tous servent celui qui sait ainsi. Quelque souffrance qu'aient à endurer les créatures, elles la gardent pour elles ; seul, le bien va à lui. Le mal ne va pas aux dieux.

5, 21 Et maintenant la méditation des pratiques. Prajāpati avait produit les actes. Aussitôt produits, ils entrèrent en rivalité les uns avec les autres. « Je vais parler », décida la parole ; « Je vais voir », décida l'œil ; et l'oreille : « Je vais entendre » ; de même les autres, suivant leurs fonctions. Mr̥tyu, se faisant fatigue, les dompta, les saisit et, les ayant saisis, les paralysa. C'est pourquoi la voix finit par se fatiguer, et l'œil, et l'oreille. Mais il ne saisit pas le souffle central. Les autres voulurent savoir : « Celui-ci est entre nous le meilleur qui, soit qu'il se meuve ou ne se meuve pas, ne souffre ni trouble ni dommage. Soyons donc chacun un aspect particulier de lui. » Tous devinrent chacun un aspect particulier de lui. C'est pourquoi de lui ils sont tous appelés *prāṇa* (souffles). Et celui qui sait ainsi, on donne son nom à la famille à laquelle il appartient. Et celui qui entre en rivalité avec qui sait ainsi, celui-là se dessèche et, finalement, meurt. Voilà pour le point de vue individuel.

Et maintenant par rapport aux dieux. « Je vais brûler », 5, 22
décida Agni ; « Je vais chauffer », décida le soleil ; et la lune : « Je vais briller » ; de même les autres divinités, chacune à sa manière. Comme le *prāṇa* est le centre des souffles, de même Vāyu (l'air) l'est des divinités. Les autres divinités ont des relâches d'activité, non pas Vāyu. Vāyu est la divinité qui ne connaît pas le repos.

D'où ce *śloka* : 5, 23
D'où le soleil se lève
Et où il se couche

(c'est du souffle qu'il se lève et dans le souffle qu'il se couche).

Les dieux en ont fait le *dharma*.
Tel il est aujourd'hui, tel il sera demain.

En vérité, ce que les dieux (le feu, etc.) avaient décidé de faire en ce temps-là, ils le font de même aujourd'hui. C'est pourquoi il faut (de même) observer une seule pratique. Il faut expirer et inspirer, en vue d'éviter l'emprise de Mr̥tyu le mal. La pratique adoptée, il la faut vouloir exercer jusqu'au bout. Par là on obtient de s'unir à cette divinité, d'habiter sa demeure.

VI

Cet univers, en vérité, est une triade : nom, forme, acte. 6, 1
Des noms, la parole est l'*uktha*, car c'est d'elle que sortent (*uttiṣṭhanti*) tous les noms ; c'est leur *sāman*, car elle est égale (*sama*) à tous les noms ; c'est leur *brahman*, car elle porte (*bibharti*) tous les noms.

6, 2 Des formes l'œil est l'*uktha*, car c'est par lui que se perçoivent toutes les formes ; c'est leur *sāman*, car il est égal (*sama*) à toutes les formes ; c'est leur *brahman*, car il porte (*bibharti*) toutes les formes.

6, 3 Des actes l'*ātman*[1] est l'*uktha*, car c'est par lui que se produisent tous les actes ; c'est leur *sāman*, car il est égal (*sama*) à tous les actes ; c'est leur *brahman*, car il porte (*bibharti*) tous les actes. Quoique triple, cette triade est une ; c'est l'*ātman* et, quoique un, l'*ātman* est cette triade. C'est l'immortel voilé par le réel. En vérité, le souffle est immortalité, le nom et la forme sont réalité, et par ces deux le souffle est voilé.

1. *Ātman*, ici, n'est pas exactement ou exclusivement le corps ; c'est l'individualité réalisée — et c'est ce sens primitif qui paraît avoir bifurqué dans les diverses acceptions que l'on rencontre tour à tour pour ce mot au cours de notre texte.

DEUXIÈME LEÇON

PREMIER BRĀHMAṆA

Dṛptabālāki était un Gārgya[1] instruit. Il dit à Ajātaśatru [roi] de Kāśi : « Je veux te parler de *brahman*[2]. » À quoi Ajātaśatru répondit : « Pour cette parole nous te donnons mille [vaches], pour que la foule accoure [en se récriant] : Un Janaka ! un Janaka ! »[3]. 1, 1

Alors Gārgya dit : « Ce personnage qui est là-haut dans le soleil, c'est lui que je considère comme *brahman*. » Et Ajātaśatru : « Non. Ne parle pas de celui-là. Il est souverain ; il est le chef de tous les êtres, le roi. C'est ainsi que je le considère. » Celui qui le considère ainsi est souverain, le chef, le roi de tous les êtres. 1, 2

Alors Gārgya dit : « Ce personnage qui est là-haut dans la lune, c'est lui que je considère comme *brahman*. » Et Ajātaśatru : « Non. Ne parle pas de celui-là. Il est grand ; c'est le roi Soma au vêtement blanc. C'est ainsi que je le considère. » Celui qui le considère ainsi, chaque jour 1, 3

1. Lignée de brâhmanes (NdE).
2. Te donner une formulation de la vérité (NdE, voir fin de l'introduction p. 56).
3. Pour comprendre l'allusion, cf. ci-dessous III, 1, 1 ; IV, 1, 2, etc.

le soma est (pour lui) pressé et repressé ; jamais il ne manque de nourriture.

1, 4 Alors Gārgya dit : « Le personnage qui est dans l'éclair, c'est celui-là que je considère comme *brahman.* » Et Ajātaśatru : « Non. Ne parle pas de celui-là. Je le considère, moi, simplement comme un être brillant. » Celui qui le considère ainsi, en vérité il brille et a une postérité brillante.

1, 5 Alors Gārgya dit : « Ce personnage qui est dans l'espace[1], c'est celui-là que je considère comme *brahman.* » Et Ajātaśatru : « Non. Ne parle pas de celui-là. Je le considère, moi, en vérité, comme complet, sans développement. » Qui le considère ainsi a plénitude de descendance et de troupeaux ; sa descendance ne cesse de se développer en ce monde.

1, 6 Alors Gārgya dit : « Le personnage qui est dans l'air, c'est lui que je considère comme *brahman.* » Et Ajātaśatru : « Non. Ne parle pas de celui-là. Je le considère, moi, comme Indra Vaikuṇṭha, comme l'armée invincible. » Qui le considère ainsi, celui-là, en vérité, est triomphant, invincible, vainqueur de ses ennemis.

1, 7 Alors Gārgya dit : « Le personnage qui est dans le feu, c'est lui que je considère comme *brahman.* » Et Ajātaśatru : « Non. Ne parle pas de celui-là. Je le considère, moi, comme l'Irrésistible. » Qui le considère ainsi est irrésistible, et irrésistible est sa descendance.

1, 8 Alors Gārgya dit : « Le personnage qui est dans les eaux, c'est lui que je considère comme *brahman.* » Et Ajātaśatru : « Non. Ne parle pas de celui-là. Je le considère, moi, comme le Beau. » À celui qui le considère ainsi vient seulement

1. C'est-à-dire l'esprit qui anime, en qui se personnifie l'espace.

ce qui est beau et non ce qui n'est pas beau, et de lui naît un fils beau.

Alors Gārgya dit : « Le personnage qui est dans le miroir, 1, 9
c'est lui que je considère comme *brahman.* » Et Ajātaśatru : « Non. Ne parle pas de celui-là. Je le considère, moi, comme le Brillant. » Qui le considère ainsi brille, il a une descendance brillante, et, tous ceux qu'il rencontre, il les surpasse en éclat.

Alors Gārgya dit : « Le son qui suit celui qui s'éloigne, c'est 1, 10
lui que je tiens pour *brahman.* » Et Ajātaśatru : « Non. Ne parle pas de celui-là. Je le tiens, moi, en vérité, pour le souffle (*asu*). » Qui le considère ainsi fournit en ce monde toute sa vie ; le souffle (*prāṇa*) ne l'abandonne pas avant le temps.

Alors Gārgya dit : « Le personnage qui est dans les points 1, 11
cardinaux, c'est lui que je tiens pour *brahman.* » Et Ajātaśatru : « Non. Ne parle pas de celui-là. Je le considère, moi, en vérité, comme le second inséparable. » Qui le considère ainsi ne manque pas de second, sa suite ne s'éloigne pas.

Alors Gārgya dit : « Le personnage qui est dans l'ombre, 1, 12
c'est lui que je tiens pour *brahman.* » Et Ajātaśatru : « Ne me parle pas de celui-là. Je le tiens, moi, en vérité, pour Mṛtyu. » Qui le considère ainsi fournit en ce monde toute sa carrière ; la mort ne l'atteint pas avant le temps.

Alors Gārgya dit : « Le personnage qui est dans le corps, 1, 13
c'est lui que je tiens pour *brahman.* » Et Ajātaśatru : « Ne me parle pas de celui-là. J'y vois, moi, en vérité, un être doué d'un corps. » Celui qui le considère ainsi, il a un corps et sa descendance prend corps. Alors Gārgya se tut.

1, 14 Alors Ajātaśatru : « C'est tout ? » Et lui : « C'est tout ! » Ajātaśatru : « Pour autant, nous ne savons rien. » Gārgya dit : « Acceptez-moi comme disciple. »

1, 15 Ajātaśatru répondit : « C'est le monde renversé qu'un brâhmane s'adresse à un kṣatriya pour qu'il lui explique le *brahman*. Je vais t'instruire. » Le prenant par la main, il se leva. Ensemble ils s'approchèrent d'un homme endormi. Il l'interpella par les noms : « Grand, Vêtu de blanc, Soma, Roi. » L'autre ne se leva point. Il l'éveilla en le touchant de la main. Le dormeur se leva.

1, 16 Alors Ajātaśatru dit : « Quand cet homme était ainsi endormi, où était alors le personnage fait de conscience ? D'où est-il revenu ? » Et Gārgya n'en avait pas idée.

1, 17 Alors Ajātaśatru dit : « Quand un homme est endormi, ce personnage fait de conscience, ramenant avec la conscience des sens (souffles) la conscience en lui, repose dans cet espace qui est à l'intérieur du cœur. Quand il les tient, alors on dit que l'homme dort ; alors il tient le souffle, il tient la parole, il tient la vue, il tient l'ouïe, il tient le sens interne.

1, 18 Où qu'il se meuve en rêve, ces domaines sont à lui. Il devient un *mahārāja* ou un *mahābrāhmaṇa* (grand brâhmane) ; il vit des conditions hautes ou humbles. Comme un *mahārāja*, retenant ses sujets à sa suite, circulerait à son gré dans son territoire, de même, lui, retenant en soi les sens, circule à son gré dans son corps.

1, 19 Or, quand on est dans le sommeil profond, qu'on n'a plus connaissance de rien, les soixante et douze mille veines appelées *hitā* se dirigent du cœur dans le péricarde. S'échappant par ces veines, il repose dans le péricarde.

Tel un prince ou un *mahārāja* ou un grand brâhmane se reposerait au comble de la félicité, tel il repose.

Comme une araignée monte sur son fil, comme du feu montent 1, 20
de petites étincelles, de même de l'*ātman* sortent tous les sens, tous les mondes, tous les dieux, tous les êtres. La connaissance de l'*ātman* est le réel du réel (le fond du réel). Les sens sont le réel, l'*ātman* en est la réalité (le fond du réel). »

II

Celui qui connaît le petit (le jeune animal du sacrifice) 2, 1
avec sa demeure et son abri, son poteau, son lien, celui-là repousse les sept rivaux ennemis[1]. En vérité, ce petit est le souffle central ; ceci (le corps) est sa demeure, ceci (la tête) son abri ; son poteau est le souffle, la nourriture son lien.

Sept pouvoirs indestructibles sont à son service : les lignes 2, 2
rouges qui sont dans l'œil, par elles Rudra est dans sa dépendance ; les humeurs qui sont dans l'œil, par elles Parjanya est dans sa dépendance ; par la pupille, le soleil ; par ce qui est noir, Agni ; par ce qui est blanc, Indra. Par la ligne inférieure des cils, la terre est dans sa dépendance, le ciel par la ligne supérieure. Jamais il ne manque de nourriture celui qui sait ainsi.

C'est à quoi se rapporte ce vers : 2, 3

Il est un vase qui a l'orifice en bas et le fond en haut,
En lui repose toute forme de gloire.
Sept *ṛṣi* sont assis sur ses bords,
En huitième la Parole, unie à la prière.

1. Les deux yeux, les deux narines, les deux oreilles et la bouche.

Le vase qui a l'orifice en bas et le fond en haut,

C'est le corps qui a, en effet, l'orifice en bas et le fond en haut.

En lui repose toute forme de gloire ;

En effet, les sens sont la gloire sous toutes ses formes : c'est donc les sens qu'il désigne ainsi.

Sept *ṛṣi* sont assis sur ses bords ;

Les sens sont les *ṛṣi* ; c'est les sens qu'il désigne ainsi.

En huitième, la Parole unie à la prière ;

En effet, la Parole, en huitième, se confond avec la prière.

2, 4 Les deux (oreilles) sont Gotama et Bharadvāja ; voici Gotama, voici Bharadvāja. Les deux (yeux) sont Viśvāmitra et Jamadagni ; voici Viśvāmitra et voici Jamadagni. Les deux (narines) sont Vasiṣṭha et Kaśyapa : voici Vasiṣṭha et voici Kaśyapa. Quant à la Parole, c'est Atri ; car c'est par la parole que l'on mange[1], et *Atri* est la même chose que *atti* (il mange). Il mange tout, tout est sa nourriture, celui qui sait ainsi.

III

3, 1 Il y a, en vérité, deux aspects de *brahman* : le corporel et l'incorporel, le mortel et l'immortel, le fixé et le mobile, le sensible[2] et le transcendant.

3, 2 Le corporel est ce qui n'est ni l'air, ni l'atmosphère : c'est le mortel, c'est le fixé, c'est le sensible. De ce qui est

1. La parole semble mise ici pour la bouche dont elle sort.
2. Ou le réel (cf. I, 6, 3).

corporel, mortel, fixé, sensible, celui-là est l'essence qui donne de la chaleur ; car il (le soleil) est l'essence de ce qui est sensible.

L'incorporel est air et atmosphère : c'est l'immortel, c'est 3, 3
le mobile, c'est le transcendant. De cet incorporel, de cet immortel, de ce mobile, de ce transcendant, celui-là est l'essence qui est le personnage dans ce disque (solaire) ; car il est l'essence du transcendant.

Ceci par rapport aux divinités.

Et maintenant, par rapport à notre individu : 3, 4

Le corporel est ce qui est autre que le souffle et que l'espace à l'intérieur du soi : c'est le mortel, c'est le fixé, c'est le sensible. De ce corporel, de ce mortel, de ce fixé, de ce sensible, celui-là est l'essence qui est l'œil ; il est, en effet, l'essence du sensible.

Quant à l'incorporel, il est le souffle et cet espace qui est 3, 5
à l'intérieur du soi. C'est l'immortel, c'est le mobile, c'est le transcendant. De cet incorporel, de cet immortel, de ce mobile, de ce transcendant, celui-là est l'essence qui est le personnage dans l'œil droit : il est, en effet, l'essence du transcendant.

De ce personnage l'aspect est comme d'un vêtement 3, 6
couleur de safran, comme d'une laine blanche, comme d'une coccinelle, comme d'une flamme, comme d'un lotus, comme d'un éclair soudain. Et de celui qui sait ainsi la prospérité brille comme un éclair soudain.

Après cela, la formule : Non ! Non ! Car, après celui-là dont on dit : Non ! il n'y a rien d'autre par delà. Et son nom est la réalité du réel : en vérité, les souffles sont le réel ; des souffles il est, lui, la réalité.

IV

4, 1 « Maitreyī, dit Yājñavalkya, en vérité, je vais m'éloigner de ces lieux. Allons ! il faut que je règle la situation pour toi avec Kātyāyanī[1]. »

4, 2 Maitreyī répondit : « Si, Seigneur, toute cette terre était à moi, remplie de richesses, en serais-je pour cela immortelle ? » — « Non, repartit Yājñavalkya ; ta vie serait semblable à celle des gens opulents ; mais l'immortalité ne s'acquiert pas par la richesse. »

4, 3 Alors Maitreyī : « Que ferais-je de ce qui ne me donnerait pas l'immortalité ? C'est ce que vous savez, Seigneur, que je vous demande de me dire. »

4, 4 Alors Yājñavalkya : « Toi qui me plais tant, tu me tiens assurément un discours qui me plaît. Allons, assois-toi, je t'instruirai. Mais prête à mes enseignements toute ton attention. »

4, 5 Et il dit : « En vérité, ce n'est pas pour l'amour de son mari[2], qu'on chérit un mari ; mais c'est pour l'amour de soi [ou *du* soi] qu'on chérit un mari.

1. Yājñavalkya est sur le point de mourir ou de partir mener une vie d'ascète et doit régler le partage des richesses entre ses deux épouses, Maitreyī et Kātyāyanī, cf. IV, 5, 1 (NdE).
2. On voit, ici, comment la pensée passe, par une sorte de jeu de mots, d'une locution familière à une construction philosophique. Le point de départ est que tout amour est imposé par l'égoïsme, par un retour sur soi, mais on glisse progressivement de l'emploi d'*ātman* comme pronom réfléchi au sens spéculatif de ce terme — autrement

Ce n'est pas pour l'amour de sa femme qu'on chérit une femme : mais c'est pour l'amour de soi qu'on chérit une femme.

Ce n'est pas pour l'amour de ses fils qu'on chérit des fils : c'est pour l'amour de soi qu'on chérit des fils.

Ce n'est pas pour l'amour de la richesse qu'on chérit la richesse : c'est pour l'amour de soi qu'on chérit la richesse.

Ce n'est pas pour l'amour de *brahman* qu'on chérit *brahman* : c'est pour l'amour de soi qu'on chérit *brahman*.

Ce n'est pas pour l'amour du pouvoir qu'on chérit le pouvoir : c'est pour l'amour de soi qu'on chérit le pouvoir.

Ce n'est pas pour l'amour des mondes qu'on chérit les mondes : c'est pour l'amour de soi qu'on chérit les mondes.

Ce n'est pas pour l'amour des dieux qu'on chérit les dieux : c'est pour l'amour de soi qu'on chérit les dieux.

Ce n'est pas pour l'amour des êtres qu'on chérit les êtres : c'est pour l'amour de soi qu'on chérit les êtres.

Nul objet que l'on chérisse par amour de lui, mais, toujours, par amour de soi.

C'est le soi, en vérité qu'il faut regarder, qu'il faut écouter, qu'il faut penser, qu'il faut méditer. O Maitreyī, c'est seulement en regardant le soi, en l'écoutant, en le pensant, en en prenant conscience qu'on connaît tout ce qui est.

Le *brahman* l'abandonne celui qui voit *brahman* en dehors de 4, 6
l'*ātman* ; le pouvoir l'abandonne celui qui voit le pouvoir en

dit, on substitue au sens grammatical de « soi-même » l'acception métaphysique d'« Être en soi ».

dehors de l'*ātman* ; les mondes l'abandonnent celui qui voit les mondes en dehors de l'*ātman* ; les dieux l'abandonnent celui qui voit les dieux en dehors de l'*ātman* ; les êtres l'abandonnent celui qui voit les êtres en dehors de l'*ātman* ; tout l'abandonne celui qui voit rien en dehors de l'*ātman*. *Brahman*, pouvoir, mondes, dieux, êtres, l'*ātman* est tout ce qui est.

4, 7 Comme on ne peut saisir les sons qui s'échappent d'un tambour qui est frappé, mais en se saisissant du tambour ou de celui qui le frappe on se saisit du son ;

4, 8 Comme on ne peut saisir les sons qui s'échappent d'une conque où l'on souffle, mais en se saisissant de la conque ou de celui qui y souffle on se saisit du son ;

4, 9 Comme on ne peut saisir les sons qui s'échappent d'une *vīṇā* dont on joue, mais en se saisissant de la *vīṇā* ou du musicien on saisit le son ;

4, 10 Comme d'un feu de bois humide s'échappent les fumées en tous sens, de même, en vérité, c'est l'exhalaison de ce grand Être qu'est *Ṛg-veda*, *Yajur-veda*, *Sāma-veda*, *Atharvāṅgiras*, chants épiques, *purāṇa*, sciences, *upaniṣad*, vers, *sūtra*, explications, commentaires[1], tout cela n'est qu'exhalaison du grand Être.

4, 11 Comme l'Océan est le lieu de rencontre de toutes les eaux, de même la peau est le lieu de rencontre de tous les touchers, de toutes les odeurs les narines, de tous les goûts la langue, de toutes les formes l'œil, l'oreille de tous les sons, l'esprit de toutes les pensées, le cœur de toutes les sciences, les mains

1. L'énumération s'applique non à des œuvres, mais à des catégories diverses d'œuvres.

de tous les actes, le sexe de toutes les voluptés, l'anus de toutes les excrétions, les pieds de toutes les marches, la parole de tous les Vedas.

Comme un morceau de sel jeté dans l'eau s'y dissout et il 4, 12
n'y a pas moyen de le saisir, mais en quelque point qu'on prenne de l'eau toujours on trouve du sel, de même en vérité ce grand Être, infini, sans limites, tout spirituel ; il surgit de ces éléments et disparaît avec eux, car, je l'affirme, il n'est pas de conscience après la mort. » Ainsi parla Yājñavalkya.

Alors Maitreyī : « Seigneur, vous m'avez affolée en assurant 4, 13
qu'il n'y a pas de conscience après la mort. » Il répondit : « Je ne parle pas pour affoler ; ma parole, en vérité, n'a d'autre objet que d'instruire.

Là où il y a comme une dualité, l'un sent l'autre, l'un voit 4, 14
l'autre, l'un entend l'autre, l'un interpelle l'autre, l'un pense l'autre, l'un connaît l'autre ; mais quand tout est devenu le soi de chacun, qui et par qui pourrait-il sentir ? Qui et par qui pourrait-il voir ? Qui et par qui pourrait-il entendre ? Qui et par qui pourrait-il interpeller ? Qui et par qui pourrait-il penser ? Qui et par qui pourrait-il connaître ? Ce par quoi il connaît tout, par quoi le pourrait-il connaître ? le connaisseur, par qui le connaître ? »

V

La terre est miel pour tous les êtres et pour la terre tous 5, 1
les êtres sont miel ; et ce personnage, tout énergie et tout immortalité, qui réside dans la terre et, de notre point de vue individuel, ce personnage, tout énergie et tout immortalité, qui réside dans le corps, celui-là même est l'*ātman* ; c'est l'immortalité, c'est *brahman*, c'est le tout.

5, 2 Les eaux sont miel pour tous les êtres et pour les eaux tous les êtres sont miel ; et ce personnage, tout énergie et tout immortalité, qui réside dans les eaux et, de notre point de vue individuel, ce personnage, tout énergie et tout immortalité qui réside dans le sperme, celui-là même est l'*ātman* ; c'est l'immortalité, c'est *brahman*, c'est le tout.

5, 3 Le feu est miel pour tous les êtres et pour le feu tous les êtres sont miel ; et ce personnage, tout énergie et tout immortalité, qui réside dans le feu et, de notre point de vue individuel, ce personnage, tout énergie et tout immortalité, qui est parole, celui-là même est l'*ātman* ; c'est l'immortalité, c'est *brahman*, c'est le tout.

5, 4 L'air est miel pour tous les êtres et pour l'air tous les êtres sont miel ; et ce personnage, tout énergie et tout immortalité, qui est dans l'air et, de notre point de vue individuel, ce personnage, tout énergie et tout immortalité, qui est souffle, celui-là même est l'*ātman* ; il est l'immortalité, il est *brahman*, il est tout.

5, 5 Le soleil est miel pour tous les êtres et pour le soleil tous les êtres sont miel ; et ce personnage, tout énergie et tout immortalité, qui réside dans le soleil et, de notre point de vue individuel, ce personnage, tout énergie et tout immortalité, qui est vision, celui-là même est l'*ātman* ; il est l'immortalité, il est *brahman*, il est tout.

5, 6 Les points de l'espace sont miel pour tous les êtres et pour les points de l'espace tous les êtres sont miel ; et ce personnage, tout énergie et tout immortalité, qui réside dans les points de l'espace et, de notre point de vue individuel, ce personnage, tout énergie et tout immortalité, qui est l'ouïe, l'écho, celui-là même est l'*ātman* ; il est l'immortalité, il est *brahman*, il est tout.

La lune est miel pour tous les êtres et pour la lune tous 5, 7
les êtres sont miel ; et ce personnage, tout énergie et tout immortalité, qui réside dans la lune et, de notre point de vue individuel, ce personnage, tout énergie et tout immortalité, qui anime l'esprit, c'est celui-là même qui est l'*ātman*, qui est l'immortalité, qui est *brahman*, qui est tout.

L'éclair est miel pour tous les êtres et pour l'éclair tous 5, 8
les êtres sont miel ; et ce personnage, tout énergie et tout immortalité, qui est dans l'éclair et, de notre point de vue individuel, ce personnage, tout énergie et tout immortalité, qui constitue l'énergie vitale, c'est celui-là même qui est l'*ātman*, qui est l'immortalité, qui est *brahman*, qui est tout.

Le tonnerre est miel pour tous les êtres et pour le tonnerre 5, 9
tous les êtres sont miel ; et ce personnage, tout énergie et tout immortalité, qui réside dans le tonnerre et, de notre point de vue individuel, ce personnage, tout énergie et tout immortalité, qui produit le bruit, qui produit le son, c'est celui-là même qui est l'*ātman*, qui est l'immortalité, qui est *brahman*, qui est tout.

L'espace est miel pour tous les êtres et pour l'espace tous 5, 10
les êtres sont miel ; et ce personnage, tout énergie et tout immortalité, qui réside dans l'espace et, de notre point de vue individuel, ce personnage, tout énergie et tout immortalité, qui réside dans l'espace à l'intérieur du cœur, c'est celui-là même qui est l'*ātman*, qui est l'immortalité, qui est *brahman*, qui est tout.

5, 11 Le droit est miel pour tous les êtres et pour le droit tous les êtres sont miel ; et ce personnage, tout énergie et tout immortalité, qui réside dans le droit et, de notre point de vue individuel, le personnage, tout énergie et tout immortalité, qui constitue le droit, c'est celui-là même qui est l'*ātman*, qui est l'immortalité, qui est le *brahman*, qui est le tout.

5, 12 La vérité est miel pour tous les êtres et pour la vérité tous les êtres sont miel ; et ce personnage, tout énergie et tout immortalité, qui réside dans la vérité et, de notre point de vue individuel, ce personnage, tout énergie et tout immortalité, qui constitue la vérité, c'est celui-là même qui est l'*ātman*, qui est l'immortalité, qui est le *brahman*, qui est le tout.

5, 13 L'humanité est miel pour tous les êtres et pour l'humanité tous les êtres sont miel ; et ce personnage, tout énergie et tout immortalité, qui réside dans l'humanité et, de notre point de vue individuel, ce personnage, tout énergie et tout immortalité, qui constitue l'humanité, c'est celui-là même qui est l'*ātman*, qui est l'immortalité, qui est le *brahman*, qui est le tout.

5, 14 L'*ātman* est miel pour tous les êtres et pour l'*ātman* tous les êtres sont miel ; et ce personnage, tout énergie et tout immortalité, qui réside dans l'*ātman* et ce personnage, tout énergie et tout immortalité, qui est *ātman*, c'est celui-là même qui est l'*ātman*, qui est l'immortalité, qui est le *brahman*, qui est le tout.

5, 15 En vérité, cet *ātman* est le souverain de tous les êtres, le roi de tous les êtres. Comme tous les rais d'une roue sont emboîtés à la fois dans le moyeu et dans la jante, de même sont emboîtés dans l'*ātman* tous les êtres, tous les dieux, tous les mondes, tous les souffles, tous les individus.

C'est, en vérité, de ce miel que Dadhyañc Ātharvaṇa parlait 5, 16
aux Aśvins ; c'est en le voyant que le *ṛṣi* a dit :

« Comme le tonnerre la pluie, j'annonce, ô héros, ce prodige redoutable accompli à votre profit,

« Ce miel que pour vous avec une tête de cheval proclama Dadhyañc Ātharvaṇa. »

C'est, en vérité, de ce miel que parlait Dadhyañc Ātharvaṇa 5, 17
aux Aśvins. C'est en le voyant que le *ṛṣi* a dit :

« Vous avez placé, ô Aśvins, sur le corps de Dadhyañc Ātharvaṇa une tête de cheval ;

« Fidèle à sa parole, il vous a révélé le miel de Tvaṣṭṛ, à vous, ô puissants, remis comme un mystère. »

C'est, en vérité, de ce miel que parlait Dadhyañc Ātharvaṇa 5, 18
aux Aśvins ; c'est en le voyant que le *ṛṣi* a dit :

« Il a fait des citadelles (*pura*) à deux pieds, il a fait des citadelles à quatre pieds ;

« Se faisant oiseau, il est entré, *puruṣa*, dans ces *pura*. »

C'est lui, en vérité, qui est le *puruṣa* qui réside dans toutes les *pura*. Rien qui ne soit plein de lui ; rien qui ne soit enveloppé de lui.

C'est, en vérité, de ce miel que parlait aux Aśvins Dadhyañc 5, 19
Ātharvaṇa ; c'est en le voyant que le *ṛṣi* a dit :

« Forme par forme, il prit forme et, ainsi, il eut une forme perceptible ;

« Par la magie de sa puissance, Indra marche sous des formes infinies, car mille coursiers sont pour lui attelés. »

C'est lui-même les coursiers, dix mille, innombrables, infinis. C'est le *brahman* sans rien avant, sans rien après, sans rien au dedans, sans rien au dehors ; c'est l'*ātman*, le *brahman*, source de toute perception.

Tel est l'enseignement.

VI

6, 1 Voici la transmission :

Pautimāṣya de Gaupavana ; Gaupavana de Pautimāṣya ; Pautimāṣya de Gaupavana ; Gaupavana de Kauśika ; Kauśika de Kauṇḍinya ; Kauṇḍinya de Śāṇḍilya ; Śāṇḍilya de Kauśika et de Gautama ; Gautama…

6, 2 … d'Āgniveśya ; Āgniveśya de Śāṇḍilya et d'Ānabhimlāta ; Ānabhimlāta d'Ānabhimlāta ; Ānabhimlāta d'Ānabhimlāta ; Ānabhimlāta de Gautama ; Gautama de Saitava et de Prācīnayogya ; Saitava et de Prācīnayogya de Pārāśarya ; Pārāśarya de Bhāradvāja ; Bhāradvāja de Bhāradvāja et de Gautama ; Gautama de Bhāradvāja ; Bhāradvāja de Pārāśarya ; Pārāśarya de Vaijavāpāyana ; Vaijavāpāyana de Kauśikāyani ; Kauśikāyani…

6, 3 … de Ghr̥takauśika ; Ghr̥takauśika de Pārāśaryāyaṇa ; Pārāśaryāyaṇa de Pārāśarya ; Pārāśarya de Jātūkarṇya ; Jātūkarṇya d'Āsurāyaṇa et de Yāska ; Āsurāyaṇa de Traivaṇi ; Traivaṇi d'Aupajandhani ; Aupajandhani d'Āsuri ; Āsuri de Bhāradvāja ; Bhāradvāja d'Ātreya ; Ātreya de Māṇṭi ; Māṇṭi de Gautama ; Gautama de Vātsya ; Vātsya de Śāṇḍilya ; Śāṇḍilya de Kaiśorya

Kāpya ; Kaiśorya Kāpya de Kumārahārita ; Kumārahārita de Gālava ; Gālava de Vidarbhī-Kauṇḍinya ; Vidarbhī-Kauṇḍinya de Vatsanapāt Bābhrava ; Vatsanapāt Bābhrava de Pathin Saubhara ; Pathin Saubhara d'Ayāsya Āṅgirasa ; d'Ayāsya Āṅgirasa d'Ābhūti Tvāṣṭra ; d'Ābhūti Tvāṣṭra de Viśvarūpa Tvāṣṭra ; Viśvarūpa Tvāṣṭra des Aśvins ; les Aśvins de Dadhyañc Ātharvaṇa ; Dadhyañc Ātharvaṇa d'Atharvan Daiva ; d'Atharvan Daiva de Mr̥tyu Prādhvaṃsana ; Mr̥tyu Prādhvaṃsana de Pradhvaṃsana ; Pradhvaṃsana d'Ekarṣi ; Ekarṣi de Vipracitti ; Vipracitti de Vyaṣṭi ; Vyaṣṭi de Sanāru ; Sanāru de Sanātana ; Sanātana de Sanaga ; Sanaga de Parameṣṭhin ; Parameṣṭhin de *brahman* ;

brahman est l'être existant par lui-même. Adoration à *brahman* !

TROISIÈME LEÇON

PREMIER BRĀHMAṆA

Alors Janaka [roi] de Videha offrait un sacrifice avec beaucoup de libéralités aux prêtres. Et les brâhmanes des [régions] Kuru-Pañcālas y étaient rassemblés. Janaka de Videha conçut le désir de savoir lequel de ces brâhmanes était le plus instruit. Et il parqua mille vaches, et aux deux cornes de chacune d'elles étaient attachés dix *pāda* (pièces de monnaie). 1, 1

Puis, il leur dit : « Seigneurs brâhmanes, que celui d'entre vous qui est le meilleur brâhmane[1] emmène ces vaches. » Aucun des brâhmanes n'osait. Alors Yājñavalkya dit à son disciple : « Sāmaśravas, mon enfant, emmène-les. » Il les enleva. Alors, les brâhmanes s'irritèrent : Comment peut-il se dire le meilleur brâhmane de nous tous ? le *hotar* de Janaka de Videha était Aśvala. Il lui demanda : Ainsi, c'est toi, Yājñavalkya, qui es de nous tous le meilleur 1, 2

1. Exactement : « le plus brâhmane », ce qui suppose pour brâhmane ce sens : « qui connaît le *brahman*, qui est familier avec le *brahman* ». Il faudrait savoir si ce n'est pas réellement l'origine authentique de l'application du mot à la classe et si cette application ne suppose pas préétablis le sens spéculatif et l'autorité métaphysique et religieuse du *brahman*.

brâhmane ? Yājñavalkya lui répondit : Nous nous inclinons devant le meilleur brâhmane ; mais nous désirons ces vaches. Alors Aśvala le *hotar* se mit à l'interroger[1] :

1, 3 — Yājñavalkya, dit-il, tout ce qui existe étant atteint par la mort, tout [étant] soumis à la mort, par quoi le sacrifiant échappe-t-il aux atteintes de la mort ? — C'est par le prêtre *hotar*, par le feu, par la voix. La voix, en vérité, est le *hotar* du sacrifice. Ce qu'est cette voix, le feu l'est ; il est le *hotar*, il est la délivrance, il est le salut[2].

1, 4 — Yājñavalkya, dit-il, tout ce qui existe étant atteint par le jour et la nuit, tout soumis au jour et à la nuit, par quoi le sacrifiant échappe-t-il à l'emprise du jour et de la nuit ? — Par le prêtre *adhvaryu*, par l'œil, par le soleil. En vérité, l'*adhvaryu* est l'œil du sacrifice. Ce qu'est l'œil, ici-bas, le soleil l'est là-haut ; il est l'*adhvaryu*, il est la délivrance, il est le salut.

1, 5 — Yājñavalkya, dit-il, tout ce qui existe étant atteint par la quinzaine antérieure et par la quinzaine postérieure[3], tout soumis à la quinzaine antérieure et à la quinzaine postérieure, par quoi le sacrifiant échappe-t-il aux atteintes de la quinzaine antérieure et de la quinzaine postérieure ? — Par le prêtre *udgātar*, par le vent, par le souffle. L'*udgātar*, en vérité, est le souffle (l'âme) du sacrifice. Ce qu'est le souffle, le vent l'est ; il est l'*udgātar*, il est la délivrance, il est le salut.

1. Yājñavalkya déclare qu'il est prêt à s'incliner, à céder devant le meilleur brâhmane ; mais jusqu'à nouvel ordre il a la prétention de l'être. C'est une invite à une discussion qui, seule, peut mettre en relief la supériorité de l'un ou de l'autre. Et c'est bien ce que comprend Aśvala qui, aussitôt, ouvre la lutte par ses questions.
2. La délivrance de la mort, la délivrance définitive par l'immortalité.
3. Première et seconde quinzaines du mois lunaire (NdE).

— Yājñavalkya, dit-il, l'atmosphère n'offre aucun point 1, 6
d'appui ; par quelle voie le sacrifiant arrive-t-il au monde
céleste ? — Par le prêtre *brahman*, par l'esprit, par la lune.
Le *brahman*, en vérité, est l'esprit du sacrifice. Ce qu'est,
ici-bas, l'esprit, la lune l'est là-haut ; elle est le *brahman*,
la délivrance, le salut.

Voilà les principes du salut. Voici, maintenant, les pratiques.

— Yājñavalkya, dit-il, combien de *ṛc* (hymnes) le *hotar* 1, 7
va-t-il employer dans le sacrifice de ce jour ? — Trois.
— Quelles sont ces trois ? — La *puronuvākyā*, la *yājyā* et,
en troisième, la *śasyā*[1]. — Qu'obtient-on par ces trois ?
— Tout ce qu'il y a d'êtres vivants.

— Yājñavalkya, dit-il, combien d'offrandes l'*adhvaryu* va- 1, 8
t-il offrir dans le sacrifice de ce jour ? — Trois. — Quelles
sont ces trois ? — Celles qui flambent, celles qui débordent,
celles qui s'étalent. — Qu'obtient-on par ces trois ? — Par
celles qui flambent, c'est le monde des dieux qu'on obtient,
car le monde des dieux est resplendissant comme la flamme.
Par celles qui débordent, c'est le monde des mânes qu'on
obtient, car le monde des mânes est, en quelque sorte, par
delà. Par celles qui s'étalent, c'est le monde des hommes
qu'on obtient, car le monde des hommes est comme en bas.

— Yājñavalkya, dit-il, par combien de divinités le *brahman* 1, 9
protège-t-il sur la droite le sacrifice de ce jour ? — Par
une seule. — Laquelle ? — C'est l'esprit. L'esprit est infini
et infinis les Viśve-devas. Par l'esprit on conquiert le monde
qui est infini.

1. L'hymne précédant le sacrifice, l'hymne accompagnant le sacrifice et un hymne de louange récité après le sacrifice (NdE, d'après Olivelle, *The Early Upaniṣads*).

1, 10 — Yājñavalkya, dit-il, combien d'hymnes *stotriyā* l'*udgātar* chantera-t-il dans le sacrifice de ce jour ? — Trois. — Quelles sont ces trois ? — La *puronuvākyā*, la *yājyā* et, en troisième, la *śasyā*. — Que sont ces trois de notre point de vue individuel ? — La *puronuvākyā* est le souffle ; la *yājyā* le souffle inhalé, la *śasyā* le souffle dispersé (distribué). — Qu'obtient-on par elles ? — La terre par la *puronuvākyā*, l'espace par la *yājyā*, le ciel par la *śasyā*.

Et le *hotar* Aśvala se tut.

II

2, 1 Alors Jāratkārava Ārtabhāga l'interrogea.

— Yājñavalkya, dit-il, combien y a-t-il de *graha* (réagissants), combien d'*atigraha*[1] (sur-réagissants) ? — Huit *graha* et huit *atigraha*. — Quels sont ces huit *graha* et ces huit *atigraha* ?

2, 2 — Le souffle, en vérité, est un *graha*. Il est saisi par l'*atigraha* qu'est l'odeur : car c'est par le souffle que l'on sent les odeurs.

2, 3 La voix, en vérité, est un *graha*. Elle est saisie par l'*atigraha* que sont les mots : car c'est par la voix qu'on énonce les mots.

2, 4 La langue, en vérité, est un *graha*. Elle est saisie par l'*atigraha* qu'est le goût : car c'est par la langue qu'on distingue les saveurs.

1. Calembour suggéré, sans doute, par l'emploi rituel de *graha* pour désigner une coupe de sacrifice du *soma* et d'*atigraha* pour désigner certaines libations, étant donné que le sens de *graha* est « qui contient, qui saisit » et que *atigraha* désigne un sur-*graha* supérieur au *graha*. Les *graha* deviennent ainsi les organes qui appréhendent les objets des sens et les *atigraha* les objets de l'activité sensorielle qui appréhendent à un degré supérieur, parce qu'ils s'imposent à ces organes : l'odeur au souffle, les mots à la voix, etc.

L'œil, en vérité, est un *graha*. Il est saisi par l'*atigraha* qu'est la forme : car c'est par l'œil qu'on voit les formes. 2, 5

L'oreille est un *graha*. Elle est saisie par l'*atigraha* qu'est le son : car c'est par l'oreille que l'on entend les sons. 2, 6

L'esprit est un *graha*. Il est saisi par l'*atigraha* qu'est le désir : car c'est par l'esprit que l'on conçoit les désirs. 2, 7

Les mains sont un *graha*. Elles sont saisies par l'*atigraha* qu'est l'action : car c'est par les mains qu'on exécute des actions. 2, 8

La peau, en vérité, est un *graha*. Elle est saisie par l'*atigraha* qu'est le toucher : car c'est par la peau que l'on perçoit les contacts. 2, 9

Tels sont les huit *graha* et les huit *atigraha*.

— Yājñavalkya, dit-il, puisque tout ce qui existe est la pâture de la mort, quelle est donc la divinité dont la mort est la pâture ? — C'est Agni, en vérité, qui est la mort ; il est la pâture des eaux ; il triomphe de la remort. 2, 10

— Yājñavalkya, dit-il, quand, ici-bas, l'homme meurt, les souffles s'échappent-ils de lui, oui ou non ? — Non pas, répondit Yājñavalkya, ils se rassemblent sur place ; il enfle, se gonfle ; le mort gît gonflé. 2, 11

— Yājñavalkya, dit-il, quand l'homme meurt, ici-bas, qu'y a-t-il qui ne l'abandonne pas ? — Son nom : infini, en vérité, est le nom, infinis les Viśve-devas ; par lui il obtient un monde qui de même est infini[1]. 2, 12

— Yājñavalkya, dit-il, quand de l'homme, à la mort, la voix entre dans le feu, le souffle dans l'air, l'œil dans 2, 13

1. Cette réflexion semble se relier aux notions sur l'éternité du son.

le soleil, l'esprit dans la lune, l'oreille dans les régions de l'espace, le corps dans la terre, l'âme dans l'éther, les poils dans les plantes, les cheveux dans les arbres, que le sang et le sperme se déposent dans les eaux, où est, alors, l'homme ? — Prends ma main, Ārtabhāga, mon ami ; nous devons seuls connaître de ces choses ; nous ne devons pas nous en entretenir en public.

Alors, se retirant à l'écart, ils causèrent. Et, parlant, c'était de l'action (*karman*) qu'ils parlaient et, louant, c'était l'action (*karman*) qu'ils louaient : on devient bon par l'action bonne, mauvais par l'action mauvaise.

Et Jāratkārava Ārtabhāga se tut.

III

3, 1 Alors Bhujyu Lāhyāyani l'interrogea :

Yājñavalkya, dit-il, nous pratiquions chez les Madras la vie errante des étudiants ; nous arrivâmes à la demeure de Patañcala Kāpya ; il avait une fille qui était possédée d'un Gandharva. Nous le questionnâmes : Qui es-tu ? Il répondit : Sudhanvan Āṅgirasa. L'interrogeant sur les fins des mondes, nous lui dîmes : Où sont allés les Pārikṣitas ? Où sont allés les Pārikṣitas, cette même question, maintenant, je te la pose, ô Yājñavalkya : Où sont allés les Pārikṣitas ?

3, 2 Il répondit : Il t'a certainement répondu : « ils sont allés là où vont ceux qui offrent le sacrifice de l'Aśvamedha ? » — Où vont donc ceux qui offrent le sacrifice de l'Aśvamedha ? — Ce monde, en vérité, couvre l'étendue de trente-deux journées de course du char solaire ; tout autour, la terre l'enveloppe, double en largeur ; cette terre, à son tour, l'océan tout autour l'enveloppe, double en largeur. Dans l'intervalle, il y a un espace de l'épaisseur d'une lame de rasoir ou de l'aile d'une mouche. Indra, transformé en oiseau, les remit à Vāyu (l'air) et Vāyu, les recueillant en lui[1], les transporta là où étaient ceux qui ont offert le sacrifice de l'Aśvamedha. C'est ainsi, sans doute, qu'il a glorifié Vāyu ; car c'est toujours Vāyu (c'est-à-dire cette fois l'*ātman*) qui est, à la fois, individualité et totalité. Il triomphe de la remort, celui qui sait ainsi.

Et Bhujyu Lāhyāyani se tut.

IV

Alors Uṣasta Cākrāyaṇa l'interrogea : 4, 1

Yājñavalkya, dit-il, le *brahman* qui se révèle, qui ne nous échappe pas, *ātman* intérieur qui est dans tout, explique-le moi. — C'est ton propre *ātman* qui est dans tout. — Comment est-il, ô Yājñavalkya, cet [*ātman*] qui est dans tout ? — Ce tien *ātman* qui respire dans le *prāṇa*, c'est lui qui est en tout ; ce tien *ātman* qui s'inhale dans l'*apāna*, c'est lui qui est en tout ; ce tien *ātman* qui circule dans le *vyāna*, c'est lui qui est en tout ; ce tien *ātman* qui s'élève dans l'*udāna*, c'est lui qui est en tout. C'est là ton *ātman* qui est en tout.

Alors Uṣasta Cākrāyaṇa lui dit : Tu m'indiques les choses 4, 2
comme s'il s'agissait de distinguer des objets matériels :

1. *Ātmani*, avec un double sens, je pense : « en soi » et « dans le *Soi* » ; car l'air se confond avec l'*ātman*, et de là vient la suite où Vāyu joue un rôle cosmique propre à l'*ātman* qui est, à la fois, âme individuelle et âme universelle, l'une et l'autre conçue à l'image du « souffle », c'est-à-dire comme spirituelle.

« Ceci est une vache, ceci est un cheval ». Mais le *brahman* qui se révèle, qui ne nous échappe pas, cet *ātman* qui est en tout, explique-le moi. — C'est ton propre *ātman* qui est en tout. — Quel est-il, ô Yājñavalkya, cet [*ātman*] qui est en tout ? — Tu ne peux pas voir le voyant de la vue ; tu ne peux pas entendre l'auditeur de l'audition ; tu ne peux percevoir le percepteur de la pensée ; tu ne peux connaître le connaisseur de la connaissance. C'est cet *ātman* à toi qui est en tout[1]. Tout ce qui n'est pas lui est voué à la souffrance.

Alors Uṣasta Cākrāyaṇa se tut.

V

5, 1 Alors Kahola Kauṣītakeya l'interrogea :

Yājñavalkya, dit-il, le *brahman* qui révèle sa présence, qui ne nous échappe pas, l'*ātman* qui est dans tout, explique-le moi. — C'est ton propre *ātman* qui est dans tout. — Quel est-il, Yājñavalkya, cet *ātman* qui est en tout ? — Celui qui résiste à la faim et à la soif, à la souffrance, à l'erreur, à la vieillesse et à la mort. Quand ils connaissent cet *ātman*, les brâhmanes cessant de désirer un fils, de désirer la richesse, de désirer aucun bien de ce monde, pratiquent la vie de moines mendiants. C'est que désirer un fils ou désirer la richesse, désirer la richesse ou désirer les biens de ce monde, c'est toujours désirer. C'est pourquoi le brâhmane renonçant au savoir se contenterait de l'ignorance ; il devient alors ascète par le renoncement au savoir et à l'ignorance ; puis renonçant à la fois et à la non-ascèse et à l'ascèse, il est brâhmane. — Par quoi est-il vraiment brâhmane ? — Par

1. *Scil.* : c'est cet *ātman* qui est le voyeur de la vue, etc.

quoi il l'est, c'est ce par quoi il est tel. Tout ce qui n'est pas cela (*scil. brahman*) est souffrance[1].

Et Kahola Kauṣītakeya se tut.

VI

Alors Gārgī Vācaknavī l'interrogea : 6, 1

Yājñavalkya, dit-elle, si les eaux sont la trame sur laquelle tout est tissé, sur quelle trame les eaux sont-elles tissées ? — Sur l'air, ô Gārgī. — Sur quelle trame l'air est-il tissé ? — Sur les mondes de l'espace, ô Gārgī. — Sur quelle trame les mondes de l'espace sont-ils tissés ? — Sur les mondes des Gandharvas, ô Gārgī. — Et sur quelle trame sont tissés les mondes des Gandharvas ? — Sur les mondes du soleil, ô Gārgī. — Et sur quelle trame sont tissés les mondes du soleil ? — Sur les mondes de la lune, ô Gārgī. — Et sur quelle trame sont tissés les mondes de la lune ? — Sur les mondes des constellations, ô Gārgī. — Et sur quelle trame sont tissés les mondes des constellations ? — Sur les mondes des dieux, ô Gārgī. — Et les mondes des dieux sur quelle trame sont-ils tissés ? — Sur les mondes d'Indra, ô Gārgī. — Et les mondes d'Indra sur quelle trame sont-ils tissés ? — Sur les mondes de Prajāpati, ô Gārgī. — Et les mondes de Prajāpati sur quelle trame sont-ils tissés ? — Sur les mondes de *brahman*, ô Gārgī. — Et les mondes[2] de *brahman* sur quelle trame sont-ils tissés ?

1. Je ne puis dire que cette phrase me soit bien claire. En tout cas, l'essentiel qui est ici visé, c'est la connaissance de l'*ātman* à laquelle on parvient en rejetant tout le reste, désir et, même, ascèse.
2. Je traduis *loka* littéralement. Au fond, il vaudrait sans doute mieux admettre qu'ici le mot est pris dans un sens plus voisin des origines et

Il répondit : ô Gārgī, n'en demande pas trop ; prends garde que ta tête n'éclate. Tu questionnes par delà une divinité au delà de laquelle il n'y a plus rien à demander[1]. N'en demande pas trop, ô Gārgī !

Et Gārgī Vācaknavī se tut.

VII

7, 1 Alors Uddālaka Āruṇi l'interrogea :

Yājñavalkya, dit-il, nous habitions chez les Madras dans la demeure de Patañcala Kāpya, étudiant le sacrifice. Sa femme était possédée d'un Gandharva. Nous questionnâmes celui-ci : Qui es-tu ? Il répondit : Kabandha Ātharvaṇa.

Il dit à Patañcala Kāpya et à ses élèves : « Connais-tu, Kāpya, le fil par lequel sont reliés et ce monde et l'autre monde et tous les êtres ? » Patañcala Kāpya répondit : « Je ne le connais pas, Seigneur. »

Il dit à Patañcala Kāpya et à ses élèves : « Connais-tu, Kāpya, cet agent interne qui, de l'intérieur, actionne et ce monde et l'autre monde et tous les êtres ? » Patañcala Kāpya répondit : « Je ne le connais pas, Seigneur. »

Il dit à Patañcala Kāpya et à ses élèves : « En vérité, ô Kāpya, celui qui connaît ce fil, cet agent interne, celui-là connaît *brahman*, il connaît le monde, il connaît les dieux, il connaît le Veda, il connaît les êtres, il connaît l'*ātman*, il connaît tout. » Ainsi il lui parla. Moi, je le connais. Si toi, Yājñavalkya, sans connaître ce fil, cet agent interne,

désigne non pas des mondes constitués, mais des espaces, des cercles réservés successivement chacun à une divinité.

1. Cela revient à dire que, au-delà de *brahman*, il n'y a plus rien.

tu t'appropries ces vaches promises au meilleur brâhmane (cf. III, 1, 1-2), ta tête éclatera.

— Je connais, en vérité, ô Gautama, ce fil, cet agent interne.

— Chacun peut dire ainsi : je sais, je sais. Dis ce que tu sais.

Il reprit : L'air, en vérité, est ce fil ; c'est par l'air, Gautama, 7, 2
comme par un fil que ce monde et l'autre monde et tous les êtres sont reliés. C'est pourquoi, en vérité, ô Gautama, d'un homme mort on dit que ses membres se sont détendus ; c'est que l'air les relie comme un fil. — C'est bien cela, Yājñavalkya ; dis, maintenant, l'agent interne.

Celui qui, résidant dans la terre, est différent de la terre, 7, 3
que la terre ne connaît pas, dont la terre est le corps, qui de l'intérieur actionne la terre, celui-là est ton *ātman*, l'agent interne, immortel.

Celui qui, résidant dans les eaux, est différent des eaux, que 7, 4
les eaux ne connaissent pas, dont les eaux sont le corps, qui de l'intérieur actionne les eaux, celui-là est ton *ātman*, l'agent interne, immortel.

Celui qui, résidant dans le feu, est différent du feu, que 7, 5
le feu ne connaît pas, dont le feu est le corps, qui de l'intérieur actionne le feu, celui-là est ton *ātman*, l'agent interne, immortel.

Celui qui, résidant dans l'atmosphère, est différent 7, 6
de l'atmosphère, que l'atmosphère ne connaît pas, dont l'atmosphère est le corps, qui de l'intérieur actionne l'atmosphère, celui-là est ton *ātman*, l'agent interne, immortel.

Celui qui, résidant dans l'air, est différent de l'air, que l'air 7, 7
ne connaît pas, dont l'air est le corps, qui de l'intérieur

actionne l'air, celui-là est ton *ātman*, l'agent interne, immortel.

7, 8 Celui qui, résidant dans le ciel, est différent du ciel, que le ciel ne connaît pas, dont le ciel est le corps, qui de l'intérieur actionne le ciel, celui-là est ton *ātman*, l'agent interne, immortel.

7, 9 Celui qui, résidant dans le soleil, est différent du soleil, que le soleil ne connaît pas, dont le soleil est le corps, qui de l'intérieur actionne le soleil, celui-là est ton *ātman*, l'agent interne, immortel.

7, 10 Celui qui, résidant dans les points cardinaux, est différent des points cardinaux, que les points cardinaux ne connaissent pas, dont les points cardinaux sont le corps, qui de l'intérieur actionne les points cardinaux, celui-là est ton *ātman*, l'agent interne, immortel.

7, 11 Celui qui, ayant son siège dans la lune et les étoiles, est différent de la lune et des étoiles, que la lune et les étoiles ne connaissent pas, dont la lune et les étoiles sont le corps, qui de l'intérieur actionne la lune et les étoiles, celui-là est ton *ātman*, l'agent interne, immortel.

7, 12 Celui qui, résidant dans l'espace (l'éther) est différent de l'espace, que l'espace ne connaît pas, dont l'espace est le corps, qui de l'intérieur actionne l'espace, celui-là est ton *ātman*, l'agent interne, immortel.

7, 13 Celui qui, résidant dans les ténèbres, est différent des ténèbres, que les ténèbres ne connaissent pas, dont les ténèbres sont le corps, qui de l'intérieur actionne les ténèbres, celui-là est ton *ātman*, l'agent interne, immortel.

Celui qui, résidant dans le *tejas*, est différent du *tejas*, que le *tejas* ne connaît pas, dont le *tejas* est le corps, qui de l'intérieur actionne le *tejas*, celui-là est ton *ātman*, l'agent interne, immortel. 7, 14

Celui qui, résidant dans tous les êtres, est différent de tous les êtres, que les êtres ne connaissent pas, dont les êtres sont le corps, qui de l'intérieur actionne tous les êtres, celui-là est ton *ātman*, l'agent interne, immortel. 7, 15

Voilà du point de vue des êtres (extérieur).

Et maintenant de [notre] point de vue personnel :

Celui qui, résidant dans le souffle, est différent du souffle, que le souffle ne connaît pas, dont le souffle est le corps, qui de l'intérieur actionne le souffle, celui-là est ton *ātman*, l'agent interne, immortel. 7, 16

Celui qui, résidant dans la voix, est différent de la voix, que la voix ne connaît pas, dont la voix est le corps, qui de l'intérieur actionne la voix, celui-là est ton *ātman*, l'agent interne, immortel. 7, 17

Celui qui résidant dans l'œil, est différent de l'œil, que l'œil ne connaît pas, dont l'œil est le corps, qui de l'intérieur actionne l'œil, celui-là est ton *ātman*, l'agent interne, immortel. 7, 18

Celui qui, résidant dans l'oreille, est différent de l'oreille, que l'oreille ne connaît pas, dont l'oreille est le corps, qui de l'intérieur actionne l'oreille, celui-là est ton *ātman*, l'agent interne, immortel. 7, 19

Celui qui, résidant dans l'esprit, est différent de l'esprit, que l'esprit ne connaît pas, dont l'esprit est le corps, qui de 7, 20 l'intérieur actionne l'esprit, celui-là est ton *ātman*, l'agent interne, immortel.

7, 21 Celui qui, résidant dans la peau, est différent de la peau, que la peau ne connaît pas, dont la peau est le corps, qui de l'intérieur actionne la peau, celui-là est ton *ātman*, l'agent interne, immortel.

7, 22 Celui qui, résidant dans l'intelligence, est différent de l'intelligence, que l'intelligence ne connaît pas, dont l'intelligence est le corps, qui de l'intérieur actionne l'intelligence, celui-là est ton *ātman*, l'agent interne, immortel.

7, 23 Celui qui, résidant dans le sperme, est différent du sperme, que le sperme ne connaît pas, dont le sperme est le corps, qui de l'intérieur actionne le sperme, celui-là est ton *ātman*, l'agent interne, immortel, qu'on ne voit pas et qui voit, qu'on n'entend pas et qui entend, qu'on ne perçoit pas et qui perçoit, qu'on ne connaît pas et qui connaît. Il n'y a pas d'autre voyant que lui, pas d'autre auditeur que lui, pas d'autre percepteur que lui, pas d'autre connaisseur que lui. Celui-là est ton *ātman*, l'agent interne, immortel. Tout ce qui n'est pas lui est voué à la souffrance.

Et Uddālaka Āruṇi se tut.

VIII

8, 1 Alors Vācaknavī dit : Seigneurs brâhmanes, je vais lui poser deux questions ; s'il m'y répond, en vérité, jamais aucun de vous ne le vaincra en théologie[1]. — Interroge-le, ô Gārgī.

1. « Théologie » ne rend assez approximativement le sens de *brahmodya* qu'au prix d'un anachronisme auquel on voudrait échapper. Le mot

Elle dit : Comme un guerrier du pays des Kāśis ou des Videhas, ayant tendu son arc désarmé, se dresserait tenant dans sa main deux flèches prêtes à transpercer son adversaire, de même, ô Yājñavalkya, je me dresse devant toi avec deux questions. Résous-les moi. — Interroge, ô Gārgī. 8, 2

Elle dit : Ce qui, ô Yājñavalkya, est au-dessus du ciel, ce qui est au-dessous de la terre, ce qui est entre le ciel et cette terre, ce qu'on appelle passé, présent et avenir, sur quelle trame tout cela est-il tissé ? 8, 3

Il répondit : Ce qui, ô Gārgī, est au-dessus du ciel, ce qui est au-dessous de la terre, ce qui est entre le ciel et cette terre, ce qu'on appelle passé, présent et avenir, c'est sur la trame de l'espace que tout cela est tissé. 8, 4

Elle dit : Honneur à toi, Yājñavalkya, qui m'as résolu ce problème. Prépare-toi à l'autre. — Parle, ô Gārgī. 8, 5

Elle dit : Ce qui, Yājñavalkya, est au-dessus du ciel, ce qui est au-dessous de la terre, ce qui est entre le ciel et cette terre, ce qu'on appelle passé, présent et avenir, sur quelle trame tout cela est-il tissé ? 8, 6

Il répondit : Ce qui est, ô Gārgī, au-dessus du ciel, ce qui est au-dessous de la terre, ce qui est entre le ciel et cette terre, ce que l'on appelle présent, passé et avenir, c'est sur l'espace que tout cela est tissé. — Et l'espace sur quelle trame est-il tissé ? 8, 7

Il répondit : C'est, en vérité, ô Gārgī, sur cet Impérissable que les brâhmanes déclarent n'être ni grossier ni ténu, ni 8, 8

témoigne que *brahman* est le point essentiel dans l'ordre de discussions visé ; mais le terme peut très bien avoir pris dès lors une portée plus générale dont la traduction « théologie » respecte la possibilité.

court ni long, ni flamme ni liquide, ni coloré ni obscur, ni air ni éther, ni adhérent, sans goût, sans odeur, sans yeux, sans oreilles, sans voix, sans perception, sans chaleur, sans souffle, sans bouche, échappant à toute mesure, sans intérieur et sans extérieur ; il ne mange ni ne se mange.

8, 9 C'est, en vérité, ô Gārgī, sous l'autorité de cet Impérissable que le soleil et la lune ont leur existence propre ; c'est, en vérité, ô Gārgī, sous l'autorité de cet impérissable que le ciel et la terre ont une existence propre ; c'est, en vérité, ô Gārgī, sous l'autorité de cet impérissable que, secondes et heures, jours et nuits, quinzaines, mois, saisons, années ont une valeur propre ; c'est en vérité, ô Gārgī, sous l'autorité de cet impérissable que les rivières coulent, les unes à l'orient, les autres à l'occident des montagnes blanches ; c'est sous l'autorité de cet impérissable, ô Gārgī, que, par tous pays, les hommes louent l'aumône, les dieux le sacrifice et les mânes l'offrande qui s'adressent à eux.

8, 10 Celui, en vérité, ô Gārgī, qui, en ce monde, sans connaître cet impérissable, fait les offrandes, sacrifie, se livre à l'ascèse, ses mérites ont une fin, fût-ce au bout de milliers d'années ; celui, en vérité, ô Gārgī, qui quitte ce monde sans avoir connu cet impérissable, celui-là est misérable ; mais celui, ô Gārgī, qui ne quitte ce monde qu'après avoir connu cet impérissable, celui-là est brâhmane.

8, 11 C'est, en vérité, cet impérissable, ô Gārgī, qui n'est pas vu et qui voit, qui n'est pas entendu et qui entend, qui n'est pas perçu et qui perçoit, qui n'est pas connu et qui connaît ; il n'est pas d'autre voyant que lui, pas d'autre auditeur, pas d'autre percepteur, pas d'autre connaisseur.

Et c'est bien cet impérissable qui est la trame sur laquelle l'espace est tissé.

Elle reprit : Seigneurs brâhmanes, félicitez-vous d'en être 8, 12
quittes avec celui-ci au prix de votre hommage ; jamais aucun de vous ne le vaincra en théologie.

Et Vācaknavī se tut.

IX

Alors Vidagdha Śākalya lui demanda : 9, 1

— Combien de dieux, Yājñavalkya ?

Celui-ci répondit par la fameuse *nivid*[1], par les nombres donnés dans la *nivid* du *Vaiśvadeva-śastra* :

— « Trois et trois cent et trois et trois mille. »

— Oui, répondit l'autre ; mais combien, vraiment, de dieux, Yājñavalkya ?

— Trente-trois.

— Oui, répondit-il ; mais combien, vraiment, de dieux, Yājñavalkya ?

— Six.

— Oui, dit-il ; mais combien, vraiment, de dieux, Yājñavalkya ?

— Trois.

— Oui, dit-il, mais combien, vraiment, de dieux, Yājñavalkya ?

1. Louange à « tous les dieux » récitée par le *hotar* durant le sacrifice (NdE).

— Deux.

— Oui, dit-il, mais combien, vraiment, de dieux, Yājñavalkya ?

— Un et demi.

— Oui, dit-il, mais combien, vraiment, de dieux, Yājñavalkya ?

— Un.

— Oui, dit-il. Quels sont ces trois cent trois et ces trois mille trois ?

9, 2 Yājñavalkya répondit : Ce sont exactement leurs puissances ; mais, en réalité, il n'y a que trente-trois dieux. — Quels sont ces trente-trois ? — Huit Vasus, onze Rudras, douze Ādityas font trente-et-un, et Indra et Prajāpati trente-trois.

9, 3 — Qui sont les Vasus ? — Agni, la terre, l'air, l'espace, le soleil, le ciel, la lune, les constellations, voilà les Vasus ; en eux tout réside (*vasati*) : d'où leur nom.

9, 4 — Qui sont les Rudras ? — Les dix souffles qui sont dans l'homme, en onzième l'*ātman* ; quand ils quittent le corps d'un mortel ils font pleurer (*rodayanti*) : d'où leur nom de Rudras.

9, 5 — Qui sont les Ādityas ? — En vérité, les douze mois de l'année sont les Ādityas ; car ils marchent, entraînant tout ; parce qu'ils marchent (*yanti*) entraînant (*ādadānāḥ*) tout, ils ont nom *Ādityas*.

9, 6 — Qui est Indra ? qui Prajāpati ? — C'est le tonnerre qu'est Indra ; c'est le sacrifice qu'est Prajāpati. — Qu'est-ce que le tonnerre ? – La foudre. – Qu'est-ce que le sacrifice ? – Les bestiaux.

– Qui sont les six ? – Agni, la terre, l'air, l'espace, le soleil, 9, 7
le ciel ; voilà les six, car ces six sont tout.

– Qui sont les trois dieux ? – Ce sont les trois mondes, 9, 8
car en eux sont tous les dieux. – Quels sont les deux dieux ? – La nourriture et le souffle. – Quel l'un et demi ? – Celui qui souffle (le vent).

À cela on dit : Puisque le vent est seul à souffler, comment 9, 9
parler d'un et demi (*adhyardha*). Parce que tout ce qui existe s'est développé (*adhyārdhnot*) en lui (l'air qui enveloppe tout), on le dit *adhyardha*, c'est-à-dire un et demi. – Quel est le dieu unique ? – Le souffle ; c'est lui qui est *brahman*, qu'on appelle *tya* (cela, le transcendant).

– La terre est son siège, le feu son domaine, le *manas* 9, 10
sa lumière ; qui connaîtrait cet esprit pour l'expression ultime de tout *ātman*, celui-là, vraiment, connaîtrait, ô Yājñavalkya. – Je connais, moi, en vérité, cet esprit dont tu parles, expression ultime de tout *ātman* ; il n'est autre que l'esprit de ce corps. Dis maintenant, Śākalya, quelle est sa divinité[1] ? – L'immortalité, répondit-il.

Le désir est son siège, le cœur son domaine, le *manas* 9, 11
sa lumière ; qui connaîtrait cet esprit pour l'expression ultime de tout *ātman*, celui-là, en vérité, connaîtrait, ô Yājñavalkya. – Je connais, moi, en vérité, cet esprit que tu dis, expression ultime de tout *ātman* ; il n'est autre que l'esprit du désir. Dis maintenant, Śākalya, quelle est sa divinité ? – Les femmes, répondit-il.

1. *Scil.* L'objet vers lequel il tend.

9, 12 Les formes sont son siège, la vue son domaine, le *manas* sa lumière ; qui connaîtrait cet esprit pour expression ultime de tout *ātman*, celui-là, en vérité, connaîtrait, ô Yājñavalkya. — Je connais, moi, en vérité, cet esprit que tu dis, expression ultime de tout *ātman* ; il n'est autre que l'esprit qui est dans le soleil. Dis maintenant, Śākalya, quelle est sa divinité ? — La réalité, répondit-il.

9, 13 L'espace est son siège, l'ouïe son domaine, le *manas* sa lumière ; qui connaîtrait cet esprit pour l'expression ultime de tout *ātman*, celui-là, en vérité, connaîtrait, ô Yājñavalkya. — Je connais, moi, en vérité, cet esprit que tu dis, expression ultime de tout *ātman* ; c'est l'esprit du son, de l'écho. Dis maintenant, Śākalya, quelle est sa divinité ? — Les régions de l'espace, répondit-il.

9, 14 L'obscurité est son siège, le cœur son domaine, le *manas* sa lumière ; qui connaîtrait cet esprit pour l'expression ultime de tout *ātman*, celui-là connaîtrait vraiment, ô Yājñavalkya. — Je connais, moi, en vérité, cet esprit que tu dis, expression ultime de tout *ātman*, c'est l'esprit de l'ombre. Dis maintenant, Śākalya, quelle est sa divinité ? — La mort, répondit-il.

9, 15 Les formes sont son siège, la vue son domaine, le *manas* sa lumière ; qui connaîtrait cet esprit pour l'expression ultime de tout *ātman*, celui-là, en vérité, connaîtrait, ô Yājñavalkya. — Je connais, moi, en vérité, cet esprit que tu dis, expression ultime de tout *ātman* ; c'est l'esprit qui apparaît dans le miroir. Dis maintenant, Śākalya, quelle est sa divinité ? — Le souffle vital, répondit-il.

9, 16 Les eaux sont son siège, le cœur son domaine, le *manas* sa lumière ; cet esprit, celui qui le connaîtrait pour l'expression ultime de tout *ātman*, celui-là, en vérité, connaîtrait, ô Yājñavalkya. — Je connais, moi, en vérité, cet esprit que tu dis, expression ultime de tout *ātman* ; c'est l'esprit qui est dans les eaux. Dis maintenant, Śākalya, quelle est sa divinité ? — Varuṇa, répondit-il.

Le sperme est son siège, le cœur son domaine, le *manas* sa 9, 17
lumière ; cet esprit, qui le connaît pour l'expression ultime de tout *ātman*, celui-là connaît vraiment, ô Yājñavalkya. — Je connais, moi, en vérité, cet esprit que tu dis, expression ultime de tout *ātman* ; c'est cet esprit qui apparaît dans un fils. Dis maintenant, Śākalya, quelle est sa divinité ? — Prajāpati, répondit-il.

Alors Yājñavalkya reprit : Ainsi, c'est toi, Śākalya, que 9, 18
ces brâhmanes ont chargé de tirer les marrons du feu[1] ?...

Et Śākalya dit : Yājñavalkya, puisque tu décries 9, 19
les brâhmanes des Kuru-Pañcālas, est-ce que tu connais le *brahman* ? — Je connais les points de l'espace avec leurs dieux, avec leurs supports. — Puisque tu connais les points de l'espace, avec leurs dieux, avec leurs supports.

Quelle est ta divinité à l'orient ? — Le soleil. — Ce soleil, sur 9, 20
quoi repose-t-il ? — Sur l'œil. — Et l'œil, sur quoi repose-t-il ? — Sur les formes, car c'est par l'œil que l'on voit les formes. — Sur quoi reposent les formes ? — Sur le cœur, répondit-il, car c'est par le cœur que l'on connaît les formes ; c'est sur le cœur que reposent les formes. — Il en est bien ainsi, Yājñavalkya.

Quelle est ta divinité au midi ? — Yama. — Ce Yama, sur 9, 21
quoi repose-t-il ? — Sur le sacrifice. — Et le sacrifice, sur quoi repose-t-il ? — Sur la rémunération des prêtres. — Et

1. Plus exactement : « ont chargé de retirer les charbons ardents » ; mais notre locution rend, je crois, très exactement la pensée.

la rémunération des prêtres, sur quoi repose-t-elle ? — Sur la foi ; car c'est seulement quand on a la foi que l'on donne aux prêtres ; et c'est ainsi que leur rémunération repose sur la foi. — Et la foi, sur quoi repose-t-elle ? — Sur le cœur, répondit-il, car c'est par le cœur qu'on conçoit la foi ; et c'est donc sur le cœur que repose la foi. — Il en est bien ainsi, ô Yājñavalkya.

9, 22 Quelle est ta divinité à l'ouest ? — Varuṇa. — Et Varuṇa, sur quoi repose-t-il ? — Sur les eaux. — Et les eaux, sur quoi reposent-elles ? — Sur le sperme. — Et le sperme, sur quoi repose-t-il ? — Sur le cœur, répondit-il ; et c'est pourquoi d'un enfant qui ressemble à son père, on dit : Il est comme sorti de son cœur, comme fait de son cœur ; c'est sur le cœur que repose le sperme. — Il en est bien ainsi, Yājñavalkya.

9, 23 Quelle est ta divinité au nord ? — Soma. — Et Soma, sur quoi repose-t-il ? — Sur la consécration. — Et la consécration, sur quoi repose-t-elle ? — Sur la vérité ; c'est pourquoi à celui qui est consacré, on commande : Dis la vérité ; c'est que c'est sur la vérité que repose la consécration. — Et sur quoi repose la vérité ? — Sur le cœur, répondit-il, car c'est par le cœur que l'on connaît la vérité ; et c'est pourquoi la vérité repose sur le cœur. — Il en est bien ainsi, Yājñavalkya.

9, 24 Quelle est ta divinité au zénith ? — Agni. — Et Agni, sur quoi repose-t-il ? — Sur la parole. — Et la parole, sur quoi repose-t-elle ? — Sur le cœur. — Et le cœur, sur quoi repose-t-il ?

9, 25 Insensé, reprit Yājñavalkya, qui imagines que le cœur puisse être ailleurs qu'en nous ! S'il était ailleurs qu'en nous, les chiens pourraient le dévorer et les corbeaux le déchirer[1].

1. Ceci paraît être une manière d'exprimer la spiritualité du « cœur », c'est-à-dire de la personne intérieure, finalement du *brahman-ātman*.

Et sur quoi reposez-vous, toi et l'*ātman* ? – Sur le *prāṇa* 9, 26
(le souffle). – Et le *prāṇa*, sur quoi repose-t-il ? – Sur l'*apāna* (le souffle qui va de haut en bas). – Et l'*apāna*, sur quoi repose-t-il ? – Sur le *vyāna* (le souffle dispersé dans le corps). – Et le *vyāna*, sur quoi repose-t-il ? – Sur l'*udāna* (le souffle qui monte). – Et l'*udāna*, sur quoi repose-t-il ? – Sur le *samāna* (le souffle concentré).

Quant à cet *ātman*, il ne s'exprime que par des négations : insaisissable, car il ne peut être appréhendé ; indestructible, car il ne peut être détruit ; sans attaches, car il n'est attaché à rien ; sans liens, pour lui ni peur, ni aucune atteinte. Tels sont les huit sièges, les huit domaines, les huit dieux, les huit esprits[1]. Mais celui qui, les évitant, les repoussant, dépasse ces esprits, sur ce *puruṣa* qu'enseigne la doctrine réponds-moi ; si tu ne me l'expliques, ta tête éclatera.

Cet esprit, Śākalya n'en avait pas idée, et sa tête éclata ; les voleurs emportèrent même ses os, les prenant pour autre chose.

Alors Yājñavalkya dit : Seigneurs brâhmanes, que celui 9, 27
d'entre vous qui le désire m'interroge, ou interrogez-moi tous ; celui d'entre vous qui le désire, je l'interrogerai ou bien je vous interrogerai tous.

Ces brâhmanes n'osèrent pas.

Alors il les interrogea en ces stances : 9, 28

1. Il est clair que ceci devrait se rattacher immédiatement au verset 17 et que ce qui suit a été intercalé. Toute la composition de cette fin est visiblement troublée et le raccordement imparfait.

9, 1 Comme un arbre, roi des forêts,
Tel est l'homme exactement :
Ses poils sont les feuilles,
Sa peau l'écorce extérieure.

9, 2 Le sang sort de sa peau,
Comme la sève de l'écorce ;
De l'homme blessé il coule,
Comme le suc de l'arbre frappé.

9, 3 Les chairs sont les éclats,
Les tendons l'aubier, ce qui est résistant ;
Les os sont l'intérieur du bois ;
La moelle, de part et d'autre, ressemble à la moelle.

9, 4 Abattu, un arbre repousse,
Rajeuni, de la racine ;
Mais le mortel abattu par la mort,
De quelle racine repousserait-il ?

9, 5 Ne dites pas : Du sperme :
Il n'est de sperme que d'un vivant ;
Comme s'il poussait de graine,
Mort, on voit l'arbre renaître.

9, 6 Si l'on arrache avec les racines
Un arbre, il ne revit pas ;
Et le mortel abattu par la mort,
De quelle racine repousserait-il ?

9, 7 L'homme est né une fois pour toutes ; il ne naît pas ;
Qui donc pourrait le faire renaître[1] ?

1. C'est toute la théorie du *karman* jointe à celle de l'*ātman*. L'homme, une fois né, ne dépend plus que de son *karman* qui le fait persister à travers plus ou moins d'existences ; il ne peut pas plus naître qu'il

Brahman est connaissance, est béatitude ;
Récompense de qui donne, suprême refuge
De qui demeure tranquille et le connaît[1].

ne peut mourir, mais seulement changer de corps jusqu'à ce qu'il rentre dans le *nirvāṇa*.

1. *Scil.* celui qui n'agit pas, mais a la connaissance.

Comme un arbre, roi des forêts,
Tel est l'homme exactement :
Ses poils sont les feuilles,
Sa peau l'écorce extérieure.

Le sang sort de sa peau,
Comme la sève de l'écorce ;
De l'homme blessé il coule,
Comme le suc de l'arbre frappé.
(BU III, 9, 28)

QUATRIÈME LEÇON

PREMIER BRĀHMAṆA

Janaka, le roi de Videha, était assis, quand s'approcha Yājñavalkya. Il lui dit : Yājñavalkya, dans quel dessein es-tu venu ? Est-ce du bétail que tu désires ou de subtils enseignements ! — Les deux, ô roi, répondit-il. 1, 1

Ce que l'un ou l'autre a pu te dire, répète-le nous. — Jitvan Śailini m'a dit : En vérité, c'est la parole qui est *brahman*. — En disant que la parole est *brahman*, Śailini a parlé comme peut faire quiconque a une mère, un père, un maître ; en effet, qu'aurait l'homme sans le langage ? Mais t'a-t-il dit son siège, son point d'appui ? — Il ne me l'a pas dit. — Ce *brahman*, en vérité, ô roi, n'a qu'un pied (ne tient pas debout). — Dis-le nous donc toi-même, Yājñavalkya. — La parole est son siège, l'espace son point d'appui ; il faut savoir qu'il est connaissance (intelligence). — Qu'est-ce, ô Yājñavalkya, qui manifeste (réalise) la connaissance ? — C'est, justement, la parole, ô roi, répondit-il. C'est par la parole, ô roi, qu'on connaît sa lignée ; le *Ṛg-veda*, le *Yajur-veda*, le *Sāma-veda*, les *Atharvāṅgiras*, l'*itihāsa*, le *purāṇa*, les sciences, les *upaniṣad*, les stances, les *sūtra*, 1, 2 les explications, les commentaires[1], sacrifices et oblations, aliments et boisson, ce monde-ci et l'autre, tout ce qui existe enfin, n'est, ô roi, connu que par la parole. En vérité, la parole, ô roi, est le *brahman* suprême. La parole ne l'abandonne pas, tous les biens viennent à lui, il devient un dieu et monte parmi les dieux, celui qui, sachant ainsi, le connaît. — Je te donne mille (vaches) avec un taureau grand comme un éléphant, ainsi parla Janaka, le roi de Videha. Et Yājñavalkya répondit : Mon père estimait qu'il ne faut rien accepter avant d'avoir instruit.

1, 3 Ce que l'un ou l'autre a pu te dire, répète-le nous. — Udaṅka Śaulbāyana m'a dit : En vérité, c'est le souffle qui est *brahman*. — En disant que le souffle est *brahman*, Śaulbāyana a parlé comme peut faire tout homme qui a une mère, un père, un maître ; en effet, qu'aurait l'homme sans le souffle ? Mais t'a-t-il dit son siège, son point d'appui ? — Il ne me l'a pas dit. — Ce *brahman*, en vérité, ô roi, n'a qu'un pied. — Dis-le nous donc toi-même, ô Yājñavalkya. — Le souffle est son siège, l'espace son point d'appui. Il faut le connaître comme ce qui est cher. — Qu'est-ce, ô Yājñavalkya, qui manifeste ce don d'être cher ? — C'est, ô roi, justement, le souffle, répondit-il. C'est, en vérité, ô roi, par amour pour le souffle vital que l'on sacrifie pour qui on ne devrait pas sacrifier, que l'on accepte de qui l'on ne devrait pas accepter ; si, où qu'on aille, on craint d'être tué, c'est, ô roi, par amour pour le souffle vital. Le souffle, ô roi, c'est le *brahman* suprême. Celui qui, connaissant ainsi, sait cela, le souffle vital ne l'abandonne pas, tous les biens viennent à lui, il devient un dieu et

1. Sur cette énumération traditionnelle, voir ci-dessus II, 4, 10 et *Chāndogya-upaniṣad*, VII, 1, 2 (cf. p. 293), etc.

monte parmi les dieux. — Je te donne mille vaches avec un taureau grand comme un éléphant, dit Janaka, le roi de Videha. Et Yājñavalkya répondit : Mon père estimait qu'il ne faut rien accepter avant d'avoir instruit.

Ce que l'un ou l'autre a pu te dire, répète-le nous donc. 1, 4
— Barku Vārṣṇa m'a dit : C'est l'œil, en vérité, qui est *brahman*. — En disant que l'œil est *brahman*, Barku a parlé comme peut parler quiconque a une mère, un père, un maître ; en effet, qu'aurait l'homme sans la vue ? Mais t'a-t-il dit son siège, son point d'appui ? — Il ne me l'a pas dit. — Ce *brahman*, en vérité, ô roi, n'a qu'un pied. — Dis-le nous donc toi-même, ô Yājñavalkya. — L'œil est son siège, l'espace son point d'appui ; lui-même (*brahman*), il faut connaître qu'il est réalité[1]. — Qu'est-ce, ô Yājñavalkya, qui manifeste le réel ? — C'est, précisément, l'œil, ô roi, dit-il. C'est parce que l'on voit au moyen de l'œil, ô roi, que l'on dit à un autre : Tu as vu ; et l'autre répond : J'ai vu ; et cela est réel. En vérité, ô roi, l'œil est le suprême *brahman*. Celui qui, sachant ainsi, le connaît, la vue ne l'abandonne pas, tous les biens viennent à lui, il devient un dieu et monte parmi les dieux. — Je te donne mille vaches avec un taureau grand comme un éléphant, dit Janaka, le roi de Videha ; mais Yājñavalkya répondit : Mon père estimait qu'il ne faut rien accepter avant d'avoir instruit.

Ce que l'un ou l'autre a pu te dire, répète-le nous donc. 1, 5
— Gardabhīvipīta Bhāradvāja m'a dit : C'est, en vérité,

1. Le *brahman* est l'entité profonde dont l'œil, comme la pensée et la voix, etc., est un organe par où il s'extériorise ainsi que cherche à l'exprimer la phrase suivante. C'est par la vue que se manifeste ou se réalise, pour le *brahman*, le monde extérieur (plus ou moins identifié avec le monde réel).

l'oreille qui est *brahman*. — En disant que l'oreille est *brahman*, Bhāradvāja a parlé comme peut parler quiconque a une mère, un père, un maître ; car qu'aurait l'homme sans l'ouïe ? Mais t'a-t-il dit son siège, son point d'appui ? — Il ne me l'a pas dit. — Ce *brahman*, en vérité, ô roi, n'a qu'un pied. — Dis-le nous donc toi-même, ô Yājñavalkya. — L'oreille est son siège, l'espace son point d'appui. Il faut connaître qu'il est sans limites. — Qu'est-ce, ô Yājñavalkya, qui manifeste l'infinitude ? — Ce sont, ô roi, les régions de l'espace, répondit Yājñavalkya. Ainsi, dans quelque direction que l'on chemine, on n'en atteint pas la limite ; c'est que les régions de l'espace sont sans limites. En vérité, ô roi, les régions de l'espace sont l'ouïe. L'ouïe, ô roi, est le suprême *brahman*. Celui qui, sachant ainsi, le connaît, l'ouïe ne l'abandonne pas, tous les biens viennent à lui, il devient un dieu et monte parmi les dieux. — Je te donne mille vaches avec un taureau grand comme un éléphant, dit Janaka, le roi de Videha. Et Yājñavalkya répondit : Mon père estimait qu'il ne faut rien accepter avant d'avoir instruit.

1, 6 Ce que l'un ou l'autre a pu te dire, répète-le nous. — Satyakāma Jābāla m'a dit : En vérité, c'est le *manas* (esprit, sens interne) qui est *brahman*. — En disant que le *manas* est *brahman*, Jābāla a parlé comme peut parler quiconque a une mère, un père, un maître ; car qu'aurait l'homme sans le *manas* ? Mais t'a-t-il dit son siège, son point d'appui ? — Il ne me l'a pas dit. — Ce *brahman* n'a qu'un pied, ô roi. — Dis-le nous donc toi-même, ô Yājñavalkya. — C'est le *manas* qui est son siège et l'espace son point d'appui. Il faut savoir qu'il est plaisir. — Qu'est-ce qui réalise la joie, ô Yājñavalkya ? — C'est, justement, ô roi, le *manas*, répondit-il. C'est par le *manas*, ô roi, qu'on est entraîné vers une femme, qu'en elle on engendre un fils à sa ressemblance : c'est là le plaisir. Le *manas*, en vérité, ô roi, est le suprême *brahman*. Celui qui, sachant ainsi, le connaît, le *manas* ne l'abandonne pas, tous les biens affluent à lui, il devient un dieu et monte parmi les dieux. — Je te donne mille vaches avec un taureau de la taille d'un éléphant, dit Janaka, le roi de Videha. Et Yājñavalkya répondit : Mon père estimait qu'on ne doit rien accepter avant d'avoir instruit.

Ce que l'un ou l'autre a pu te dire, répète-le nous. 1, 7
— Vidagdha Śākalya m'a dit : C'est le cœur, en vérité, qui est *brahman*. — En disant que le cœur est *brahman*, Śākalya a parlé comme peut faire quiconque a une mère, un père, un maître ; en effet, qu'aurait l'homme sans le cœur ? Mais t'a-t-il dit son siège, son point d'appui ? — Il ne me l'a pas dit. — Ce *brahman*, ô roi, n'a qu'un pied. — Dis-le nous donc toi-même, ô Yājñavalkya. — C'est le cœur qui est son siège, l'espace son point d'appui ; il faut le connaître pour être la stabilité. — Qu'est-ce, ô Yājñavalkya, qui manifeste la stabilité ? — C'est, justement, le cœur, ô roi, dit-il. Le cœur, ô roi, est, en vérité, le siège de tous les êtres ; le cœur est le pivot de tous les êtres ; c'est en prenant leur point d'appui sur le cœur que subsistent tous les êtres. En vérité, ô roi, le cœur est le suprême *brahman*. Celui qui, sachant ainsi, connaît le *brahman*, son cœur ne l'abandonne pas, tous les biens affluent à lui, il devient un dieu, et monte parmi les dieux. — Je te donne mille vaches avec un taureau de la taille d'un éléphant, dit Janaka, le roi de Videha. Et Yājñavalkya répondit : Mon père estimait qu'on ne doit rien accepter avant d'avoir instruit.

II

2, 1 Alors Janaka de Videha, se levant de son siège de gazon et s'avançant, dit : Salut à toi, Yājñavalkya ; instruis-moi. Celui répondit : De même, ô roi, que pour entreprendre un long voyage on se munit ou d'un char ou d'un vaisseau, ainsi tu as l'âme pleine de ces upaniṣads ; toi qui es ainsi un chef opulent, qui connais le *Veda*, qui as recueilli[1] les *upaniṣad*, quand tu seras affranchi de ce monde, où iras-tu ? — Je ne sais pas, Seigneur, où j'irai. — Alors, je vais te dire, moi, où tu iras. — Parle, Seigneur.

2, 2 Indha (le flambant), en vérité, est le nom de ce personnage qui apparaît dans l'œil droit ; il est, en vérité, *indha*, mais on l'appelle *Indra* d'un nom mystérieux ; car les dieux aiment le mystère et ont en haine le manifeste.

2, 3 Quant à la forme humaine qui apparaît dans l'œil gauche, c'est son épouse Virāj ; leur lieu de rencontre est cet espace qui est à l'intérieur du cœur ; leur nourriture, la masse de sang qui est à l'intérieur du cœur ; leur enveloppe, cette sorte de filet qui est dans le cœur ; et le chemin qu'ils suivent, cette veine qui monte au-dessus du cœur. Pour lui[2] existent, ténues comme un cheveu coupé en mille, ces veines appelées *hitā* qui partent du cœur ; c'est par elles, en effet, qu'afflue l'afflux (de la nourriture) ; de là vient qu'il a une alimentation plus subtile que la personne corporelle.

1. Passage significatif pour le sens primitif de *upaniṣad*. Sens d'abord général : vérité, doctrine, enseignement ; et seulement plus tard réservé à une catégorie littéraire. C'est l'exacte contre-partie de ce qui se passe pour la signification de *brāhmaṇaṃ*.
2. À savoir : l'*ātman* exprimé par le *puruṣa* qui paraît dans l'œil droit : car c'est l'*ātman* qu'on a ici en vue.

Les organes (littér. souffles) de devant sont sa région orientale, les organes de droite sa région méridionale, les organes de derrière sa région occidentale, les organes de gauche sa région septentrionale, les organes supérieurs son zénith, les organes inférieurs son nadir : autant de points cardinaux, autant de groupes d'organes. Quant à lui, l'*ātman*, il ne s'exprime que par des négations : insaisissable, car on ne le saisit pas ; indestructible, car on ne le détruit pas ; détaché, car il ne s'attache à rien ; libre de tout lien, rien ne l'ébranle, rien ne le blesse. En vérité, Janaka, tu es parvenu à la paix. Ainsi parla Yājñavalkya. Et Janaka de Videha reprit : Que la paix soit sur toi, ô Yājñavalkya, toi, Seigneur, qui nous a fait connaître la paix. Salut à toi. Voici (à ton service) les Videhas et me voici. 2, 4

III

En ce temps Yājñavalkya venait à Janaka de Videha avec l'intention de ne pas parler. Mais quand Janaka de Videha et Yājñavalkya avaient discuté dans l'*agnihotra*, Yājñavalkya avait accordé un vœu au roi, et le roi avait choisi le droit de l'interroger à son gré, et Yājñavalkya avait consenti. Ainsi le roi prit le premier la parole pour l'interroger : 3, 1

Yājñavalkya, quelle lumière éclaire ce personnage[1] ? — La lumière du soleil, ô roi, dit-il ; c'est à la lumière du soleil qu'il demeure tranquille et qu'il se meut, qu'il va à ses affaires et revient. — C'est bien ainsi, Yājñavalkya. 3, 2

Le soleil couché, Yājñavalkya, quelle lumière éclaire ce personnage ? — C'est la lune qui l'éclaire alors ; à la lumière 3, 3

1. *Scil.* : le personnage dont il a été question dans le précédent *brāhmaṇa* et qui n'est autre que l'*ātman*.

de la lune il demeure tranquille et se meut ; il va à ses affaires et revient. – C'est bien ainsi, Yājñavalkya.

3, 4 Le soleil couché et la lune couchée, ô Yājñavalkya, quelle lumière éclaire ce personnage ? – C'est la lumière du feu qui l'éclaire ; c'est à la lumière du feu qu'il demeure tranquille et qu'il se meut, qu'il va à ses affaires et qu'il revient. – C'est bien ainsi, Yājñavalkya.

3, 5 Le soleil couché, la lune couchée, le feu éteint, ô Yājñavalkya, quelle lumière éclaire ce personnage ? – C'est la parole qui l'éclaire ; c'est à la lumière de la parole qu'il se tient tranquille ou se meut, qu'il va à ses affaires et revient ; c'est pourquoi, ô roi, quand l'ombre est si épaisse qu'on ne distingue plus sa propre main, si une parole se fait entendre, on se porte dans sa direction. – C'est bien ainsi, Yājñavalkya.

3, 6 Le soleil couché, Yājñavalkya, la lune couchée, le feu éteint, toute parole éteinte, quelle lumière éclaire ce personnage ? – C'est l'*ātman* (le Soi) qui est sa lumière. C'est à la lumière de l'*ātman* qu'il se tient tranquille et se meut, qu'il va à ses affaires et qu'il revient.

3, 7 Qu'est-ce que l'*ātman* ? – Perception dans les sens (les souffles), lumière intérieure dans le cœur[1], ce personnage, toujours semblable à lui-même, parcourt les deux mondes[2]. Il semble penser, il semble s'agiter (comme une flamme) ; car, dans le sommeil, il dépasse ce monde et les formes de mort.

3, 8 Ce personnage, en vérité, quand, en naissant, il entre dans un corps, se charge de maux ; quand, s'en échappant, il meurt, il se débarrasse des maux.

1. Cf. IV, 4, 22.
2. L'état de veille et le sommeil profond (NdE).

En vérité, pour ce personnage, il est deux sièges : ce monde-ci et l'autre monde ; un troisième, intermédiaire, est le sommeil. Quand il est dans ce siège intermédiaire, il voit les deux autres, ce monde-ci et l'autre. Par quelque effort qu'il s'élève à l'autre monde, dès qu'il a fourni cet effort, il voit et les maux (de ce monde) et les plaisirs (de l'autre). Quand il dort, tout en s'emparant des éléments empruntés à tout l'univers, détruisant, construisant à son gré, il garde dans le sommeil sa propre clarté, sa propre lumière ; il est, alors, lui-même, lumière. 3, 9

Alors, où il n'y ni chars, ni attelages, ni chemins, il crée chars, attelages et chemins. Où il n'y a ni plaisirs, ni joies, ni délices, il crée des plaisirs, des joies, des délices. Où il n'y a réellement ni lacs, ni étangs, ni rivières, il crée des lacs, des étangs, des rivières. C'est lui qui crée. 3, 10

C'est ce qu'expriment ces stances : 3, 11

Supprimant par le sommeil ce qui est du corps,
Il contemple, éveillé, les organes endormis.
Puis, ramenant la vie, il revient à son siège,
Lui, le *puruṣa* d'or, l'oiseau unique.

Laissant en bas le nid à la garde du souffle, 3, 12
S'élançant, lui, immortel, hors du nid,
Il vagabonde, immortel, partout où il lui plaît,
Lui, le *puruṣa* d'or, l'oiseau unique.

Dans le rêve, vagabondant haut et bas, 3, 13
Dieu, il s'attribue des formes diverses ;
Tantôt, riant, il s'amuse avec des femmes,
Tantôt il a des visions terribles.

3, 14 On peut bien voir le lieu de sa retraite ;
Lui, personne ne le voit.

On dit qu'il ne faut pas le réveiller brusquement ; il est malaisé à guérir celui où il ne rentre pas. On dit aussi : Son siège est, dans le sommeil, le même que dans la veille ; car, dans la veille comme dans le sommeil, ce sont les mêmes objets qu'il voit. C'est donc que le *puruṣa* est à lui-même sa propre lumière. – Je te donne, Seigneur (Yājñavalkya), mille (vaches) ; continue à parler en vue de la délivrance[1].

3, 15 Et celui-là même, après que, dans cet état de calme profond (le sommeil profond, la *suṣupti*), il a joui, il a circulé, il a vu du bien et du mal, revient en sens inverse vers son point de départ, au rêve. De tout ce qu'il a vu dans sa course, rien ne le suit ; car ce *puruṣa* est sans attaches. – Il en est bien ainsi, Yājñavalkya. Je te donne, Seigneur, mille vaches ; continue à parler en vue de la délivrance.

3, 16 Et celui-là même, après que, dans le rêve, il a joui, il a circulé, il a vu du bien et du mal, revient en sens inverse vers son point de départ, à l'état de veille ; de tout ce qu'il a vu dans sa course, rien ne le suit ; car ce *puruṣa* est sans attaches. – Il en est bien ainsi, ô Yājñavalkya. Je te donne, Seigneur, mille vaches. Continue à parler en vue de la délivrance.

3, 17 Celui-là même, après avoir, dans la veille, joui du plaisir, circulé, vu du bien et vu du mal, revient en sens inverse vers son point de départ, à l'état de sommeil.

1. Pour t'acquitter de ta promesse, plutôt que pour te libérer du cycle des renaissances (NdE, d'après Olivelle).

Comme un grand poisson longe deux rives, l'une d'un 3, 18
côté, l'autre de l'autre, de même ce personnage longe ces
deux états, état de sommeil et état de veille.

Comme, dans l'espace, un faucon ou un aigle, fatigué 3, 19
d'avoir volé en tout sens, replie ses ailes et se porte vers
son nid, de même ce personnage se hâte vers cet état où,
endormi, il ne conçoit aucun désir, ne voit aucun rêve.

Il a les veines appelées *hitā,* aussi ténues qu'un cheveu 3, 20
coupé en mille, qui sont pleines de blanc, de bleu, de
jaune, de vert, de rouge. Quand il croit que l'on le tue, que
l'on le contraint, qu'un éléphant le poursuit, qu'il tombe
dans un puits, la terreur que comporte ce spectacle dans
la veille, il la ressent faussement dans le rêve ; et quand,
se croyant un dieu, se croyant un roi, il imagine : « Je suis
cet univers, je suis tout », c'est pour lui le monde suprême.

Pour lui c'est la condition supérieure à tout désir, affranchie 3, 21
de tout mal, libre de toute crainte. Comme un homme dans
les bras d'une femme aimée ne sait plus rien du dehors, rien
du dedans, de même ce personnage, embrassé par l'*ātman*
intellectuel, ne sait plus rien du dehors ni du dedans. C'est
pour lui la condition bienheureuse où tout désir est comblé,
où il n'est de désir que de l'*ātman,* où il n'y a plus de désir.

Là, le père n'est pas père, la mère n'est pas mère, 3, 22
les mondes ne sont pas mondes, les dieux ne sont pas
dieux, les Vedas ne sont pas Vedas. Là, le voleur n'est pas
voleur, l'avorteur n'est pas avorteur, le *caṇḍāla* n'est pas
caṇḍāla, le *paulkasa* n'est pas *paulkasa,* le *śramaṇa* n'est pas
śramaṇa, l'ascète n'est pas ascète ; ni bien, ni mal ne le lie
aux actions ; car il est alors par delà toutes les souffrances
du cœur.

3, 23 Encore qu'il ne voie pas les objets, il reste pourtant capable de voir ; la vision n'échappe pas au voyant qu'il est, car elle est indestructible ; seulement il n'est pas de second, d'objet autre et séparé, qu'il puisse voir.

3, 24 Encore qu'il ne sente plus aucune odeur, il reste, pourtant, capable de sentir ; l'odorat n'échappe pas au sentant qu'il est, car il est impérissable ; seulement, il n'est pas de second, d'objet autre et séparé, qu'il puisse sentir.

3, 25 Encore qu'il ne goûte aucune saveur, il reste, pourtant, capable de goûter ; le goût n'échappe pas au goûteur qu'il est, car il est indestructible ; seulement, il n'est pas de second, d'objet autre et séparé, qu'il puisse goûter.

3, 26 Encore qu'il ne parle pas, il reste, pourtant, capable de parler ; la parole n'échappe pas au parleur qu'il est, car elle est indestructible ; seulement, il n'est pas de second, d'objet autre et séparé, qu'il puisse exprimer.

3, 27 Encore qu'il n'entende rien, il reste pourtant capable d'entendre ; l'ouïe n'échappe pas à l'auditeur qu'il est, car elle est indestructible ; seulement il n'est pas de second, d'objet autre et séparé, qu'il puisse entendre.

3, 28 Encore qu'il ne pense à rien, il reste, pourtant, capable de pensée ; la pensée n'échappe pas au penseur qu'il est, car elle est indestructible ; seulement, il n'est pas de second, d'objet autre et séparé, qu'il puisse penser.

3, 29 Encore qu'il ne touche rien, il reste, pourtant, capable de toucher ; le tact n'échappe pas au toucheur qu'il est, car il est indestructible ; seulement, il n'est pas de second, pas d'objet autre et séparé, qu'il puisse toucher.

Encore qu'il ne connaisse pas, il reste, pourtant, capable de connaissance ; la connaissance n'échappe pas au connaisseur qu'il est, car elle est indestructible ; seulement, il n'est pas de second, d'objet autre et séparé, qu'il puisse connaître. 3, 30

C'est seulement quand il existe un autre (un objet) que l'on peut voir cet autre, sentir cet autre, goûter cet autre, exprimer cet autre, entendre cet autre, penser cet autre, toucher cet autre, connaître cet autre. 3, 31

Au milieu de l'océan, un voyant unique, sans second (sans objet à percevoir), tel est, ô roi, le monde de *brahman*, ainsi l'instruisit Yājñavalkya. C'est là son but suprême, son suprême succès, son monde suprême, sa félicité suprême. Les autres êtres vivent d'une parcelle de cette félicité. 3, 32

Celui, entre les hommes, qui jouit de la richesse, de la prospérité, souverain des autres, parfaitement pourvu de toutes les jouissances humaines — telle est la plus haute félicité parmi les hommes ; à cent félicités humaines équivaut la félicité de ceux qui ont conquis le monde des mânes ; à cent félicités de ceux qui ont conquis le monde des mânes, la félicité dans le monde des Gandharvas ; à cent félicités du monde des Gandharvas, la félicité des dieux qui, par leurs mérites, ont obtenu la dignité divine ; à cent de ces félicités divines, la félicité des dieux d'origine et d'un brâhmane qui est sans péché et qui ne succombe pas au désir ; à cent félicités de dieux d'origine, la félicité du monde de Prajāpati et du brâhmane qui est sans péché et ne succombe pas au désir ; à cent félicités du monde de Prajāpati, la félicité du monde de *brahman* et du brâhmane qui est sans péché et qui ne succombe pas au désir ; et c'est la félicité suprême ; c'est, ô roi, le monde de *brahman*. 3, 33

Ainsi parla Yājñavalkya. — Je te donne, Seigneur, mille vaches. Continue à parler, en vue de la délivrance. Et Yājñavalkya eut peur : le roi est habile, pensait-il, il m'a délogé de toutes mes doctrines.

3, 34 Celui-là, en vérité, après avoir joui dans le rêve, avoir circulé, vu du bien et du mal, revient, en sens inverse, à son point de départ, c'est-à-dire à l'état de veille[1].

3, 35 Comme un chariot lourdement chargé se meut en gémissant, de même l'*ātman* corporel, monté par l'*ātman* spirituel, se meut en gémissant, à l'heure où l'homme va rendre le dernier soupir.

3, 36 Quand il s'affaiblit par l'âge ou par la maladie, de même que le fruit du manguier, de l'udumbara, du figuier, se détache de sa tige, de même ce personnage, se détachant des membres, revient en sens inverse, vers son origine, c'est-à-dire au souffle.

3, 37 Comme, un roi arrivant, notables, policiers, écuyers, chefs de villages l'attendent avec des aliments, des boissons, des demeures préparés, se disant : « Le voici qui vient, le voici qui approche », de même tous les éléments attendent celui qui sait ainsi : « Voici le *brahman* qui vient, le voici qui approche ! »

3, 38 Comme, un roi voulant se mettre en chemin, notables, policiers, écuyers, chefs de villages s'empressent autour de lui, de même, à l'heure de la mort, tous les souffles s'empressent autour de cet *ātman*, quand l'homme va rendre le dernier soupir.

1. Ce paragraphe est-il une interpolation par répétition d'un passage antérieur (cf. verset 16) ou est-ce un raccord ?

IV

Quand cet *ātman* (corporel), tombant en faiblesse, tombe comme en évanouissement, alors les souffles s'empressent autour de lui ; lui, recueillant les éléments d'énergie, se concentre uniquement dans le cœur. Lorsque le personnage de l'œil s'en retourne en arrière (au soleil qui est son origine), alors on ne distingue plus les formes. 4, 1

Alors on dit : Il n'a plus que le souffle[1], il ne voit plus ; il n'a plus que le souffle, il ne sent plus ; il n'a plus que le souffle, il a perdu le goût ; il n'a plus que le souffle, il ne parle plus ; il n'a plus que le souffle, il n'entend plus ; il n'a plus que le souffle, il ne pense plus ; il n'a plus que le souffle, il ne perçoit plus les contacts ; il n'a plus que le souffle, il ne connaît plus. Alors, la pointe de son cœur s'éclaire et par cette lueur cet *ātman* s'échappe soit par l'œil, soit par la tête, soit par quelque autre partie du corps. Le souffle (la vie) s'échappe avec lui, tous les souffles (les sens) s'échappent avec lui. Il est esprit, sa migration est toute spirituelle[2]. Sa science et ses œuvres s'attachent à lui et son expérience antérieure. 4, 2

De même qu'une chenille, arrivée au bout d'un brin d'herbe, se contracte pour une nouvelle avance, de même cet *ātman*, secouant le corps, dépouillant le non-être, se contracte pour une nouvelle avance. 4, 3

1. *Littéralement*, il n'a plus que le seul souffle vital dans lequel se sont retirés et avec lequel se sont unifiés les souffles qui animent les divers sens. J'ai dû traduire, pour être intelligible, par un équivalent un peu libre, mais que je crois strictement exact.
2. L'*ātman*, tout esprit, ne se comporte pas comme les sens, qui retournent à leur origine ; il se meut en entité spirituelle, à laquelle s'attache ce qu'il a accumulé de science et de *karman*.

4, 4 De même qu'un artiste, reprenant la matière d'une figure, la façonne en une nouvelle forme plus belle, de même cet *ātman*, quand il a secoué son corps, quand il s'est libéré du non-être, se donne une nouvelle forme plus belle, de *pitṛ* ou de *gandharva*, de *deva* ou de Prajāpati ou de Brahmā ou d'autres êtres.

4, 5 En vérité, il est *brahman* cet *ātman* qui est conscience, qui est pensée, qui est vie, qui est vue, qui est ouïe, qui est terre, qui est eau, qui est air, qui est espace, qui est lumière et qui est ténèbre, qui est désir et qui est détachement, qui est colère et douceur, qui est justice et injustice, qui est tout. Quand l'on dit : Un tel est ceci, un tel est cela, c'est qu'on devient ce que l'on est suivant ses actes, suivant sa conduite. Qui fait le bien devient bon, qui fait le mal, mauvais ; vertueux si on a bien agi, méchant si on a mal agi. On dit : Ce *puruṣa* n'est que désir : en effet, tel est son désir, tel son vouloir ; tel son vouloir, tel ses actes ; et il récolte suivant ses actes.

4, 6 C'est à quoi se rapporte la stance :

L'homme de désir va, par la vertu du *karman*,
Au but où son esprit s'est attaché.
Quand il a épuisé les effets de son *karman*,
Quels que ceux-ci aient pu être,
Du monde où il l'avait conduit il revient
Ici-bas à ce monde de l'action.

Voilà pour celui qui désire. Quant à celui qui ne désire pas, qui est sans désir, qui est libéré du désir, qui a atteint l'objet de son désir, qui ne désire que l'*ātman*, ses souffles, à lui, ne s'échappent pas (vers d'autres régions) ; n'étant rien que *brahman*, il entre en *brahman*.

C'est à quoi se rapporte cette stance : 4, 7
Lorsqu'ils sont tous rejetés,
Les désirs qu'il portait en son cœur,
Alors le mortel devient immortel ;
Dès ici-bas il jouit de *brahman*.

Comme une peau de serpent morte gît abandonnée sur une fourmilière, tout de même gît le corps. Quant au souffle (de vie) incorporel, immortel, il est pur *brahman*, pure énergie, ô roi. – Je te donne, Seigneur, mille vaches, dit Janaka de Videha.

À cela se rapportent ces stances : 4, 8

Un chemin étroit a été préparé dès l'origine ;
…[1] je l'ai découvert.
Par ce chemin les sages qui connaissent le *brahman*
Montent d'ici-bas, affranchis, au monde du *svarga*.

On y voit, dit-on, du blanc, du bleu, 4, 9
Du jaune, du vert et du rouge.
Ce chemin a été trouvé par *brahman* ; par là passe
Celui qui connaît le *brahman*, l'homme vertueux et tout énergie.

Ils entrent dans de profondes ténèbres 4, 10
Ceux qui croient à des doctrines d'ignorance,
Et dans des ténèbres encore plus épaisses
Ceux qui s'attachent au savoir.

« Sans joie » est le nom de ces mondes 4, 11
Enveloppés de profondes ténèbres ;
C'est là que vont, en mourant,
Les hommes ignorants, dénués d'intelligence.

1. Je ne traduis pas le début du vers qui doit être une fausse lecture, dont en tout cas je ne sais rien faire.

4, 12 S'il connaissait l'*ātman*
Et se disait : « Je le suis »,
Pourquoi et mû par quel désir
Le *puruṣa* peinerait-il avec le corps ?

4, 13 Celui qui a trouvé, qui a conquis l'*ātman*,
Engagé dans les ténébreuses complexités du corps,
Celui-là est le créateur, il est l'auteur de tout.
Le monde lui appartient ; il est le monde même.

4, 14 C'est pendant que nous sommes ici-bas que nous pouvons apprendre ces choses ;
Sinon, il ne reste qu'ignorance et immense misère.
Ceux qui les savent deviennent immortels,
Les autres sont voués uniquement à la souffrance.

4, 15 Quand on l'a découvert
Clairement cet *ātman*, ce dieu,
Ce maître du passé et de l'avenir,
On ne s'en déprend plus.

4, 16 Celui à la suite duquel l'année
Déroule en jours le temps,
Les dieux le connaissent pour la lumière des lumières,
Ils le connaissent pour la vie immortelle.

4, 17 Celui sur qui reposent
Les cinq êtres[1] et l'espace,
C'est lui que je tiens pour l'*ātman* ;
Instruit, je le tiens pour *brahman*, immortel pour l'immortalité.

1. Il semble vraisemblable que, comme le suggèrent les commentateurs, la vieille catégorie védique des *pañca-jana* (dieux, hommes, Gandharvas, serpents et mânes) est ici détournée en une application scolastique comprenant : souffle, vue, ouïe, esprit — auxquels il faudrait ajouter (ce qui compléterait du même coup la strophe 18), la « nourriture ».

Ceux qui connaissent le souffle du souffle, 4, 18
La vue de la vue, l'ouïe de l'ouïe,
L'esprit de l'esprit[1]...
Ceux-là ont pénétré le *brahman* antique, primitif.

On ne peut le voir que par la pensée ; 4, 19
La pluralité n'est pas ;
Il court de mort en mort
Qui croit voir la pluralité dans l'univers.

Il faut le voir dans l'unité, 4, 20
Lui, ce stable infini ;
Il est sans tache, il déborde l'espace,
Cet *ātman* sans commencement, grand, stable.

Que le sage, le brâhmane, 4, 21
Quand il l'a discerné, pratique la sagesse ;
Qu'il ne se mette pas en peine de longs discours,
Ce vain cliquetis de mots.

C'est ce grand *ātman* sans commencement qui est perception 4, 22
dans les sens[2]. Cet espace qui est à l'intérieur du cœur, c'est là qu'il demeure, maître de tout, souverain de tout, seigneur de tout. Il ne se grandit pas par de bonnes actions ni ne se diminue par de mauvaises. Il est le souverain de tout, le seigneur des êtres, le roi des êtres. Il est la digue qui sépare les mondes pour les empêcher de se confondre. C'est lui que les brâhmanes cherchent à connaître par l'étude des Vedas, par le sacrifice, par l'aumône, par les austérités, par l'abstinence ; c'est seulement en le connaissant qu'on devient un *muni* ; c'est vers lui que tendent ceux qui recherchent un lieu de salut après une vie errante. C'est,

1. Entendez « l'essence ultime du souffle, de l'esprit », etc.
2. Cf. ci-dessus IV, 3, 7.

en effet, parce qu'ils savaient cela que les sages d'autrefois ne recherchaient pas de postérité : « Que ferions-nous d'une postérité, nous qui, avec l'*ātman*, avons le lieu du salut ? » Renonçant à rechercher des fils, à rechercher la richesse, à rechercher un autre asile (de salut), ils s'en vont mendiant ; car désirer des fils, c'est désirer la richesse ; désirer la richesse, c'est désirer un séjour de salut ; car l'un et l'autre sont désir. Quant à lui, l'*ātman*, il ne se définit que par des négations : insaisissable, car il ne peut être appréhendé ; indestructible, car il ne peut être détruit ; sans attaches, car il n'est attaché à rien ; pour lui ni peur ni aucune atteinte[1]. Ni crainte pour le mal qu'il a commis, ni espoir pour le bien qu'il a fait ; ni l'un ni l'autre ne le dominent ; c'est lui qui les domine l'un et l'autre ; aucun acte, aucune omission ne lui prépare de souffrance.

4, 23 C'est cela même qu'exprime le vers :

Telle est la grandeur éternelle du brâhmane :
Les actes ne peuvent ni l'augmenter, ni la diminuer.
Il faut en connaître les voies ; qui les connaît
Ne peut être souillé par les mauvaises actions.

C'est pourquoi celui qui sait ainsi, étant calme, dompté, détaché, patient, recueilli, se voit lui-même dans l'*ātman*, voit l'*ātman* en tout ; le mal ne le souille pas, il domine tout mal ; le mal ne le brûle pas, il brûle tout mal ; affranchi du mal, de la passion, du doute, il est un brâhmane. C'est là, le monde du *brahman*, ô roi. Je t'y ai introduit. Ainsi parla Yājñavalkya. — Je te donne, Seigneur, les Videhas et moi-même, pour être tes esclaves.

1. Cf. ci-dessus III, 5, 1 et II, 3, 6 ; III, 9, 26 ; IV, 2, 4, etc.

Tel est, en vérité, le grand *ātman* sans commencement qui s'alimente de toute nourriture[1], qui donne tout bien. Il obtient tout bien, celui qui sait ainsi. 4, 24

Tel est, en vérité, le grand *ātman* sans commencement, sans vieillesse, sans mort, immortel, bienheureux, le *brahman*. En vérité, le *brahman* est la félicité et il devient le *brahman* bienheureux, celui qui sait ainsi. 4, 25

V

En ce temps, Yājñavalkya avait deux épouses, Maitreyī et Kātyāyanī. Maitreyī s'entendait en science sacrée, tandis que Kātyāyanī restait dans l'horizon ordinaire des femmes. Yājñavalkya, se proposant d'entrer dans un genre de vie nouveau : 5, 1

Maitreyī, dit-il, je vais quitter ces lieux pour mener la vie de moine errant ; je veux donc faire un arrangement entre Kātyāyanī et toi. 5, 2

Maitreyī répondit : Si, Seigneur, toute la terre était à moi, toute pleine de richesses, en serais-je pour cela immortelle, ou non ? — Non certes, répondit Yājñavalkya. Ta vie serait celle des riches ; quant à l'immortalité, il n'est pas question de l'obtenir par l'argent. 5, 3

Maitreyī reprit : Que ferais-je de ce qui ne peut me rendre immortelle ? Mais que ta seigneurie me dise ce qu'elle sait. 5, 4

Yājñavalkya répondit : Tu m'étais, certes, très chère ; voici que tu te rends plus chère encore à mon cœur. Je vais donc t'exposer les connaissances ; toi, sois attentive à mes explications. 5, 5

1. Étant tous les êtres, il se nourrit de l'alimentation de tous.

5, 6 Il dit :

En vérité, ce n'est pas pour l'amour de lui qu'un époux est cher, mais pour l'amour de soi (ou du soi).

Ce n'est pas pour l'amour d'elle qu'une épouse est chère, mais pour l'amour de soi.

Ce n'est pas pour l'amour d'eux que des fils sont chers, mais pour l'amour de soi.

Ce n'est pas pour l'amour de l'argent que l'argent est cher, mais pour l'amour de soi.

Ce n'est pas pour l'amour des troupeaux que les troupeaux sont chers, mais pour l'amour de soi.

Ce n'est pas pour l'amour de la prière que la prière est chère, mais pour l'amour de soi.

Ce n'est pas pour l'amour du pouvoir que le pouvoir est cher, mais pour l'amour de soi.

Ce n'est pas pour l'amour d'eux que les mondes sont chers, mais pour l'amour de soi.

Ce n'est pas pour l'amour d'eux que les dieux sont chers, mais pour l'amour de soi.

Ce n'est pas pour l'amour des Vedas que les Vedas sont chers, mais pour l'amour de soi.

Ce n'est pas pour l'amour d'eux que les êtres sont chers, mais pour l'amour de soi.

Ce n'est jamais pour l'amour de lui qu'aucun objet est cher, mais pour l'amour de soi.

C'est le soi, l'*ātman*, seul, qu'il faut regarder, qu'il faut entendre, qu'il faut penser, qu'il faut considérer, ô Maitreyī ; c'est en voyant l'*ātman*, en l'écoutant, en le pensant, en le connaissant qu'on sait tout.

Le *brahman* (la prière) abandonne celui qui le met ailleurs 5, 7
qu'en l'*ātman* ; le *kṣatra* (le pouvoir) abandonne celui qui le met ailleurs qu'en l'*ātman* ; les mondes abandonnent celui qui les met ailleurs qu'en l'*ātman* ; les dieux abandonnent celui qui les met ailleurs qu'en l'*ātman* ; les Vedas abandonnent celui qui les met ailleurs qu'en l'*ātman* ; les êtres abandonnent celui qui les met ailleurs qu'en l'*ātman* ; tout abandonne celui qui met rien ailleurs qu'en l'*ātman*. Prière, pouvoir, mondes, dieux, Vedas, êtres, tout, ce soi, cet *ātman* est tout.

De même que, si quelqu'un bat le tambour, il n'est pas 5, 8
possible d'arrêter les sons produits ; mais, en se saisissant du tambour ou de celui qui le frappe, on arrête le son ;

De même que, si quelqu'un souffle dans une conque, on 5, 9
ne peut arrêter les sons produits ; mais, en se saisissant de la conque ou de celui qui y souffle, on arrête le son ;

De même que, si quelqu'un joue de la *vīṇā*, on ne peut 5, 10
arrêter les sons produits ; mais, en se saisissant de la *vīṇā* ou de celui qui en joue, on arrête le son ;

De même que, si on allume un feu avec du bois humide, 5, 11
la fumée s'échappe dans toutes les directions, ainsi de ce grand Être s'exhalent *Ṛg-veda*, *Yajur-veda*, *Sāma-veda*, *Atharvāṅgiras*, *itihāsa*, *purāṇa*, sciences, *upaniṣad*, stances, *sūtra*, explications, commentaires, sacrifice, offrande, nourriture, boisson, et ce monde et l'autre, et tous les êtres, tout cela s'exhale de lui.

5, 12 De même que l'océan est le rendez-vous de toutes les eaux, ainsi la peau l'est de tous les contacts, les narines de toutes les odeurs, la langue de toutes les saveurs, l'œil de toutes les formes, l'oreille de tous les sons, de toutes les pensées l'esprit, de toutes les sciences le cœur (la mémoire), de toutes les actions les mains, de toutes les voluptés les parties sexuelles, de toutes les excrétions l'anus, de toute locomotion les pieds, de tous les Vedas la parole.

5, 13 Comme un bloc de sel où l'intérieur ne se distingue pas de l'extérieur, qui n'est tout que saveur, tout de même est cet *ātman* (ce soi) ; on n'y peut distinguer ni intérieur ni extérieur, il n'est tout que connaissance ; il sort des éléments[1] et disparaît en y retournant. Après la mort il n'est plus de conscience, voilà ce que je proclame, dit Yājñavalkya.

5, 14 Alors Maitreyī : Ici, Seigneur, tu me jettes dans un trouble extrême. Cet (*ātman*) en vérité, je ne le comprends pas. — Il reprit : Je ne professe vraiment rien de troublant ; cet *ātman*, en vérité, est impérissable ; il est, par nature, indestructible.

5, 15 Quand il y a dualité, l'un voit l'autre, l'un sent l'autre, l'un goûte l'autre, l'un parle à l'autre, l'un entend l'autre, l'un pense l'autre, l'un touche l'autre, l'un connaît l'autre ; mais si le seul *ātman* est tout l'homme, qui verrait-il et comment ? qui sentirait-il et comment ? qui goûterait-il et comment ? à qui s'adresserait-il et comment ? qui écouterait-il et

1. Tout ce morceau paraît exposer des notions vaguement hérétiques : d'où la stupeur de Maitreyī, que son époux est obligé de calmer par des déclarations de principe. Si on le compare avec tel passage antérieur (cf. III, 2, 13 ; IV, 4, 2) où chaque sens retourne à sa source tandis que l'*ātman* subsiste seul, il semble bien que le passage présent reflète une doctrine un peu différente.

comment ? qui penserait-il et comment ? qui toucherait-il et comment ? qui connaîtrait-il et comment ? comment connaîtrait-il celui par lequel il connaît tout ? Cet *ātman* ne se définit que par des négations : insaisissable, car il ne peut être appréhendé ; indestructible, car il ne peut être détruit ; sans attache, car il ne s'attache à rien, sans lien, inaccessible à toute inquiétude et à toute souffrance. Par qui connaître le connaisseur ? Maintenant tu as entendu l'enseignement, ô Maitreyī : c'est là tout le secret de l'immortalité.

Ayant ainsi parlé, Yājñavalkya s'éloigna.

VI

Voici la transmission : 6, 1

Pautimāṣya de Gaupavana ; Gaupavana de Pautimāṣya ; Pautimāṣya de Gaupavana ; Gaupavana de Kauśika ; Kauśika de Kauṇḍiṇya ; Kauṇḍiṇya de Śāṇḍilya ; Śāṇḍilya de Kauśika et de Gautama ; Gautama…

… d'Āgniveśya ; Āgniveśya de Gārgya ; Gārgya de 6, 2
Gārgya ; Gārgya de Gautama ; Gautama de Saitava ; Saitava de Pārāśaryāyaṇa ; Pārāśaryāyaṇa de Gārgyāyaṇa ; Gārgyāyaṇa d'Uddālakāyana ; Uddālakāyana de Jābālāyana ; Jābālāyana de Mādhyandināyana ; Mādhyandināyana de Saukarāyaṇa ; Saukarāyaṇa de Kāṣāyaṇa ; Kāṣāyaṇa de Sāyakāyana ; Sāyakāyana de Kauśikāyani ; Kauśikāyani…

… de Ghr̥takauśika ; Ghr̥takauśika de Pārāśaryāyaṇa ; 6, 3
Pārāśaryāyaṇa de Pārāśarya ; Pārāśarya de Jātūkarṇya ; Jātūkarṇya d'Āsurāyaṇa et de Yāska ; Āsurāyaṇa de Traivaṇi ; Traivaṇi d'Aupajandhani ; Aupajandhani d'Āsuri ;

Āsuri de Bhāradvāja ; Bhāradvāja d'Ātreya ; Ātreya de Māṇṭi ; Māṇṭi de Gautama ; Gautama de Gautama ; Gautama de Vātsya ; Vātsya de Śāṇḍilya ; Śāṇḍilya de Kaiśorya Kāpya ; Kaiśorya Kāpya de Kumārahārita ; Kumārahārita de Gālava ; Gālava de Vidarbhī-Kauṇḍinya ; Vidarbhī-Kauṇḍinya de Vatsanapāt Bābhrava ; Vatsanapāt Bābhrava de Pathin Saubhara ; Pathin Saubhara d'Ayāsya Āṅgirasa ; d'Ayāsya Āṅgirasa d'Ābhūti Tvāṣṭra ; d'Ābhūti Tvāṣṭra de Viśvarūpa Tvāṣṭra ; Viśvarūpa Tvāṣṭra des Aśvins ; les Aśvins de Dadhyañc Ātharvaṇa ; Dadhyañc Ātharvaṇa d'Atharvan Daiva ; d'Atharvan Daiva de Mr̥tyu Prādhvaṃsana ; Mr̥tyu Prādhvaṃsana de Pradhvaṃsana ; Pradhvaṃsana d'Ekarṣi ; Ekarṣi de Vipracitti ; Vipracitti de Vyaṣṭi ; Vyaṣṭi de Sanāru ; Sanāru de Sanātana ; Sanātana de Sanaga ; Sanaga de Parameṣṭhin ; Parameṣṭhin de *brahman* ;

brahman est l'être existant par lui-même. Adoration à *brahman*.

CINQUIÈME LEÇON

Premier brāhmaṇa

Cela est plein, ceci est plein, 1, 1
Le plein sort du plein.
Même le plein une fois tiré du plein,
Ce plein reste plein[1].

Brahman est l'espace ; l'espace est primitif ; il est fait d'air, a dit Kauravyāyaṇīputra. C'est tout le Veda ; les brâhmanes le connaissent ; par lui on sait tout ce qu'il faut savoir.

II

La triple descendance de Prajāpati, les devas, les hommes 2, 1
et les asuras, faisaient leur noviciat sous la direction de

1. « Cela » est le *brahman* qui échappe aux sens ; « ceci » le *brahman*, tel qu'il apparaît dans la création ; celui-ci émane de celui-là, lequel n'en est pas diminué. Cette formule ne signifie rien que ceci : que le monde perceptible — n'étant, en quelque sorte, que la face sensible de *brahman* — est avec lui coexistant et co-infini. Il n'y a là aucune doctrine métaphysique, dans notre sens, sur l'infinitude. L'identification qui suit de *brahman* et de l'espace (= air) montre comment toutes ces spéculations reviennent à remâcher la notion du spirituel, identifié à ce qui est, à la fois, actif et insaisissable, au souffle, à l'air (cf. ci-dessus, n. 1 p. 111 (Vāyu)).

Prajāpati, leur père. Quand ils eurent terminé leur noviciat, les devas dirent : Seigneur, parle-nous. Alors il leur dit la syllabe *ða* et il ajouta : Vous avez compris ? – Nous avons compris, répondirent-ils ; tu nous dis : Domptez-vous (*DĀmyata*). – C'est cela, reprit-il, vous avez compris.

2, 2 Alors les hommes lui dirent : Parle-nous, Seigneur ! – Et il leur dit la même syllabe *ða*, ajoutant : Vous avez compris ? – Nous avons compris, répondirent-ils ; tu nous dis : Donnez ! (*DAtta*). – C'est cela, reprit-il, vous avez compris.

2, 3 Puis, les asuras lui dirent : Parle-nous, Seigneur. À eux aussi il dit la même syllabe *ða*, ajoutant : Vous avez compris ? – Nous avons compris, répondirent-ils ; tu nous dis : Soyez compatissants ! (*DAyaðhvam*). – C'est bien cela, reprit-il, vous avez compris.

C'est cela même que répète dans le tonnerre la voix divine : *ða ða ða*, c'est-à-dire : domptez-vous, donnez, soyez compatissants. Ce sont les trois préceptes qu'il faut enseigner : maîtrise de soi, aumône, pitié.

III

3, 1 Le cœur (*hṛðaya*) est Prajāpati ; il est *brahman* ; il est le tout. Il a trois syllabes : *Hṛ-ða-ya*. *Hṛ* est la première syllabe : à qui sait ainsi, parents et étrangers apportent des offrandes (*abhiHARanti*). *Da* est la seconde : à qui sait ainsi, parents et étrangers font des dons (*ðaDAti*). *Ya* est la troisième : il va (*Eti*) au ciel, celui qui sait ainsi.

IV

Ceci, en vérité, est cela[1]. Ceci n'est rien que cela, rien que le réel. Qui connaît ce grand génie premier-né, qui sait que *brahman* est toute réalité, celui-là est maître des mondes. Comment serait-il vaincu, celui qui connaît le grand génie premier-né, qui sait que *brahman* est le réel ? Car *brahman* est tout réel. 4, 1

V

À l'origine, il n'y avait que les eaux. Les eaux produisirent le réel, le réel *brahman*, *brahman* Prajāpati, Prajāpati les dieux. Ces dieux ne connaissent que le réel. Ce réel compte trois syllabes *sa-ti-yam*. La première et la dernière syllabes sont le réel, au milieu le faux (l'irréel) : ainsi l'irréel, encadré de part et d'autre par le réel, participe lui-même au réel. Le faux ne blesse pas qui sait ainsi[2]. 5, 1

Ce qu'est ici le réel, c'est là-haut, le soleil. Le personnage qui est dans le disque solaire et le personnage qui est dans l'œil droit reposent l'un sur l'autre ; par les rayons celui de là-haut repose sur celui d'ici-bas, et celui d'ici-bas par la perception vivante (par les souffles) sur celui d'en haut. Quand celui d'ici-bas est sur le point de s'échapper (par la mort) il ne voit plus que le disque pur (sans rayons) : les rayons ne viennent plus à lui. 5, 2

1. Ceci, le monde sensible ; cela, le *brahman*.
2. On voit ici la domination des mots. *Satya,* « vrai » est ramené du sens de « réel » ; de là l'opposition à *anṛta* qui désigne le faux, plus que l'irréel, et, finalement, l'affirmation que celui qui sait ainsi n'a pas à souffrir du faux, c'est-à-dire, sans doute, de l'erreur.

5, 3 De ce personnage qui est dans le disque solaire, *Bhūḥ* est la tête — une seule syllabe comme il n'y a qu'une tête : *Bhuvaḥ* est les deux bras — deux syllabes comme il y a deux bras ; *Suar* (*svar*) est le point d'appui — deux syllabes, comme il y a deux points d'appui (les deux pieds). Son vrai nom est *ahar* (jour). Il tue le mal et le rejette, celui qui sait ainsi.

5, 4 De ce personnage qui est dans l'œil droit, *Bhūḥ* est la tête — une seule syllabe comme il n'y a qu'une tête ; *Bhuvaḥ*, les deux bras — deux syllabes comme il y a deux bras ; *Suar* le point d'appui — deux syllabes comme il y a deux points d'appui (les deux pieds). Son vrai nom est *aham* (moi). Il tue le mal et le rejette, celui qui sait ainsi.

VI

6, 1 Ce *puruṣa*, tout esprit, se réalise en lumière[1] ; il réside au dedans du cœur, gros comme un grain de riz ou d'orge. C'est lui qui est le maître de tout, le souverain de tout ; il gouverne tout ce qui est.

VII

7, 1 On dit que l'éclair est *brahman*. L'éclair s'appelle *vidyut* de *vi-dā* (séparer) ; il sépare du mal celui qui sait ainsi que l'éclair est *brahman*. Car l'éclair est bien *brahman*.

VIII

8, 1 Il faut considérer la voix comme une vache. Elle a quatre pis ; le mot *svāhā*, le mot *vaṣaṭ*, le mot *hanta* et le mot *svadhā*.

1. Il semble qu'on voie là comment l'effort de la pensée ancienne s'attache à la lumière comme expression de la pensée, de même qu'au souffle comme expression de la vie.

De deux de ces pis, *svāhā* et *vaṣaṭ* vivent les dieux, de *hanta* les hommes, les mânes de *svadhā*. Le souffle, lui, est le taureau ; la pensée, le veau[1].

IX

C'est Agni Vaiśvānara (le feu commun à tous les hommes) 9, 1
qui est à l'intérieur de l'homme[2], par qui est digérée toute nourriture que prend l'homme. C'est de lui que provient ce bruissement que l'on entend quand on se bouche les oreilles ; quand il est sur le point de s'échapper (par la mort), on n'entend plus ce bruit.

X

En vérité, quand l'homme s'en va de ce monde, il va à l'air ; 10, 1
et l'air s'ouvre à lui de la largeur d'une roue de char ; par là il s'élève plus haut. Il parvient au soleil et le soleil s'ouvre à lui de la largeur d'un tambour ; par là il s'élève plus haut. Il parvient à la lune, et la lune s'ouvre à lui de la largeur d'un tambourin ; par là, il s'élève plus haut. Il parvient au monde où il n'est ni chaleur ni froidure ; là il demeure des années infinies.

1. *Svāhā* et *vaṣaṭ* sont des interjections prononcées dans les rituels aux dieux, *hanta* est une interjection pour attirer l'attention dans une conversation, et *svadhā* est prononcé dans les rituels pour les mânes (NdE, d'après Olivelle).
2. Dans cette série, *puruṣa* signifie successivement l'homme et l'esprit, ce qui revient à dire qu'il revêt successivement le sens usuel et le sens philosophique, témoignant ainsi de l'indépendance originaire des divers morceaux de cette mosaïque.

XI

11, 1 C'est, en vérité, la suprême mortification d'être torturé par la maladie ; il va au monde suprême celui qui sait ainsi. C'est, en vérité, la mortification suprême d'être emporté mort dans la forêt ; il va au monde suprême celui qui sait ainsi. C'est, en vérité, la suprême mortification d'être déposé mort sur le bûcher ; il va au monde suprême celui qui sait ainsi[1].

XII

12, 1 D'aucuns disent : la nourriture est *brahman*. — Non, car la nourriture se corrompt sans la vie. D'aucuns disent : La vie est *brahman*. — Non, car la vie se dessèche sans la nourriture. Mais, en s'unissant, les deux vont à la perfection. C'est ce que Prātr̥da dit à son père. « À celui qui sait ainsi quel bien pourrais-je faire ou quel mal ? » Et le père répondit avec un geste de la main : « Non, Prātr̥da, qui donc peut, en s'unissant avec les deux, aller à la perfection ? » Et il (le père) prononça : « *Vi*, en vérité, la nourriture est *vi* : car sur la nourriture reposent (*viṣṭa*) tous les êtres. *Ram*, en vérité, la vie est *ram* : car c'est dans la vie que tous les êtres jouissent (*ramante*). Celui qui sait ainsi, tous les êtres viennent à lui, tous les êtres se complaisent en lui[2]. »

XIII

13, 1 *Uktha*. L'*uktha*, en vérité, est souffle (de vie), car c'est le souffle qui tient tout debout (*utthāpayati*). Il lui naît

1. Il semble que cette sentence soit inspirée par la pensée de contester la valeur rédemptrice du *tapas* (ascétisme) pour atteindre au monde suprême — ce qui est bien, d'ailleurs, dans la tendance de la gnose dont relèvent les upaniṣads.
2. Scil. Il possède tout et est aimé de tous.

un fils qui connaît l'*uktha*, il s'assure l'association avec l'*uktha*, l'union avec l'*uktha*, celui qui sait ainsi.

Yajus. Le *yajus*, en vérité, est souffle, car par le souffle tous 13, 2
les êtres sont unis (*yujyante*). Il s'élève avec l'aide de tous les êtres, il s'assure l'association avec le *yajus*, l'union avec le *yajus*, celui qui sait ainsi.

Sāman. Le *sāman*, en vérité, est souffle, car tous les êtres 13, 3
convergent (*samyañci*) dans le souffle. Il s'élève avec le concours de tous les êtres, il s'assure l'association avec le *sāman*, l'union avec le *sāman*, celui qui sait ainsi.

Kṣatra. En vérité, le *kṣatra* (pouvoir) est souffle, car le souffle 13, 4
est *kṣatra* ; en effet, il protège (*trāyate*) de la destruction (*kṣaṇitoḥ*). Il s'assure un pouvoir irrésistible, il s'assure l'association avec le pouvoir, l'union avec le pouvoir, celui qui sait ainsi.

XIV

Bhūmi (terre), *antarikṣa* (espace), *diauḥ* (ciel), cela fait 14, 1
huit syllabes ; or, un *pada* (pied) du vers *gāyatrī* a huit syllabes ; et le (premier *pada*) de la *gāyatrī* est tout cela (les trois mondes). Tout ce qu'il y a dans les trois mondes, il se l'assure, celui qui connaît ainsi ce *pada* de la *gāyatrī*.

R̥caḥ (vers du R̥g-Veda), *yajūṃṣi* (les formules du Yajur- 14, 2
Veda), *sāmāni* (les chants du Sāma-Veda) cela fait huit syllabes ; or le *pada* de la *gāyatrī* a huit syllabes ; et le (second *pada*) de la *gāyatrī* est tout cela (les trois Vedas). Tout ce que comprend la triple science, il l'obtient, celui qui connaît ainsi ce *pada* de la *gāyatrī*.

14, 3 *Prāṇaḥ* (souffle), *apāṇaḥ* (souffle expiré), *viānaḥ* (souffle diffusé), cela fait huit syllabes ; or le *pada* de la *gāyatrī* est de huit syllabes et le (troisième *pada*) de la *gāyatrī* est tout cela (les trois souffles). Tout ce qu'il y a de vivant, il se l'assure, celui qui connaît ainsi ce *pada* de la *gāyatrī*.

Son quatrième *pada*, resplendissant, c'est celui qui brille (le soleil) par delà l'atmosphère : *turīya* est *caturtha* (quatrième) ; on parle[1] de *pada darśata* (resplendissant) parce qu'on y voit (*dadṛśe*) en quelque sorte [le personnage solaire] ; on dit « par delà l'atmosphère » parce qu'il brille bien haut au-dessus de tout atmosphère. De même il brille par son éclat, par sa gloire, celui qui connaît ainsi ce *pada* de la *gāyatrī*.

14, 4 Cette *gāyatrī* a son point d'appui sur ce quatrième *pada* resplendissant par delà l'atmosphère ; lui-même a son point d'appui dans le vrai (le réel) ; or, le vrai est vue, car la vue est le vrai (le réel, *satya*) ; et c'est pour cela que, si deux viennent disputant, l'un disant : « j'ai vu », l'autre : « j'ai entendu », c'est celui qui dit : « j'ai vu » que l'on croit seul. Le vrai a son point d'appui dans la force ; or, force est souffle (vie) ; le vrai a donc son point d'appui dans le souffle ; c'est pourquoi l'on dit : la force prime la vérité. Tel est le point d'appui de la *gāyatrī* dans l'ordre de la vie individuelle (le souffle). Cette *gāyatrī* protège les *gaya* (biens, possessions) ; les *gaya*, en vérité, sont les souffles (parce qu'ils chantent, *gāyanti*) ; elle protège donc les souffles ; et parce qu'elle protège (*tatre*) les *gaya*,

1. On a déjà rencontré ci-dessus plus d'un exemple de ce procédé qui consiste à insérer dans le texte un commentaire explicatif. — Pour des spéculations analogues sur la *gāyatrī*, cf. *Chāndogya-upaniṣad*, III, 12 (p. 235).

de là son nom de *gāyatrī*. Cette *sāvitrī* que l'on enseigne au novice n'est autre que la *gāyatrī* ; de celui à qui on l'enseigne on protège les souffles (la vie).

D'aucuns enseignent cette *sāvitrī* en vers *anuṣṭubh*, disant : 14, 5
La parole est *anuṣṭubh* ; c'est la parole même que nous enseignons. Ce n'est pas à faire. C'est en *gāyatrī* qu'il faut enseigner la *sāvitrī* ; et quoi que reçoive celui qui sait ainsi, ce n'est rien en comparaison d'un seul *pada* de la *gāyatrī*.

Qui recevrait ces trois mondes remplis (de trésors) 14, 6
obtiendrait son premier *pada* ; qui recevrait tout ce qu'embrasse la triple science obtiendrait le second ; qui recevrait tout ce qui respire obtiendrait le troisième ; quant à ce quatrième *pada,* le resplendissant, par delà l'atmosphère, cet astre qui brille là-haut, il ne peut être obtenu par personne ; d'où pourrait-on le recevoir ?

Voici comme on la glorifie : Ô Gāyatrī, tu as un pied, 14, 7
deux pieds, trois pieds, quatre pieds ; tu n'as pas de pied (*pad*), car tu ne tombes pas (tu ne péris pas, *na padyase*). Salut à ton quatrième *pada,* le resplendissant par delà l'atmosphère : « Qu'un tel, qu'on hait, n'obtienne pas telle chose » ou : « Que tel vœu d'un tel ne se réalise pas », et le vœu de celui qu'on a en vue ne se réalise pas ; ou bien : « Puissé-je obtenir telle chose » (et votre vœu se réalise).

Voici ce que Janaka de Videha dit à Buḍila Āśvatarāśvi : 14, 8
Toi qui passais pour connaître la *gāyatrī,* comment donc se fait-il que tu sois devenu un éléphant et portes des fardeaux ? — C'est que, ô roi, je ne connaissais pas sa bouche, répondit-il. C'est Agni qui est sa bouche, et quelque masse de combustible qu'on mette au feu, il brûle tout.

De même celui qui sait ainsi, quelque péché qu'il paraisse commettre, dévore tout et est pur, net, sans vieillesse, immortel.

XV

15, 1 D'une coupe faite d'or
La face du réel est couverte ;
Ouvre-la, ô Pūṣan, à celui
Qui poursuit le réel, pour qu'il voie.
Pūṣan, toi le *ṛṣi* unique, Yama, Sūrya,
Fils de Prajāpati, répands tes rayons,
Concentre ton éclat. Ton aspect
Le plus beau, je le vois.

Quant à ce personnage là-haut[1], c'est moi-même.
Souffle immortel est le vent,
Mais ce corps finit en poussière.

— Volonté, souviens-toi, souviens-toi des actes,
Volonté, souviens-toi, souviens-toi des actes.

— O Agni, conduis-nous à la prospérité par la bonne voie,
O Dieu qui connais tous les chemins.
Éloigne de nous le péché qui égare,
Nous voulons t'offrir des chants d'adoration infinis !

1. Il s'agit évidemment du personnage, du *puruṣa* qu'on suppose apparaître dans le disque solaire et qui, dans l'unité de *brahman*, n'est autre que le personnage qui vit dans le corps humain et apparaît dans la pupille de l'œil.

SIXIÈME LEÇON

PREMIER BRĀHMAṆA

Celui-là, en vérité, qui connaît le premier et le meilleur est le premier et le meilleur parmi les siens. Le souffle (la vie), en vérité, est le premier et le meilleur. Il est le premier et le meilleur entre les siens et, aussi, parmi tous ceux entre lesquels il désire l'être, celui qui sait ainsi. 1, 1

Celui-là, en vérité, qui connaît la plus riche devient le plus riche entre les siens. C'est la parole qui est la plus riche. Il est le plus riche entre les siens et, aussi, entre tous ceux entre lesquels il désire l'être, celui qui sait ainsi. 1, 2

Celui-là, en vérité, qui connaît le point d'appui solide, celui-là est solide sur un terrain uni, solide sur un terrain inégal. C'est la vue qui est le point d'appui solide, car c'est grâce à la vue que l'on est solide sur un terrain uni comme sur un terrain inégal. Il est solide sur un terrain uni, solide sur un terrain inégal, celui qui sait ainsi. 1, 3

Celui, en vérité, qui connaît la réalisation, celui-là réalise tous ses désirs. En vérité, l'ouïe est réalisation, car c'est par l'ouïe que se réalisent tous les Vedas. Il réalise tous ses désirs, celui qui sait ainsi. 1, 4

1, 5 En vérité, celui qui connaît le refuge devient le refuge des siens, le refuge des hommes. C'est l'esprit qui est le refuge. Il est le refuge des siens, le refuge des hommes, celui qui sait ainsi.

1, 6 En vérité, celui qui connaît la génération s'enrichit en postérité et en troupeaux. C'est le sperme qui est génération. Il s'enrichit en postérité, en troupeaux, celui qui sait ainsi.

1, 7 Les souffles, se disputant la préséance, vinrent à *brahman*. Ils parlèrent ainsi : qui de nous est le meilleur ? Il répondit : Celui dont la disparition met le corps dans le pire état, c'est celui-là qui, de vous, est le meilleur.

1, 8 La parole s'échappa. Après une année d'absence, elle revint et dit : Comment avez-vous pu vivre sans moi ? Ils répondirent : Nous avons vécu comme les muets, sans parler, mais respirant par le souffle, voyant par les yeux, entendant par les oreilles, pensant par l'esprit, engendrant par le sperme. Et la parole reprit sa place.

1, 9 La vue s'échappa. Après un an d'absence, elle revint et dit : Comment avez-vous pu vivre sans moi ? Ils répondirent : Nous avons vécu comme font les aveugles, sans voir, mais respirant par le souffle, nous exprimant par la parole, entendant par les oreilles, pensant par l'esprit, engendrant par le sperme. Et la vue reprit sa place.

1, 10 L'ouïe, alors, s'échappa. Après un an d'absence, elle revint et dit : Comment avez-vous pu vivre sans moi ? Ils répondirent : Nous avons vécu comme vivent les sourds, sans entendre, mais respirant par le souffle, nous exprimant par la parole, voyant par les yeux, pensant par l'esprit, engendrant par le sperme. Et l'ouïe reprit sa place.

L'esprit, alors, s'échappa. Après un an d'absence, il revint et dit : Comment avez-vous pu vivre sans moi ? Ils répondirent : Nous avons vécu comme ceux qui ont perdu l'esprit, sans pensée, mais respirant par le souffle, nous exprimant par la parole, voyant par les yeux, entendant par les oreilles, engendrant par le sperme. Et l'esprit reprit sa place. 1, 11

Le sperme s'échappa. Après un an d'absence, il revint et dit : Comment avez-vous pu vivre sans moi ? Ils répondirent : Nous avons vécu comme les eunuques, sans engendrer, mais respirant par le souffle, nous exprimant par la parole, voyant par les yeux, entendant par les oreilles, pensant par l'esprit. Et le sperme reprit sa place. 1, 12

Mais quand le souffle (*prāṇa*) s'apprêtant à s'échapper, arracha tous ces souffles, comme un grand et fort coursier du Sindh arracherait les piquets de ses entraves, les autres lui dirent : Non, Seigneur, ne t'échappe pas ; en vérité nous ne pourrons pas vivre sans toi. — Attestez-le par une offrande. — Qu'il soit ainsi fait. 1, 13

Alors la parole dit : En ce qui fait que je suis la plus riche, c'est toi qui es le plus riche. La vue dit : De ce par quoi je suis l'appui le plus solide, tu es, toi, l'appui solide. L'ouïe dit : De ce par quoi je suis réalisation, tu es, toi, la réalisation. L'esprit dit : De ce par quoi je suis l'asile, tu es, toi, l'asile. Le sperme dit : De ce par quoi je suis la génération, tu es, toi, la génération[1]. — Si je suis tel, quelle est ma nourriture ? Quel est mon vêtement ? — Tout ce qui existe, jusqu'aux chiens, jusqu'aux vers, jusqu'aux insectes qui marchent ou 1, 14

1. Le sens général est clair : la vie est à la source de, est antérieure à tous les phénomènes vitaux, donc supérieure à eux.

qui volent, tout cela est ta nourriture ; les eaux sont ton vêtement. Il n'est pas de nourriture que ne puisse manger, que ne puisse accepter celui qui connaît ainsi la nourriture du souffle (*ana*). Les *śrotriya* qui savent cela se rincent la bouche avant de manger ; ils se rincent la bouche après avoir mangé : ainsi ils pensent envelopper le souffle.

II

2, 1 Or, Śvetaketu Āruṇeya vint à l'assemblée des Pañcālas. Il vint à Pravāhaṇa Jaivali, autour duquel s'empressaient ses serviteurs. Celui-ci le voyant : Enfant ! dit-il. — Seigneur, répondit Śvetaketu. — Tu as, sans doute, été instruit par ton père ? — Oui, répondit-il.

2, 2 Sais-tu comment les créatures, en quittant cette vie, entrent dans des voies diverses ? — Non, dit-il. — Sais-tu comment elles reviennent en ce monde ? — Non, dit-il. — Sais-tu comment il se fait que l'autre monde, alors que de telles multitudes y entrent incessamment, ne se remplisse pas ? — Non, dit-il. — Sais-tu à l'offrande de quelle libation les eaux, prenant le langage humain, se lèvent et parlent ? — Non, dit-il. — Sais-tu l'accès du chemin qui est la voie des dieux ou de la voie des mânes ? par quelles actions on s'engage dans le chemin qui est la voie des dieux ou dans la voie des mânes ? Car nous avons entendu la parole du *r̥ṣi* :

J'ai entendu qu'il y a deux sentiers pour les mortels :
La voie des mânes et la voie des dieux.
Sur ces routes se retrouve tout ce qui se meut
Ici-bas entre le Père et la Mère[1].

1. Entre la terre et le ciel, entendent les commentaires.

— À tout cela je ne connais aucune réponse, avoua-t-il.

Alors, le roi l'invita à demeurer. Sans tenir compte de 2, 3
l'invitation, l'enfant s'en fut. Allant à son père, il lui dit : C'est comme cela, Seigneur, que tu m'as proclamé instruit ? — Que veux-tu dire, grand sage ? — Une manière de prince m'a posé cinq questions, et je n'ai pas su répondre à une seule ! — Et quelles sont ces questions ? — Telles et telles, et il énuméra les sujets.

Alors le père : Tu me connais assez, mon fils, pour savoir 2, 4
que, tout ce que je sais, je te l'ai communiqué. Mais va, nous retournerons là-bas et y entrerons comme novices. — Vas-y seul, Seigneur.

Gautama se rendit à la demeure de Pravāhaṇa Jaivali. Celui-ci lui offrit un siège, lui fit apporter de l'eau et s'acquitta des soins de l'hospitalité ; puis il dit : Nous accordons un vœu au vénérable Gautama.

Gautama reprit : Je retiens ta promesse ; mais répète-moi 2, 5
donc le langage que tu as tenu à mon fils.

L'autre répondit : Cela est de la catégorie des dons divins ; 2, 6
parle-moi d'un don d'ordre humain.

Gautama répartit : Il est connu que je ne manque ni d'or, 2, 7
ni de vaches, ni de chevaux, ni d'esclaves, ni de tapis, ni de vêtements ; ne sois pas vis-à-vis de moi avare de ce qui vaut beaucoup, de ce qui est infini, de ce qui est inestimable. — Manifeste donc, ô Gautama, ton désir dans la forme rituelle ; c'est en disant : Je viens à vous (en disciple), que les anciens devenaient novices. Gautama demeura donc sous cette déclaration de noviciat.

2, 8 Le roi dit : Aussi vrai, ô Gautama, que je souhaite que ni toi, ni tes ancêtres ne vous irritiez contre moi, aussi vrai cette connaissance n'a jusqu'ici été départie à aucun brâhmane ; je te la révélerai cependant, car qui pourrait te repousser quand tu parles comme tu fais ?

2, 9 En vérité, ce monde de là-haut est Agni (feu). Le soleil, Gautama, en est le combustible, les rayons la fumée, le jour la flamme, les points cardinaux les charbons, les points intermédiaires les étincelles. Dans ce feu les dieux offrent la foi ; de cette oblation naît le roi Soma.

2, 10 Pārjanya, en vérité, est Agni[1], ô Gautama. L'année en est le combustible, les nuages la fumée, l'éclair la flamme, la foudre les charbons, les grêlons les étincelles. Dans ce feu-là les dieux offrent le roi Soma ; de cette offrande naît la pluie.

2, 11 Ce monde-ci, en vérité, est Agni, ô Gautama. La terre en est le combustible, le feu la fumée, la nuit la flamme, la lune les charbons, les étoiles les étincelles. Dans ce feu, les dieux offrent la pluie ; de cette offrande naît la nourriture.

2, 12 L'homme, en vérité, est Agni, ô Gautama. La bouche ouverte en est le combustible, le souffle la fumée, la parole la flamme, l'œil les charbons, l'oreille les étincelles. Dans ce feu-là les dieux offrent la nourriture ; de cette offrande naît le sperme.

2, 13 La femme, en vérité, est Agni. Son giron est le combustible, les poils la fumée, la vulve la flamme, ce qu'on y introduit les charbons, la jouissance les étincelles. Dans ce feu-là les dieux offrent le sperme ; de cette offrande naît l'homme.

Il vit ce qu'il vit. Quand il meurt,

1. Le nuage chargé de pluie (*Pārjanya*) est le feu (NdE).

On le porte au feu. Son feu est Agni, le combustible le combustible, la fumée la fumée, la flamme la flamme, les charbons les charbons, les étincelles les étincelles. Dans ce feu-là les dieux offrent l'homme ; de cette offrande naît l'homme resplendissant d'éclat[1]. 2, 14

Ceux qui savent ainsi et ceux-là qui, dans la forêt, savent que la foi est la vérité, ceux-là entrent dans la flamme, de la flamme dans le jour, du jour dans la quinzaine claire, de la quinzaine claire dans les six mois durant lesquels le soleil monte vers le nord, des mois dans le monde des dieux, du monde des dieux dans le soleil, du soleil dans la région des éclairs ; parvenus dans la région des éclairs, un être spirituel survient qui les transporte dans les mondes de *brahman* ; dans ces mondes de *brahman*, ils habitent des lointains insondables[2]. Pour eux pas de retour ici-bas. 2, 15

Quant à ceux qui conquièrent les mondes (qui font leur salut) par le sacrifice, l'aumône et la mortification, ils entrent dans la fumée, de la fumée dans la nuit, de la nuit dans la quinzaine sombre, de la quinzaine sombre dans les six mois que le soleil va vers le sud, des mois dans le monde des mânes, du monde des mânes dans la lune ; quand ils ont atteint la lune, ils deviennent nourriture, et là les dieux s'en nourrissent suivant le rythme croissant 2, 16

1. C'est-à-dire, expliquent les commentaires, l'homme purifié et, en quelque sorte, transfiguré par les cérémonies du sacrifice.
2. Cette façon de multiplier les *brahmaloka* est bien singulière et bien contraire à l'esprit d'unité forcené qui inspire toute la doctrine du *brahman*. Est-ce bien de « mondes du *brahman* » ou de « mondes de Brahmā » qu'il est ici question ? On comprend, en tout cas, que le commentateur considère cette garantie contre le retour comme ne s'étendant pas jusqu'à la fin du *kalpa*. Ce n'est donc pas, suivant lui, la libération absolue.

et décroissant du roi Soma. Quand c'en est fini pour eux de cette étape, ils reviennent dans l'espace, de l'espace dans l'air, de l'air dans la pluie, de la pluie dans la terre ; ramenés à la terre, ils deviennent nourriture ; alors, de nouveau, ils sont offerts dans le feu qu'est l'homme et, de là, renaissent dans le feu qu'est la femme. Ainsi, remontant dans les divers séjours, ils suivent le cycle. Quant à ceux qui ne connaissent pas ces deux voies, ils deviennent vers, insectes, toute la gent qui mord.

III

3, 1 Celui qui désire obtenir quelque chose de grand, que, pendant la marche du soleil vers le nord, un jour favorable d'une quinzaine croissante, après avoir pendant douze jours observé les règles de l'*upasad* (rites préparatoires), recueilli dans une coupe ou un vase en bois de figuier *udumbara* des plantes de toute sorte y compris des fruits, qu'il balaye et asperge la place, qu'il établisse le feu, dispose autour l'herbe sacrée, prépare suivant l'usage l'offrande de beurre fondu et que s'étant, alors que la lune était dans une constellation mâle, procuré le breuvage mélangé, il fasse l'offrande en disant :

Autant, ô Jātavedas (Agni), il est en toi de dieux
Adverses qui frappent les désirs de l'homme,
À ceux-là je verse leur part de libation
Afin que, satisfaits, ils satisfassent tous mes désirs.
Svāhā !
Et toi, divinité adverse, qui t'interposes,
Avec l'intention de me faire obstacle,
Par le flot de beurre fondu que je t'offre,
Je te fais garante du succès.
Svāhā !

En disant : À l'aîné *svāhā*, au meilleur *svāhā* ! il verse 3, 2
une libation dans le feu et fait couler le reste dans la mixture.
En disant : Au souffle *svāhā* ! À la plus riche *svāhā* !...
En disant : À la parole *svāhā* ! Au support *svāhā* !...
En disant : À l'œil *svāhā* ! Au succès *svāhā* !...
En disant : À l'oreille *svāhā* ! Au siège *svāhā* !...
En disant : À l'esprit *svāhā* ! À la génération *svāhā* !...
En disant : Au sperme *svāhā* !...

En disant : À Agni *svāhā* !... 3, 3
En disant : À Soma *svāhā* !...
En disant : *Bhūḥ svāhā* !...
En disant : *Bhuvaḥ svāhā* !...
En disant : *Svaḥ svāhā* !...
En disant : *Bhūr bhuvaḥ svaḥ svāhā* !...
En disant : Au *brahman svāhā* !...
En disant : À la souveraineté *svāhā* !...
En disant : Au passé *svāhā* !...
En disant : À l'avenir *svāhā* !...
En disant : À l'univers *svāhā* !...
En disant : À tout *svāhā* !...
En disant : À Prajāpati *svāhā* ! il verse une libation dans le feu et fait couler le reste dans la mixture.

Alors il la touche (la mixture) en disant : Tu es le mouvant, tu 3, 4
es le flamboyant, tu es le plein, tu es le ferme, tu es l'universel rendez-vous ; tu es le *hiṅ* et tu es la production du *hiṅ* ; tu es l'*udgītha* et tu es la production de l'*udgītha* ; tu es l'appel (de l'*agnīdh*) et la réponse (de l'*adhvaryu*) ; tu es ce qui brûle dans l'humidité ; tu pénètres partout ; tu es le maître ; tu es nourriture ; tu es lumière ; tu es destruction ; tu es absorption[1].

1. Ces identifications de valeur bien inégale ne sauraient être analysées rigoureusement. Elles correspondent à une habitude d'esprit

3, 5 Alors il élève la coupe en disant :

.................[1]
Il est, en vérité, roi, maître, souverain ;
Que, roi et maître, il me fasse souverain !

3, 6 Puis, il avale une gorgée en disant :

Ce don splendide de Savitar...
À l'homme pieux, les vents,
Les rivières versent leur miel ;
Que les plantes nous donnent leur miel.
Bhūḥ svāhā !
L'éclat du dieu, considérons-le...
Que la nuit et les aurores nous soient miel,
Que miel nous soit l'atmosphère terrestre ;
Que le ciel, le père, nous soit miel.
Bhuvaḥ svāhā !
Pour qu'il rende l'activité à nos chants.
— Que l'arbre nous soit miel,
Que le soleil nous soit miel ;
Que les vaches nous soient miel !
Svaḥ svāhā !

Et il récite toute la *sāvitrī*[2] et toutes les strophes du miel en disant : Puissé-je être cet univers ! *Bhūḥ bhuvaḥ svaḥ svāhā* ! À la fin, il avale une gorgée, se lave les mains et se couche derrière le feu, la tête tournée vers l'est. Le matin,

au fond de laquelle domine l'unité de l'*ātman*. D'ailleurs, d'autres assimilations y correspondent presque toujours ailleurs.

1. Ces premiers mots sont obscurs. Les commentateurs les expliquent. « Tu connais, nous connaissons ta grandeur », ce qui n'est guère conciliable avec la forme grammaticale du texte sanskrit.
2. C.-à-d. l'ensemble des trois premières lignes mises en italiques dans les stances qui précèdent.

il adore le soleil en disant : « Des régions célestes tu es le lotus unique ; puissé-je, moi, être le lotus unique parmi les hommes. » Puis, s'en retournant comme il est venu, et s'asseyant derrière le feu, il répète à voix basse la lignée [des maîtres] :

Cette mixture, Uddālaka Āruṇi l'apprit à son disciple 3, 7
Yājñavalkya Vājasaneya, et il ajouta : Si on la versait sur un tronc desséché, il y naîtrait des branches et il y pousserait des feuilles.

Cette mixture, Yājñavalkya Vājasaneya l'apprit à son 3, 8
disciple Madhuka Paiṅgya et il ajouta : Si on la versait sur un tronc desséché, il y naîtrait des branches et il y pousserait des feuilles.

Cette mixture, Madhuka Paiṅgya l'apprit à Cūla Bhāgavitti, 3, 9
son disciple, et il ajouta : Si on la versait sur un tronc desséché, il y naîtrait des branches et il y pousserait des feuilles.

Cette mixture, Cūla Bhāgavitti l'apprit à Jānaki 3, 10
Āyaḥsthūṇa, son disciple, et il ajouta : Si on la versait sur un tronc desséché, il y naîtrait des branches et il y pousserait des feuilles.

Cette mixture, Jānaki Āyaḥsthūṇa l'apprit à Satyakāma 3, 11
Jābāla, son disciple, et il ajouta : Si on la versait sur un tronc desséché, il y naîtrait des branches et il y pousserait des feuilles.

Cette mixture, Satyakāma Jābāla la transmit à ses disciples 3, 12
et il ajouta : Si on la versait sur un tronc desséché, il y naîtrait des branches, il y pousserait des feuilles. Il ne faut la communiquer qu'à ses fils ou à un disciple.

3, 13 On emploie (dans cette cérémonie) quatre objets en figuier *udumbara* : la cuiller, la coupe, le combustible, les baguettes à mélanger. – On y emploie dix espèces de graines domestiques : riz, orge, sésame, haricots, millet, fenouil, froment, lentilles, pois, vesces ; on les pile, on les arrose de petit lait, de miel et de beurre. – On fait une offrande de beurre fondu.

IV

4, 1 Des êtres la terre est le suc, de la terre les eaux, des eaux les plantes, des plantes les fleurs, des fleurs les fruits, des fruits l'homme, de l'homme le sperme.

4, 2 Or, Prajāpati considéra : Il faut que je donne un point d'appui à ce sperme, et il créa la femme. L'ayant créée, il la vit en dessous[1] ; c'est pourquoi on a la femme en dessous. Alors il étendit cette pierre-à-soma[2] qui s'érige de son propre corps et l'en imprégna.

4, 3 Le giron est l'autel, les poils le gazon, la peau le pressoir-à-soma, le feu au milieu la vulve[3]. Autant on obtient par le sacrifice *vājapeya* (sacrifice du soma), autant obtient celui qui, sachant ainsi, pratique le jeu de dessous : il s'approprie les bonnes actions des femmes. Mais celui qui, sans savoir ainsi, pratique le jeu de dessous, ce sont les femmes qui s'approprient ses bonnes actions.

1. Il se prosterna devant elle d'où, probablement, il eut un rapport sexuel avec elle (NdE d'après Olivelle).
2. La longue pierre pour presser la plante et extraire le soma (NdE).
3. Respectivement la vulve, les poils pubiens, les lèvres externes et internes, le « jeu du dessous » étant le coït. Comparaison entre le sacrifice et l'acte sexuel (voir VI, 2, 13 ci-dessous et CU V, 8) (NdE, d'après Olivelle).

C'est, en vérité, ce que, sachant cela, a dit Uddālaka Āruṇi ; 4, 4
ce que, sachant cela, a dit Nāka Maudgalya ; ce que, sachant cela, a dit Kumārahārita : Beaucoup d'hommes de souche brahmanique partent de ce monde sans vigueur, sans bonnes actions, ceux qui pratiquent le jeu de dessous sans savoir cela. Beaucoup de sperme, en vérité, s'échappe dans le sommeil ou dans la veille ;

Il faut le toucher ou prononcer cette prière : 4, 5

Ce sperme qui aujourd'hui s'est échappé de moi sur la terre,
Qui a coulé dans les plantes ou dans les eaux,
Ce sperme, je le reprends ;
Que me revienne la vigueur,
Me revienne la force, me revienne le bonheur ;
Que feux et autels
Reprennent régulièrement leur place.

Et le prenant de l'annulaire et de l'index, qu'il s'en frotte entre les seins ou entre les sourcils.

Quand on se voit[1] dans l'eau, il faut dire : 4, 6

À moi l'éclat, la vigueur, la gloire, la richesse, le mérite des bonnes actions.

Or, celle-là est Śrī (auspicieuse) entre les femmes qui a quitté ses vêtements souillés[2]. C'est pourquoi c'est à une femme qui, ayant quitté ses vêtements souillés, est pleine d'éclat qu'il se doit adresser.

1. Ou « on le voit dans l'eau » (le sperme), ce qui expliquerait la présence de ce passage ici (NdE, d'après Olivelle).
2. De sang menstruel (NdE).

4, 7 Si elle ne lui cède pas, libre à lui de la décider par des présents ; si elle ne lui cède toujours pas, libre à lui, la frappant du bâton ou de la main, de la soumettre à sa volonté en disant :

Par ma vigueur, par mon éclat, je prends ton éclat,
et elle est dépouillée de son éclat.

4, 8 Si, au contraire, elle se rend à son désir, il dit :

Par ma vigueur, par mon éclat, je t'apporte de l'éclat,

et tous deux sont pleins d'éclat.

4, 9 S'il désire être aimé d'une femme, que s'unissant à elle, appliquant sa bouche sur la sienne, lui touchant le giron, il murmure :

Tu[1] es le produit de tous les (mes) membres,
Tu nais du cœur,
Tu es le suc du corps ;
Comme en la perçant d'une flèche empoisonnée, enivre la de moi.

4, 10 S'il désire qu'elle ne conçoive pas, que s'unissant à elle, appliquant sa bouche sur la sienne, après avoir exhalé il inhale en disant :

Par ma vigueur, par mon sperme, je prends ton sperme,
et elle est privée de sperme.

4, 11 Mais s'il désire qu'elle conçoive, que, s'unissant à elle, appliquant sa bouche sur la sienne, après avoir inhalé qu'il exhale en disant :

1. N'est-ce pas à l'Amour qu'est adressée cette prière, à cause de son nom d'*Anaṅga*, « celui qui est sans corps, membres » ?

Par ma vigueur, par mon sperme, je dépose en toi le sperme, et elle devient enceinte.

Celui dont la femme a un amant qu'il hait[1], qu'il apporte le feu dans un vase de terre crue, qu'il étende une jonchée de roseaux disposés à contre-sens et que, dans ce feu, après les avoir oints de beurre, il les offre à contre-sens, en disant : 4, 12

Tu as fait une libation dans mon feu ;
Je te prends ton souffle[2],
un tel !
Tu as fait une libation dans mon feu,
Je te prends fils et troupeaux,
un tel !
Tu as fait une libation dans mon feu,
Je te prends sacrifices et bonnes actions,
un tel !
Tu as fait une libation dans mon feu,
Je te prends espérances et prévisions d'avenir,

un tel ! Il quitte ce monde sans vigueur, sans œuvres méritoires, celui que maudit un brâhmane qui sait ainsi Que personne ne s'avise donc de faire la cour à la femme d'un *śrotriya* qui sait ainsi ; car l'homme qui sait ainsi est un ennemi redoutable.

La femme qui est prise de ses règles, pendant trois jours ne boira pas dans un vase de métal et ne portera pas de vêtements neufs ; ni un *vr̥ṣala*[3], ni une *vr̥ṣalī* ne la touchera ; au bout de trois jours, après un bain, on lui fera piler du riz. 4, 13

1. On traduirait mieux, quoique moins littéralement : « et qu'il désire le perdre ».
2. Littér. ton souffle exhalé et ton souffle inhalé.
3. Expliqué comme équivalent à *śūdra*.

4, 14 Si l'on souhaite avoir un fils au teint clair, qui récite un Veda, qui vive toute sa vie normale, que les époux fassent cuire du riz au lait et le mangent apprêté au beurre ; ils pourront alors l'engendrer.

4, 15 Si l'on souhaite avoir un fils brun, aux yeux jaunes, qui récite deux Vedas, qui vive toute sa vie normale, que les époux fassent cuire du riz au petit lait et le mangent apprêté au beurre ; ils pourront alors l'engendrer.

4, 16 Si l'on souhaite avoir un fils au teint foncé, aux yeux rouges, qui récite trois Vedas, qui vive toute sa vie normale, que les deux époux fassent cuire du riz à l'eau, qu'ils le mangent apprêté au beurre ; ils pourront alors l'engendrer.

4, 17 Si l'on souhaite une fille instruite, qui vive toute sa vie normale, que les deux époux fassent cuire du riz avec du sésame, qu'ils le mangent apprêté au beurre ; ils pourront alors l'engendrer.

4, 18 Si l'on souhaite avoir un fils instruit, célèbre, habitué des assemblées, orateur aimé, qui récite tous les Vedas, qui vive toute sa vie normale, que les deux époux fassent cuire du riz avec de la viande, qu'ils le mangent apprêté au beurre, ils pourront alors l'engendrer. Que ce soit de la viande de veau ou de taureau.

4, 19 Puis, vers le matin, il prépare du beurre fondu comme pour le *sthālīpāka* ; il fait à petits coups des libations de *sthālīpāka* en disant : « À Agni *svāhā* ! À Anumati, *svāhā* ! À Savitar, le dieu générateur de réalité, *svāhā* ! » les libations faites, il prend du reste et le mange. Cela fait, il en offre à sa compagne. S'étant lavé les mains, ayant rempli un vase d'eau, il l'en asperge trois fois :

Pars d'ici, Viśvāvasu ;
Tourne tes vœux vers quelque autre objet désirable ;
Laisse la femme avec son époux.

Alors il se rapproche d'elle : 4, 20

Je suis *ama* ; toi, tu es *sā* ;
Tu es *sā* et moi *ama* ;
Je suis *sāman*, tu es *ṛc* ;
Je suis le ciel, tu es la terre :
Tous deux, viens, embrassons-nous ;
Ensemble déposons le sperme
Pour un mâle, pour un fils, pour la richesse.

Alors il lui écarte les cuisses : Que le ciel et la terre 4, 21
s'écartent ! S'unissant à elle, appliquant sa bouche sur
la sienne, trois fois il la caresse dans le sens des poils :

Que Viṣṇu prépare la matrice ;
Que Tvaṣṭar façonne les formes ;
Que Prajāpati déverse,
Que Dhātar dépose en toi le germe.

Pose le germe, ô Sinīvālī,
Pose le germe, déesse au large chignon !
Ils ont posé le germe en toi, les deux Aśvins,
Les deux dieux aux guirlandes de lotus.

Elles sont d'or, les deux *araṇī* 4, 22
Dont se servirent les Aśvins pour leur barattement ;
Voilà le germe que nous demandons pour toi
À enfanter dans le dixième mois.
Comme la terre est grosse d'Agni,
Et le ciel porte en son sein Indra,
Comme les régions du ciel portent en elles Vāyu,

De même en toi je dépose le germe,
une telle.

4, 23 Quand elle est sur le point d'enfanter, il l'asperge d'eau :

Comme le vent soulève
De toutes parts la surface des eaux,
Que ton embryon se soulève,
Qu'il paraisse avec son enveloppe.
C'est l'enclos d'Indra[1]
Muni de fermetures et entouré de barrières ;
Fais l'en sortir, ô Indra,
L'embryon avec le reste.

4, 24 Après la naissance, il apporte un feu, il prend l'enfant sur ses genoux et, ayant préparé dans un vase de métal le mélange *pr̥ṣadājya* (beurre fondu et petit lait), il en fait des libations à petits coups :

Puissé-je en celui-ci m'augmenter de mille autres,
Prospérant dans ma maison.
Que l'avenir de celui-ci ne soit jamais brisé[2],
Faute de postérité ou de troupeaux.
Svāhā ! La vie qui est en moi, en esprit je l'offre en toi, *svāhā !*
Les fautes que, ici-bas, j'ai commises dans le sacrifice,
Soit par excès, soit par insuffisance,
Que Agni *sviṣṭakr̥t* qui sait tout
Les redresse et les corrige pour nous !
Svāhā !

1. La comparaison porte sur le parc céleste (le nuage) où sont enfermées les vaches lumineuse (ou orageuses) que le dieu doit délivrer selon le mythe védique bien connu.
2. Texte corrompu, mais sens général certain.

Alors se penchant sur l'oreille droite de l'enfant, il dit trois fois : *vāg vāg !* (parole, parole !) ; puis mêlant du lait, du miel et du beurre, il en fait prendre à l'enfant au moyen (d'une cuiller) d'or qu'il n'introduit pas dans la bouche et dit : Je place en toi *bhūs* ; je place en toi *bhuvas* ; je place en toi *svar* ; *bhūs bhuvaḥ svar*, je place tout en toi. 4, 25

Alors il lui impose un nom : « Tu es Veda ». C'est seulement son nom secret. 4, 26

Alors le tendant à sa mère, il le met au sein : 4, 27

Ton sein est inépuisable, il est bienfaisant,
Source de trésors, prodigue de richesse et de dons ;
Par lui tu alimentes tous les biens ;
Ce sein, ô Sarasvatī, tu l'as offert à téter.

Puis, s'adressant à la mère : 4, 28

Tu es Iḍā Maitrāvaruṇī ;
Unie à un héros, elle a enfanté un héros.
Demeure féconde en héros,
Elle qui nous a déjà donné un héros.

De celui-là, en vérité, on dit : Tu es supérieur à ton père, supérieur à ton aïeul. Il atteint le plus haut faîte de la fortune, de la gloire, du prestige brahmanique, celui qui naît fils d'un brâhmane qui sait ainsi.

V

Voici la transmission :

Pautimāṣīputra de Kātyāyanīputra ; Kātyāyanīputra 5, 1
de Gautamīputra ; Gautamīputra de Bhāradvājīputra ;
Bhāradvājīputra de Pārāśarīputra ; Pārāśarīputra

d'Aupasvastīputra ; Aupasvastīputra de Pārāśarīputra ; Pārāśarīputra de Kātyāyanīputra ; Kātyāyanīputra de Kauśikīputra ; Kauśikīputra d'Ālambīputra et Vaiyāghrapadīputra ; Vaiyāghrapadīputra de Kāṇvīputra et Kāpīputra ; Kāpīputra…

5, 2 … d'Ātreyīputra ; Ātreyīputra de Gautamīputra ; Gautamīputra de Bhāradvājīputra ; Bhāradvājīputra de Pārāśarīputra ; Pārāśarīputra de Vātsīputra ; Vātsīputra de Pārāśarīputra ; Pārāśarīputra de Vārkāruṇīputra ; Vārkāruṇīputra de Vārkāruṇīputra ; Vārkāruṇīputra d'Ārtabhāgīputra ; Ārtabhāgīputra de Śauṅgīputra ; Śauṅgīputra de Sāṅkṛtīputra ; Sāṅkṛtīputra d'Ālambāyanīputra ; Ālambāyanīputra d'Ālambīputra ; Ālambīputra de Jāyantīputra ; Jāyantīputra de Māṇḍūkāyanīputra ; Māṇḍūkāyanīputra de Māṇḍūkīputra ; Māṇḍūkīputra de Śāṇḍilīputra ; Śāṇḍilīputra de Rāthītarīputra ; Rāthītarīputra de Bhālukīputra ; Bhālukīputra des deux fils de Krauñcikī ; ces deux fils de Vaidabhṛtīputra ; Vaidabhṛtīputra de Kārśakeyīputra ; Kārśakeyīputra de Prācīnayogīputra ; Prācīnayogīputra de Sāñjīvīputra ; Sāñjīvīputra de Prāśnīputra Āsurivāsin ; Prāśnīputra Āsurivāsin d'Āsurāyaṇa ; Āsurāyaṇa d'Āsuri ; Āsuri…

5, 3 … Yājñavalkya ; Yājñavalkya d'Uddālaka ; Uddālaka d'Aruṇa ; Aruṇa d'Upaveśi ; Upaveśi de Kuśri ; Kuśri de Vājaśravas ; Vājaśravas de Jīhvāvat Bādhyoga ; Jīhvāvat Bādhyoga d'Asita Vārṣagaṇa ; d'Asita Vārṣagaṇa de Harita Kaśyapa ; Harita Kaśyapa de Śilpa Kaśyapa ; Śilpa Kaśyapa de Kaśyapa Naidhruvi ; Kaśyapa Naidhruvi de Vāc ; Vāc d'Ambhiṇī ; Ambhiṇī d'Āditya :

Ces Yajus blancs d'Āditya sont proclamés par Yājñavalkya Vājasaneya.

La même chose jusqu'à Sāñjīvīputra ; Sāñjīvīputra de Māṇḍūkāyani ; Māṇḍūkāyani de Māṇḍavya ; de Kautsa ; Kautsa de Māhitthi ; Māhitthi de Vāmakakṣāyaṇa ; Vāmakakṣāyaṇa de Śāṇḍilya ; Śāṇḍilya de Vātsya ; Vātsya de Kuśri ; Kuśri de Yajñāvacas Rājastambāyana ; Yajñāvacas Rājastambāyana de Tura Kāvaṣeya ; Tura Kāvaṣeya de Prajāpati ; Prajāpati de *brahman* ; 5, 4

brahman est l'être existant par lui-même.

Adoration à *brahman* !

FIN

Enseignements pour les chantres

La Chāndogya-upaniṣad

Voici mille vaches, voici une parure,
voici un char attelé de mules, voici une femme,
voici le village dans lequel tu te trouves.
Instruis-moi, Seigneur.
(CU IV, 2, 4)

PREMIÈRE LECTURE

PREMIÈRE SECTION

Il faut savoir que la syllabe *om* est l'*udgītha*[1] : c'est par *om* qu'on commence le chant (*udgāyati*). En voici l'explication : 1, 1

De tous les êtres la terre est l'essence ; de la terre les eaux sont l'essence ; des eaux les plantes sont l'essence ; des plantes l'homme est l'essence ; de l'homme la parole est l'essence ; de la parole la *ṛc* est l'essence ; de la *ṛc* le *sāman* est l'essence ; du *sāman* l'*udgītha* est l'essence. 1, 2

De toutes ces essences la plus essentielle, l'essence suprême, la plus excellente, c'est la huitième, l'*udgītha*. 1, 3

Qu'est-ce finalement que la *ṛc* ? Qu'est-ce finalement que le *sāman* ? Qu'est-ce finalement que l'*udgītha* ? s'est-on demandé. 1, 4

1. C'est-à-dire : est équivalent à l'*udgītha* lui-même.

1, 5 La *r̥c* est la parole même ; le *sāman* est le souffle ; l'*udgītha* est la syllabe[1] *om*. Ce couple que forment la parole et le souffle, c'est la *r̥c* et le *sāman*[2].

1, 6 C'est ce couple même qui est uni dans la syllabe *om* ; quand les deux moitiés d'un couple se joignent, elles comblent l'une le désir de l'autre.

1, 7 Il est capable de combler tous les désirs, celui qui, sachant cela, connaît que la syllabe [*om*] est l'*udgītha*[3].

1, 8 C'est la syllabe qui exprime l'acquiescement, car pour donner l'acquiescement on dit : *om*. Mais qui dit acquiescement dit succès. Il est capable de faire réussir tous les vœux, celui qui, sachant cela, connaît que la syllabe [*om*] est l'*udgītha*.

1, 9 C'est d'elle que procèdent les trois Vedas : *om* précède les appels (du Yajur-Veda), *om* les récitations (du R̥g-Veda), *om* les chants (du Sāma-Veda), et cela par respect pour cette syllabe [l'impérissable] en raison de sa puissance, de sa valeur essentielle.

1, 10 Par elle sacrifient aussi bien celui qui sait ainsi que celui qui ne sait pas. Cependant la science et l'ignorance diffèrent

1. Le terme sanskrit, *Akṣara*, signifie « syllabe », mais signifie aussi « l'impérissable, l'absolu, le *brahman* », et a pris place avec cette valeur dans la terminologie philosophique. Cette seconde acception paraît être visée ici en même temps que la première, et il est probable que le mélange de ces deux sens réunis sous le même mot n'a pas peu contribué à l'identification de *om* avec *brahman*. Le même mélange rend seul compte du rôle attribué à la syllabe sacrée dans les versets suivants.
2. *R̥c*, « le vers, l'hymne », est en effet féminin en sanskrit.
3. Il faut sans doute entendre, en même temps, que « l'*udgītha* est l'Impérissable ».

[par leurs effets] ; et seul le sacrifice qui s'accompagne de science, de foi, de vérité (*upaniṣad*) [1] est vraiment efficace. Telle est l'explication de cette syllabe [*om*].

II

Quand les Devas et les Asuras, les uns et les autres issus 2, 1
de Prajāpati, engagèrent la lutte, les Devas se saisirent de l'*udgītha*, persuadés que par lui ils vaincraient.

Ils croyaient que le souffle qui a son siège dans le nez était 2, 2
l'*udgītha* ; les Asuras le transpercèrent du Mal. De là vient que par le souffle on perçoit également des odeurs bonnes et des odeurs mauvaises : c'est qu'il a été atteint par le Mal.

Alors ils crurent que la parole était l'*udgītha* ; les Asuras 2, 3
la transpercèrent du Mal. De là vient que l'on articule également le vrai et le faux : c'est que la parole a été atteinte par le Mal.

Alors ils crurent que la vue était l'*udgītha* ; les Asuras 2, 4
la transpercèrent du Mal. De là vient que l'on voit également ce qui est bon et ce qui est mauvais à voir : c'est que la vue a été atteinte par le Mal.

Alors ils crurent que l'ouïe était l'*udgītha* ; les Asuras 2, 5
la transpercèrent du Mal. De là vient que l'on entend également ce qui est bon et ce qui est mauvais à entendre : c'est que l'ouïe a été atteinte par le Mal.

Alors ils crurent que l'esprit était l'*udgītha* ; les Asuras 2, 6
le transpercèrent du Mal. De là vient que l'on conçoit également des pensées bonnes et des pensées mauvaises à concevoir : c'est que l'esprit a été atteint par le Mal.

1. Ou de la « conscience des liens cachés » (NdE, selon Olivelle).

2, 7 Alors ils crurent que le souffle qui a son siège dans la bouche était l'*udgītha*. En s'y heurtant, les Asuras furent pulvérisés comme est pulvérisée une motte de terre qui heurte une pierre très dure.

2, 8 Comme une motte de terre se pulvérise en se heurtant à une pierre très dure, ainsi est pulvérisé celui qui souhaite du mal à qui sait ainsi ou qui l'attaque ; là est pour lui la pierre très dure.

2, 9 Par ce souffle de la bouche on ne distingue ni odeurs bonnes ni odeurs mauvaises : c'est qu'il n'a pas été atteint par le mal. Par ce que, au moyen de ce souffle, on mange, par ce que l'on boit, on soutient les autres souffles[1]. C'est parce qu'ils ne le trouvent plus que, à l'heure de la mort, ils s'échappent. En effet, à l'heure de la mort, on ouvre la bouche.

2, 10 Ce souffle (qui a son siège dans la bouche), Aṅgiras savait qu'il est l'*udgītha*. On le considère comme Aṅgiras lui-même. Pourquoi ? C'est qu'il est l'essence du corps (*aṅgānāṃ rasaḥ*).

2, 11 Ce souffle, Bṛhaspati savait qu'il est l'*udgītha*. On le considère comme Bṛhaspati lui-même. Pourquoi ? *Bṛhatī* désigne la parole ; il est le maître (*pati*) de la parole (*Bṛhaspati*).

2, 12 Ce souffle, Ayāsya savait qu'il est l'*udgītha*. On le considère comme Ayāsya lui-même. Pourquoi ? C'est qu'il sort de la bouche (*āsyād ayate*).

2, 13 Ce souffle, Baka Dālbhya le connaissait bien. Baka remplissait auprès des gens de Naimiṣa les fonctions d'*udgātar*. C'est lui qui par ses chants assurait le succès de leurs vœux.

1. À peu près comme si on disait : les autres « sens ».

Celui-là assure par ses chants le succès de tous les vœux 2, 14
qui, sachant cela, connaît que la syllabe *om* (l'impérissable) est l'*udgītha*. Ceci dans l'ordre personnel[1].

III

Voici maintenant dans l'ordre des choses qui nous sont 3, 1
extérieures. Cet astre qui répand la chaleur, sachez qu'il est l'*udgītha*. Quand il se lève, il entonne l'hymne de toutes les créatures. Quand il se lève, il chasse ténèbres et terreurs. En vérité, il chasse terreurs et ténèbres, celui qui sait (*veda*) ainsi.

L'un[2] et l'autre (l'*udgītha* et le soleil) se ressemblent : l'un 3, 2
est chaud, l'autre est chaud ; l'un est dit *svara* (son), l'autre *pratyāsvara*[3] (qui renvoie de la lumière ?). Il faut donc connaître que l'un et l'autre sont *udgītha*.

Il faut connaître encore que le *vyāna* (le souffle diffus 3, 3
dans le corps) est *udgītha*. Quand on expire, c'est le *prāṇa* (le souffle expiré) ; quand on inspire, c'est l'*apāna* (le souffle inspiré). La combinaison du *prāṇa* et de l'*apāna* est le *vyāna*. La parole est *vyāna* : c'est pourquoi on n'inspire ni n'expire tandis qu'on émet des paroles.

La *ṛc* est parole : c'est pourquoi on n'inspire ni n'expire 3, 4
tandis que l'on émet une *ṛc*. Le *sāman* est *ṛc* : c'est pourquoi on n'inspire ni n'expire tandis que l'on chante un *sāman*.

1. Des rapprochements portant sur l'individu humain, qui rend le culte, on passe ensuite aux rapprochements qui se rapportent aux dieux, c'est-à-dire aux objets du culte.
2. C'est à savoir la syllabe *om* précédemment identifiée à l'*udgītha* et au souffle de la bouche.
3. « Qui ramène le son » (cf. le verset précédent) et « qui ramène la lumière », *svar* ayant ce double sens.

L'*udgītha* est *sāman* : c'est pourquoi on n'inspire ni n'expire tandis qu'on entonne.

3, 5 De même pour d'autres actes, des actes qui exigent de la force, qu'il s'agisse de produire le feu par frottement, ou de fournir une course, ou de tendre un arc résistant, on les exécute sans inspirer ni expirer. Voilà pourquoi il faut reconnaître que le *vyāna* est *udgītha*.

3, 6 Que l'on considère maintenant chacune des syllabes de l'*udgītha* : *ud-*, *gī-* et *tha*. *Ut* est souffle, car c'est grâce au souffle qu'on se dresse (*ut-tiṣṭhati*) ; *gī* est parole, car on appelle paroles les voix (*giras*) ; *tha* est nourriture, car c'est sur la nourriture que tout repose (*sthitam*).

3, 7 Et encore *ut* est le ciel, *gī* est l'espace, *tha* est la terre ; *ut* est le soleil, *gī* est le vent, *tha* est le feu ; *ut* est le Sāma-Veda, *gī* le Yajur-Veda, *tha* le R̥g-Veda. À celui-là la parole donne son lait — ce qui est le lait de la parole —, celui-là est pourvu de nourriture, il se nourrit en abondance, qui connaît ainsi les syllabes *ud*, *gī* et *tha* de l'*udgītha*.

3, 8 Et maintenant le succès des prières. Il faut connaître les moyens de propitiation. Le *sāman* prescrit pour le chant de louange, c'est à ce *sāman* qu'il faut avoir recours ;

3, 9 À la *r̥c* à laquelle il est emprunté, au *r̥ṣi* auquel il remonte, à la divinité envers laquelle est prescrite la louange, à cette *r̥c*, à ce *r̥ṣi*, à cette divinité il faut avoir recours ;

3, 10 Le mètre du chant de louange prescrit, il faut avoir recours à ce mètre ; l'air prescrit pour le chant de louange, il faut avoir recours à cet air.

3, 11 Le point de l'espace dans la direction duquel doit se chanter l'hymne, à ce point de l'espace il faut avoir recours.

Finalement, il faut se replier sur soi-même en pensant sans distraction à ce que l'on désire. On peut être sûr, alors, que s'accomplira le vœu qu'on a en vue en prononçant l'hymne de louange — le vœu qu'on a en vue en prononçant l'hymne de louange. 3, 12

IV

Il faut connaître que *om* est la syllabe (par excellence ou l'« impérissable ») : car c'est en commençant par *om* qu'on entonne le chant. En voici l'explication. 4, 1

Les dieux, en vérité, redoutant la Mort, pénétrèrent dans les trois Vedas ; ils [les] enveloppèrent (*acchādayan*) des mètres ; d'où le nom de *chandas* pour dire *mètre*. 4, 2

La Mort les y aperçut. Comme on voit un poisson dans l'eau, de même elle les vit dans la *ṛc*, dans le *sāman* et dans le *yajus*. Les dieux, s'en avisant, par delà la *ṛc*, le *sāman* et le *yajus*, pénétrèrent dans le son même (c'est-à-dire dans *om*). 4, 3

À la fin d'une *ṛc*, on file une résonance *om* ; de même pour un *sāman*, de même pour un *yajus*. Cette syllabe est le son même[1] ; elle est immortalité, elle est félicité. En y pénétrant les dieux devinrent immortels, bienheureux. 4, 4

Celui qui, sachant cela ainsi, murmure la syllabe, pénètre dans cette syllabe qui est le son, qui est immortalité, qui est félicité, en y pénétrant, il devient immortel comme les dieux. 4, 5

1. Il faut naturellement entendre non seulement « cette syllabe », mais « cet impérissable ».

V

5, 1 Maintenant, l'*udgītha* étant le *praṇava*[1] et le *praṇava* l'*udgītha*, le soleil étant lui-même *udgītha*[2] est donc *praṇava* : en effet il poursuit sa course en rendant le son *om*[3].

5, 2 « J'ai adressé mes chants à lui seul et c'est pourquoi je n'ai que toi, un fils unique », ainsi parla Kauṣītaki à son fils ; « toi, mets en mouvement ses rayons et tu en auras beaucoup ». Ceci dans l'ordre des choses extérieures[4].

5, 3 Voici maintenant du point de vue individuel. Le souffle qui a son siège dans la bouche, il faut connaître qu'il est l'*udgītha*. En effet, il circule en rendant le son *om*.

5, 4 « J'ai adressé mes chants à lui seul et c'est pourquoi je n'ai que toi, un fils unique », ainsi parla Kauṣītaki à son fils ; « toi, adresse tes chants à toute la catégorie des souffles, et tu en auras beaucoup ».

5, 5 Quand on sait que l'*udgītha* est le *praṇava* et le *praṇava* l'*udgītha*, du siège du *hotar* on corrige les fautes commises dans la récitation de l'*udgītha* — on corrige les fautes.

VI

6, 1 La *ṛc* est cette terre, le *sāman* est le feu ; de même (que le feu sur la terre) le *sāman* est établi sur la *ṛc*[5], et c'est

1. Autre nom de la syllabe *om*.
2. Cf. ci-dessus, I, 3, 1.
3. Je comprends le bruit vague que ramène le lever du soleil dans toute la nature (cf. ci-dessus, I, 3, 1). Plus bas (verset 3) le son *om* du souffle paraît se référer au murmure inarticulé du souffle qu'on aspire.
4. Cf. ci-dessus, I, 2, 14.
5. On sait que les vers du Sāma-Veda sont des invocations construites sur la base de vers qui se retrouvent dans le Ṛg-Veda.

ainsi, établi sur la *r̥c*, que le *sāman* est chanté. Cette terre est *sā*, le feu est *ama* : d'où *sāma*.

La *r̥c* est l'espace, le *sāman* le vent ; ainsi (que le vent dans 6, 2
l'espace) le *sāman* est établi sur la *r̥c*, et c'est ainsi que, établi sur la *r̥c*, le *sāman* est chanté. L'espace est *sā*, le vent est *ama* : d'où *sāma*.

La *r̥c* est le ciel, le *sāman* le soleil ; de même (que le soleil 6, 3
sur le ciel) le *sāman* est établi sur la *r̥c*, et c'est ainsi que, établi sur la *r̥c*, le *sāman* est chanté. Le ciel est *sā*, le soleil *ama* : d'où *sāma*.

La *r̥c* est le monde des constellations, le *sāman* la lune ; de 6, 4
même le *sāman* est établi sur la *r̥c*, et c'est ainsi, établi sur la *r̥c*, que le *sāman* est chanté. Les constellations sont *sā*, la lune est *ama* : d'où *sāma*.

Puis encore, la *r̥c* est la splendeur claire du soleil, le *sāman* 6, 5
l'obscur, l'ultra-noir ; de même le *sāman* est établi sur la *r̥c*, et c'est ainsi, établi sur la *r̥c*, que le *sāman* est chanté.

Cette splendeur blanche du soleil est *sā*, cette obscurité 6, 6
ultra-noire est *ama* : d'où *sāma*.

Maintenant ce personnage d'or qu'on voit dans le disque solaire avec une barbe d'or et des cheveux d'or, tout or jusqu'au bout des ongles,

Ses yeux sont comme des lotus ; son nom est *ud* parce qu'il 6, 7
est élevé (*udita*) au-dessus de tout mal. Il s'élève au-dessus de tout mal, celui qui sait ainsi.

La *r̥c* et le *sāman* sont ses chants ; ainsi il est *udgītha* ; 6, 8
d'où aussi le nom de l'*udgātar*, qui est son chantre.

Il commande aux mondes qui sont par delà le soleil et aux désirs des dieux[1]. Ceci dans l'ordre des choses extérieures.

VII

7, 1 Voici maintenant, dans l'ordre individuel : la *r̥c* est la parole, le *sāman* le souffle ; de même (que le souffle repose sur la parole) le *sāman* est établi sur la *r̥c*, et c'est ainsi, établi sur la *r̥c*, que le *sāman* est chanté. La parole est *sā*, le souffle est *ama* : d'où *sāma*.

7, 2 La *r̥c* est l'œil, le *sāman* la personne (qui s'y reflète) ; de même le *sāman* est établi sur la *r̥c*, et c'est ainsi, établi sur la *r̥c*, que le *sāman* est chanté. L'œil est *sā*, la personne *ama* : d'où *sāma*.

7, 3 La *r̥c* est l'oreille, le *sāman* la pensée ; de même le *sāman* est établi sur la *r̥c*, et c'est ainsi, établi sur la *r̥c*, que le *sāman* est chanté. L'oreille est *sā*, la pensée *ama* : d'où *sāma*.

7, 4 L'éclat blanc de l'œil est la *r̥c*, l'éclat sombre, ultra-noir, le *sāman* ; de même le *sāman* est établi sur la *r̥c* et, ainsi établi sur la *r̥c*, le *sāman* est chanté. L'éclat blanc de l'œil est *sā*, l'éclat sombre et ultra-noir est *ama* : d'où *sāma*.

7, 5 Et puis, cet être que l'on voit à l'intérieur de l'œil, c'est la *r̥c*, c'est le *sāman*, c'est l'*uktha*, c'est le *yajus*, c'est *brahman*. Sa forme est la même que celle de l'être de là-haut (dans le soleil), les deux *geṣṇa* (chants) de l'être de là-haut sont ses *geṣṇa* ; le nom (de l'être là-haut) est son nom[2].

1. Cf. ci-dessous, I, 7, 6.
2. Cf. I, 6, 7-8. Le passage s'achève ici, comme il a fait déjà précédemment, par l'assimilation du *puruṣa* individuel avec le *puruṣa* universel, et de l'un et de l'autre avec *brahman* conçu comme la prière, mais évoquant déjà dans l'esprit le sens suprême d'âme universelle.

Cet être commande aux mondes qui sont en deçà du soleil et 7, 6
aux désirs des hommes[1]. C'est pourquoi ceux qui chantent en s'accompagnant de la *vīṇā* le chantent et, par là, ils obtiennent la richesse[2].

Alors celui qui, sachant ainsi, chante le *sāman* chante 7, 7
les deux. Par l'un il gagne les mondes qui sont par delà le soleil et tous les objets que désirent les dieux,

Et par l'autre il gagne les mondes qui sont en deçà du 7, 8
soleil et les objets que désirent les hommes. C'est pourquoi l'*udgātar*, qui sait ainsi, doit dire :

« En vue de quelles intentions dois-je chanter ? » Car 7, 9
celui-là est assuré du succès de son chant, qui, en sachant cela ainsi, chante le *sāman* — chante le *sāman*.

VIII

Ils étaient trois, versés dans l'*udgītha* : Śilaka Śālāvatya, 8, 1
Caikitāyana Dālbhya, Pravāhaṇa Jaivali. Ils dirent : « Nous sommes versés dans l'*udgītha*. Causons donc de l'*udgītha*. »

Tous trois approuvèrent et s'assirent. Pravāhaṇa Jaivali 8, 2
prit la parole : « Que vos Seigneuries parlent d'abord, j'écouterai la parole des brâhmanes ».

Śilaka Śālāvatya dit à Caikitāyana Dālbhya : « Eh bien ! 8, 3
je vais t'interroger. » — « Interroge », dit l'autre.

« D'où procède le *sāman* ? — Du son, répondit l'autre. 8, 4
D'où procède le son ? — Du souffle, répondit-il. D'où

1. Cf. ci-dessus, I, 6, 8.
2. On sent ici la distinction entre le fruit du sacrifice et le fruit de la connaissance — distinction qui sera développée plus tard avec précision dans la *Bhagavad-Gītā* et ailleurs.

procède le souffle ? — De la nourriture. D'où procède la nourriture ? — De l'eau.

8, 5 « — D'où procède l'eau ? — Du monde de là-haut. — D'où procède le monde de là-haut ? — On ne peut, répondit-il, remonter par delà le monde du *svarga*. Au monde du *svarga* nous fixons le *sāman*, car le *svarga* est le domaine du *sāman*[1]. »

8, 6 Śilaka Śālāvatya dit à Caikitāyana Dālbhya : « Alors, ô Dālbhya, le *sāman* est pour toi sans support. Si quelqu'un maintenant te disait : Ta tête va tomber, ta tête tomberait sûrement. »

8, 7 « Eh bien ! alors je voudrais apprendre de votre Seigneurie ce qu'il faut répondre. — Apprends-le donc, dit Śālāvatya. — Sur quoi repose le monde de là-haut ? — Sur ce monde-ci. — Sur quoi repose ce monde-ci ? — Il ne faut pas chercher de support par delà ce monde. Nous fixons en ce monde le support du *sāman*. Car, c'est ce support (ce monde) qui est le domaine du *sāman*. »

8, 8 Pravāhaṇa Jaivali reprit : « Alors, ô Śālāvatya, ton *sāman* est borné. Si quelqu'un te disait maintenant : Ta tête va tomber, ta tête tomberait. — Eh bien ! alors je voudrais apprendre de votre Seigneurie ce qu'il faut répondre. — Apprends-le. »

1. C'est dire finalement que le *sāman* par ses chants ou l'effet de ses chants ne dépasse ni le séjour des dieux ni le monde sensible, et en définitive, conformément à la thèse de la gnose, que le sacrifice et les chants qui l'accompagnent ne procurent que des biens passagers, que le monde supérieur de l'immortalité lui échappe.

IX

« De quoi procède ce monde ? — De l'espace, dit-il, car tous les êtres sortent de l'espace ; ils retournent à l'espace. L'espace est leur aîné, l'espace est leur asile. 9, 1

« L'*udgītha* est supérieur à tout ; il est infini. Il obtient ce qu'il y a de plus excellent, il conquiert les mondes les plus excellents, celui qui, sachant cela ainsi, connaît que l'*udgītha* est supérieur à tout. 9, 2

« Atidhanvan Śaunaka, ayant enseigné cet *udgītha* à Udaraśāṇḍilya, ajouta : "Aussi longtemps que dans ta descendance on connaîtra cet *udgītha,* on jouira en ce monde de la vie la plus excellente ; 9, 3

Et de même dans le monde de l'au delà". Celui qui, sachant ainsi, connaît cet *udgītha,* la vie la plus excellente lui est assurée en ce monde et aussi une place dans l'autre monde — dans l'autre monde. » 9, 4

X

Parmi les Kurus qu'avait frappés la grêle (?) Uṣasti Cākrāyaṇa, avec sa femme Āṭikī, demeurait très pauvre dans le village d'un riche. 10, 1

Au riche qui mangeait des pois il demanda l'aumône. L'autre répondit : « Il n'y en a pas d'autres que ceux-ci qui m'ont été réservés. » 10, 2

Uṣasti reprit : « Donne-m'en ». L'autre les lui donna en ajoutant : « Et maintenant voici à boire ». À quoi Uṣasti répliqua : « Ce serait boire un reste (donc commettre un acte impur). » 10, 3

10, 4 — « Mais ces pois n'étaient-ils pas aussi un reste ? » — « Faute de les manger, je serais mort de faim. Si je buvais, ce serait par plaisir. »

10, 5 Quand il eut mangé, il apporta ce qui en restait à sa femme. Celle-ci avait eu déjà de quoi se nourrir. Elle les prit et les mit de côté.

10, 6 Le lendemain en se levant Uṣasti dit : « Si nous avions un peu de nourriture, nous pourrions gagner de l'argent. Tel roi va offrir un sacrifice, il pourrait me choisir pour toutes les fonctions sacerdotales. »

10, 7 Sa femme répondit : « Eh bien ! mais, ô mon époux, il y a là ces pois ». Il les mangea et se rendit à ce sacrifice qui avait été préparé.

10, 8 Là il s'assit auprès des *udgātar* qui allaient chanter à la place prescrite. Il dit au *prastotar*[1] :

10, 9 « Prastotar ! La divinité qui préside au *prastāva*, si tu chantes sans la connaître, ta tête éclatera. »

10, 10 De même, il dit à l'*udgātar* : « Udgātar ! La divinité qui préside à l'*udgītha*, si tu chantes sans la connaître, ta tête éclatera. »

10, 11 De même, il dit au *pratihartar*[2] : « Pratihartar ! La divinité qui préside au *pratihāra*, si tu chantes sans la connaître, ta tête éclatera. » Les uns et les autres, renonçant à leurs fonctions, gardaient le silence.

1. L'*udgātar* est le prêtre qui chante les hymnes du Sāma-Veda ; le *prastotar* est son aide.
2. Le *pratihartar* est un autre auxiliaire de l'*udgātar*, qui chante certaines syllabes du Sāma-Veda désignées comme *pratihāra*.

XI

Alors le sacrifiant lui dit : « Je voudrais savoir qui est votre Seigneurie. » Il répondit : « Je suis Uṣasti Cākrāyaṇa. » 11, 1

Le roi reprit : « J'avais cherché votre Seigneurie pour la charger de toutes les fonctions sacerdotales ; c'est seulement faute de vous trouver que j'en ai choisi d'autres. 11, 2

Mais que votre Seigneurie m'assiste en acceptant ces fonctions. » — « J'accepte, répondit Uṣasti, mais, alors, que ceux-ci, avec mon autorisation, chantent les hymnes. Seulement, tu devras me donner à moi un salaire égal au leur. » Le sacrifiant accepta. 11, 3

Alors le *prastotar* s'approcha d'Uṣasti : « Votre Seigneurie m'a dit : Prastotar ! La divinité qui préside au *prastāva*, si tu chantes l'hymne sans la connaître, ta tête éclatera. Quelle est cette divinité ? » 11, 4

Uṣasti répondit : « Le souffle. Tous les êtres ici-bas entrent dans la vie avec le souffle et la quittent avec le souffle[1]. C'est la divinité qui préside à l'hymne de louange. Si, bien qu'averti par moi, tu avais chanté l'hymne sans la connaître, ta tête aurait éclaté. » 11, 5

Alors l'*udgātar* s'approcha de lui : « Votre Seigneurie m'a dit : Udgātar, la divinité qui préside à l'*udgītha*, si tu entonnes l'*udgītha* sans la connaître, ta tête éclatera. Quelle est cette divinité ? » 11, 6

Il répondit : « C'est le soleil. Tous les êtres, ici-bas, chantent le soleil quand il s'élève à l'horizon[2]. C'est 11, 7

1. Les êtres suivent le souffle (*abhi*) en entrant dans la vie et ils en sortent à la suite du souffle qui monte hors du corps.
2. Double allusion, je suppose, au chant de la *gāyatrī*, la prière qui doit saluer le soleil qui se lève, et aussi à l'activité universelle qu'il

la divinité qui préside à l'*udgītha*. Si, bien qu'averti par moi, tu avais entonné l'hymne sans la connaître, ta tête aurait éclaté. »

11, 8 Alors le *pratihartar* s'approcha de lui : « Votre Seigneurie m'a dit : Pratihartar ! La divinité qui préside au *pratihāra*, si tu chantes le *pratihāra* sans la connaître, ta tête éclatera. Quelle est cette divinité ? »

11, 9 « C'est la nourriture, répondit Uṣasti. Tous les êtres, ici-bas, ne vivent qu'en prenant de la nourriture (*pratiharamāṇāni*). C'est elle qui est la divinité qui préside au *pratihāra*. Ta tête aurait éclaté si tu avais chanté le *pratihāra* sans la connaître, bien qu'averti par moi — bien qu'averti par moi. »

XII

12, 1 Et maintenant l'*udgītha* des chiens. Donc Baka Dālbhya ou, d'un autre nom, Glāva Maitreya, se mit en route pour aller étudier.

12, 2 Un chien blanc se présenta à ses yeux, que d'autres chiens rejoignirent, disant : « Que votre Seigneurie nous procure de la nourriture par ses chants ; car nous avons faim. »

12, 3 L'autre leur répondit : « Rejoignez-moi demain matin ici-même. » Et Baka Dālbhya ou, d'un autre nom, Glāva Maitreya attendit pour voir.

12, 4 Comme des prêtres qui s'apprêtent à chanter le *bahiṣ-pavamāna* s'avancent en se tenant l'un l'autre, ainsi ils s'avancèrent : puis, s'asseyant, ils firent : « *Hiṅ* ».

réveille et qui était tout à l'heure qualifiée comme l'hymne universel de la création (cf. ci-dessus, I, 3, 1).

« *Om* ! mangeons ! *Om* ! buvons ! que le divin Varuṇa, Prajāpati, Savitar nous apporte la nourriture ! Maître de la nourriture, apporte-nous-en ici, apportes-en. *Om* ! » 12, 5

XIII

Ce monde est la syllabe *hāü*[1], le vent la syllabe *hāï*, la lune *atha*, le moi (*ātman*) est *iha* et le feu *ī*, 13, 1

Le soleil est *ū*, le *nihava* est *e*, les Viśve-devas *auhoï*, Prajāpati *hiṅ*, le son est souffle, *yâ* est nourriture, *vāc* est *virāj*. 13, 2

Le treizième *stobha* qui n'est pas nettement émis, qui est indistinct, est la syllabe *hum*. 13, 3

La parole lui donne son lait — ce qui est le lait de la parole —, il a de la nourriture, il se nourrit amplement, celui qui connaît cette doctrine (*upaniṣadam*) des *sāman* — cette doctrine. 13, 4

1. Ces diverses syllabes, appelées *stobha*, ont leur place marquée dans certaines parties du chant liturgique.

DEUXIÈME LECTURE

Première section

Assurément, la connaissance du *sāman*, considéré dans son ensemble[1], est bonne ; c'est pourquoi de ce qui est bon on dit : « C'est *sāman* », de ce qui est mauvais : « C'est *a-sāman* ». 1, 1

Et l'on dit aussi : « Il s'approcha de lui avec *sāman* », pour dire : « Il s'approcha de lui avec bonté » ; et : « Il s'approcha de lui sans *sāman* », c'est-à-dire : « Il s'approcha de lui sans bonté ». 1, 2

On dit encore, quand tout va bien : « En vérité, le *sāman* est avec nous », c'est-à-dire : « En vérité, tout est bien », et, quand les choses vont mal : « En vérité, l'*a-sāman* est sur nous », pour dire : « En vérité, le mal est sur nous ». 1, 3

Celui qui, sachant ainsi, connaît que le *sāman* est le bien, il est certain que tous les bonheurs lui écherront, lui seront en partage. 1, 4

1. À partir de la section suivante le *sāman* sera considéré comme quintuple (dans le quintuple rôle qu'il remplit au prélude, au milieu, au final, etc. Des chants du sacrifice), puis comme septuple. Ici le *sāman* est considéré dans son ensemble, comme une unité, quand la Lecture précédente s'était plutôt concentrée sur l'*udgītha*.

II

2, 1 Il faut dans ces mondes[1] reconnaître un *sāman* à cinq parties : la terre est le *hiṅkāra,* le feu le *prastāva,* l'atmosphère l'*udgītha,* le soleil le *pratihāra,* le ciel le *nidhana,* ceci en série ascendante.

2, 2 En série descendante : le ciel est le *hiṅkāra,* le soleil le *prastāva,* l'atmosphère l'*udgītha,* le feu le *pratihāra,* la terre le *nidhana.*

2, 3 Il obtient en partage les diverses parties de l'univers, en série montante et en série descendante, celui qui, sachant ainsi, voit dans le monde un *sāman* à cinq parties.

III

3, 1 Il faut dans l'orage reconnaître un *sāman* à cinq parties : le vent précurseur est le *hiṅkāra* ; le nuage se forme, c'est le *prastāva* ; il pleut, c'est l'*udgītha* ; il éclaire, il tonne c'est le *pratihāra* ;

3, 2 L'orage s'arrête, c'est le *nidhana.* Il obtient la pluie, il la fait obtenir aux autres celui qui, sachant ainsi, reconnaît dans l'orage un *sāman* à cinq parties.

IV

4, 1 Il faut, dans les eaux de toute espèce, reconnaître un quintuple *sāman* : les nuages s'assemblent, c'est le *hiṅkāra* ; quand il pleut, c'est le *prastāva* : les eaux qui coulent vers l'est, c'est l'*udgītha* ; les eaux qui coulent vers l'ouest, c'est le *pratihāra* ; l'océan est le *nidhana.*

1. Les mondes sont infiniment nombreux, mais tous taillés sur le même modèle : c'est ce qui explique le pluriel.

Il ne meurt pas dans l'eau, il est toujours pourvu d'eau, celui qui, sachant ainsi, voit dans les eaux de toute nature un quintuple *sāman*. 4, 2

V

Il faut reconnaître dans les saisons un *sāman* à cinq parties : le printemps est le *hiṅkāra*, l'été le *prastāva*, la saison des pluies l'*udgītha*, l'automne le *pratihāra*, l'hiver le *nidhana*. 5, 1

Les saisons lui échoient, il devient riche en saisons (en années), celui qui, sachant ainsi, reconnaît dans les saisons un quintuple *sāman*. 5, 2

VI

Il faut, dans les animaux, reconnaître un *sāman* à cinq parties : les chèvres sont le *hiṅkāra*, les brebis le *prastāva*, les vaches l'*udgītha*, les chevaux le *pratihāra*, l'homme le *nidhana*. 6, 1

Les animaux sont à lui, il est riche en animaux, celui qui, sachant ainsi, voit dans les animaux un quintuple *sāman*. 6, 2

VII

Dans les éléments vitaux (*prāṇa*) il faut reconnaître un *sāman* en cinq parties que rien ne surpasse : la respiration est le *hiṅkāra*, la parole le *prastāva*, la vue l'*udgītha*, l'ouïe le *pratihāra*, la pensée le *nidhana*. Rien, en vérité, ne les surpasse. 7, 1

Il s'élève au-dessus de tout, il conquiert les mondes suprêmes, celui qui, sachant ainsi, connaît dans les éléments vitaux un *sāman* en cinq parties. Ceci pour le *sāman* quintuple. 7, 2

VIII

8, 1 Et, maintenant, le *sāman* à sept parties. Il faut dans la parole reconnaître un *sāman* en sept parties : tout son *huṃ* est *hiṅkāra* ; *pra*, *prastāva* ; *ā*, *ādi*[1] ;

8, 2 *Ud*, *udgītha* ; *prati*, *pratihāra* ; *upa*, *upadrava* ; *ni*, *nidhana*.

8, 3 La parole lui donne son lait — ce qui est le lait de la parole —, il est amplement pourvu de nourriture et mange amplement, celui qui, sachant ainsi, connaît dans la parole un septuple *sāman*.

IX

9, 1 Il faut aussi reconnaître dans le soleil qui brille là-haut un *sāman* à sept parties : il est toujours égal à lui-même (*sama*[2]), c'est pourquoi il est *sāman*. Il est égal pour tous : chacun estime qu'il est tourné vers lui, et c'est pourquoi il est *sāman*.

9, 2 Nul ne peut ignorer que tous les êtres sont dépendants de lui. Son cours avant son lever est le *hiṅkāra*, et les animaux sont dans sa dépendance. C'est pourquoi ils rendent le son *hiṅ* : ils participent au *hiṅkāra* de ce *sāman* (qu'est le soleil).

9, 3 Aussitôt qu'il est levé, c'est le *prastāva*, et les hommes sont dans sa dépendance. C'est pourquoi ils aiment l'éloge

1. Deux parties sont ici ajoutées aux cinq parties énumérées plus haut du rituel chanté par les prêtres. Il s'agit du *hiṅkāra* (le *hiṅ* prononcé comme interjection initiale) et de l'*ādi* (le *Om* d'ouverture de l'*udgītha*) (NdE, d'après Olivelle).
2. Deux raisons pour dire que le soleil est *sama* (égal) : d'abord il n'a pas de phases comme la lune et demeure toujours égal à lui-même ; ensuite, il semble à chacun tourné vers lui et se montre ainsi impartial pour tous.

(*prastuti*), ils aiment la louange : ils participent au *prastāva* de ce *sāman*.

Au moment de la traite, c'est l'*ādi*, et les oiseaux sont sous sa dépendance. C'est pourquoi ils volent dans l'espace sans point d'appui en se soutenant (*ādāya*) eux-mêmes : ils participent à l'*ādi* de ce *sāman*. 9, 4

Juste à midi, c'est l'*udgītha*, et les dieux sont sous sa dépendance. C'est pourquoi ils sont les meilleures des créatures issues de Prajāpati : ils participent à l'*udgītha* de ce *sāman*. 9, 5

Ce qui suit le milieu du jour, avant l'après-midi, c'est le *pratihāra*, et les embryons sont sous sa dépendance. C'est pourquoi ils sont retenus (*pratihṛta*) et ne tombent pas : ils participent au *pratihāra* de ce *sāman*. 9, 6

Ce qui suit l'après-midi, avant le coucher du soleil, c'est l'*upadrava*, et les animaux sauvages sont sous sa dépendance. C'est pourquoi quand ils aperçoivent l'homme, ils courent (*upadravanti*) à une cachette, à une caverne : ils participent à l'*upadrava* de ce *sāman*. 9, 7

Ce qui suit immédiatement le coucher du soleil, c'est le *nidhana*, et les mânes (*pitṛ*) sont sous sa dépendance. C'est pourquoi on les dépose (*nidadhati*) : ils participent au *nidhana* de ce *sāman*. C'est de la sorte qu'il faut reconnaître dans le soleil qui brille là-haut un septuple *sāman*. 9, 8

X

Et, maintenant, il faut connaître le *sāman* à sept parties qui se mesure sur lui-même (qui est égal à l'*ātman*) et conduit 10, 1 par delà la mort : *hiṅkāra* a trois syllabes, *prastāva* trois : donc égalité.

10, 2 *Ādi* a deux syllabes, *pratihāra* en a quatre ; en en reportant une au précédent, encore égalité.

10, 3 *Udgītha* a trois syllabes, *upadrava* quatre : soit deux groupes égaux de trois ; une syllabe en surnombre, (restent deux) trisyllabes : donc égalité.

10, 4 *Nidhana* a trois syllabes ; donc encore égalité. Ce sont les vingt-deux syllabes.

10, 5 Par vingt et une on atteint le soleil. En vérité, le soleil qui brille là-haut est le vingt-unième, à compter d'ici-bas. Par la vingt-deuxième on conquiert ce qu'il y a par delà le soleil[1]. C'est le ciel (*nāka*), c'est l'affranchissement de la souffrance (*viśokam = na-a-kam*).

10, 6 Il obtient dès ici-bas la conquête du soleil, sa conquête dépasse la conquête du soleil, celui qui, sachant ainsi, connaît ce *sāman* à sept parties qui se mesure sur lui-même et qui conduit par delà la mort — qui le connaît.

XI

11, 1 L'esprit est *hiṅkāra*, la parole *prastāva*, la vue *udgītha*, l'ouïe *pratihāra*, le souffle *nidhana*. C'est le (*sāman*) *Gāyatra* réalisé dans les éléments vitaux (*littéralement* les souffles).

11, 2 Celui qui connaît ainsi que le *Gāyatra* se réalise dans les éléments vitaux, celui-là possède les éléments vitaux,

1. On sait que le domaine de l'immortalité commence par delà le soleil qui, mesurant les jours, est étroitement lié au temps et ainsi identifié souvent avec la mort.

il va jusqu'au terme de sa vie, il vit longtemps, il est grand en descendance, en troupeaux, grand en renommée. Il faut avoir l'âme grande : telle est l'application pratique.

XII

On frotte[1], c'est le *hiṅkāra* ; il se produit de la fumée, c'est le *prastāva* ; le feu s'allume, c'est l'*udgītha* ; des charbons se forment, c'est le *pratihāra* ; tout s'éteint, c'est le *nidhana*. C'est le (*sāman*) *Rathaṃtara* réalisé dans le feu. 12, 1

Celui qui connaît ainsi que le *Rathaṃtara* se réalise dans le feu, celui-là rayonne de prestige religieux, il est pourvu de nourriture, il va jusqu'au terme de sa vie, il vit longtemps, il est grand en descendance, en troupeaux, grand en renommée. Il ne faut ni se rincer la bouche, ni cracher dans la direction du feu : telle est l'application pratique. 12, 2

XIII

Il l'appelle, c'est le *hiṅkāra* ; il lui fait sa proposition, c'est le *prastāva* ; il s'étend avec la femme, c'est l'*udgītha* ; il s'étend sur la femme, c'est le *pratihāra* ; il arrive au terme, c'est le *nidhana*. Ceci est le (*sāman*) *Vāmadevya* réalisé dans le coït. 13, 1

Celui qui connaît ainsi que le *Vāmadevya* se réalise dans le coït, celui-là s'accouple, il se reproduit de coït en coït, il va jusqu'au terme de sa vie, il vit longtemps, il est grand en descendance, en troupeaux, grand en renommée. Il ne faut se refuser à aucune : telle est l'application pratique. 13, 2

1. Il s'agit de la production du feu par barattement, par frottement.

XIV

14, 1 Quand il (le soleil) se lève[1], c'est le *hiṅkāra* ; il est levé, c'est le *prastāva* ; midi, l'*udgītha* ; l'après-midi, le *pratihāra* ; le coucher, le *nidhana*. Ceci est le (*sāman*) *Bṛhad* réalisé dans le soleil.

14, 2 Celui qui connaît ainsi que le *Bṛhad* se réalise dans le soleil, celui-là est fort, il est pourvu de nourriture, il va jusqu'au terme de sa vie, il vit longtemps, il est grand en descendance, en troupeaux, grand en renommée. Il ne faut pas se plaindre de la chaleur : telle est l'application pratique.

XV

15, 1 Les vapeurs (nuages) s'amoncellent[2], c'est le *hiṅkāra* ; la nuée se forme, c'est le *prastāva* ; il pleut, c'est l'*udgītha* ; il éclaire, il tonne, c'est le *pratihāra* ; le calme revient, c'est le *nidhana*. C'est le (*sāman*) *Vairūpa* réalisé dans l'orage.

15, 2 Celui qui connaît ainsi que le *Vairūpa* se réalise dans l'orage, celui-là enferme dans ses étables toutes sortes de bétail de bonne mine ; il va jusqu'au terme de ses jours, il vit longtemps, il est grand en descendance, en troupeaux, grand en renommée. Il ne faut pas se plaindre de la pluie : telle est l'application pratique.

1. Cf. ci-dessus, II, 9. Ces répétitions prouvent le caractère composite de livres comme celui-ci.
2. Cf. ci-dessus, II, 3-4.

XVI

Le printemps[1] est le *hiṅkāra* ; l'été, le *prastāva* ; la saison des pluies, l'*udgītha* ; l'automne, le *pratihāra* ; l'hiver, le *nidhana*. C'est le (*sāman*) *Vairāja* réalisé dans les saisons. 16, 1

Celui qui connaît ainsi que le *Vairāja* se réalise dans les saisons, celui-là brille (*virājati*) dans sa descendance, par ses troupeaux, par son prestige religieux ; il va jusqu'au terme de ses jours, il vit longtemps, il est grand en descendance, en troupeaux, grand en renommée. Ne pas se plaindre des saisons : telle est l'application pratique. 16, 2

XVII

La terre est le *hiṅkāra*, l'atmosphère le *prastāva*, le ciel l'*udgītha*, l'espace le *pratihāra*, l'océan le *nidhana*. Ce sont les (*sāman*) *Śakvarī* réalisés dans les mondes. 17, 1

Celui qui connaît ainsi que les *Śakvarī* se réalisent dans les mondes, celui-là est maître du monde, il vit entièrement ses jours, il vit longtemps, il est grand en descendance, en troupeaux, grand en renommée. Ne pas se plaindre des choses : telle est l'application pratique. 17, 2

XVIII

Les chèvres sont le *hiṅkāra*, les moutons le *prastāva*, les vaches l'*udgītha*, les chevaux le *pratihāra*, l'homme le *nidhana*. Ce sont les (*sāman*) *Revatī* réalisés dans les animaux. 18, 1

Celui qui connaît ainsi que les *Revatī* se réalisent dans les animaux, celui-là devient riche en animaux, il va 18, 2

1. Cf. ci-dessus, II, 5.

jusqu'au terme de ses jours, il vit longtemps, il est grand en descendance, en troupeaux, grand en renommée. Ne pas se plaindre des animaux : telle est l'application pratique.

XIX

19, 1 Les poils sont le *hiṅkāra*, la peau le *prastāva*, la chair l'*udgītha*, les os le *pratihāra*, la moelle le *nidhana*. C'est le (*sāman*) *Yajnāyajñīya* réalisé dans le corps.

19, 2 Celui qui connaît ainsi que le *Yajnāyajñīya* se réalise dans le corps, celui-là est fort, il n'est contrefait d'aucun membre, il va jusqu'au terme de ses jours, il vit longtemps, il est grand en descendance, en troupeaux, grand en renommée. Ne pas manger de moelle pendant un an : telle est l'application pratique, ou : ne pas manger de moelle.

XX

20, 1 Le feu est le *hiṅkāra*, l'air le *prastāva*, le soleil l'*udgītha*, les astres le *pratihāra*, la lune le *nidhana*. C'est le (*sāman*) *Rājana* réalisé dans les divinités[1].

20, 2 Celui qui connaît ainsi que le *Rājana* se réalise dans les divinités, celui-là partage le séjour, la puissance, la compagnie des dieux, il va au terme de ses jours, il vit longtemps, il est grand en descendance, en troupeaux, grand en renommée. Ne pas mal parler des brâhmanes : telle est l'application pratique.

1. À ce débordement d'assimilations avec les *sāman*, comparer par exemple dans la *Bhagavad-Gītā* la répartition des *guṇa* entre les êtres.

XXI

Les trois Vedas sont le *hiṅkāra* ; les trois mondes, le *prastāva* ; le feu, l'air et le soleil, l'*udgītha* ; les astres, les oiseaux et les rayons, le *pratihāra* ; les serpents, les gandharvas et les mânes, le *nidhana*. C'est le *sāman* réalisé dans l'univers. 21, 1

Celui qui connaît ainsi que le *sāman* se réalise dans le Tout, celui-là devient le Tout. 21, 2

D'où ce vers : « Les cinq catégories de chacune trois membres, il n'est rien qui leur soit supérieur. 21, 3

« Celui qui sait cela sait tout ; toutes les régions de l'espace lui apportent leur tribut. » Se connaître identique au Tout : telle est l'application pratique — telle est l'application pratique. 21, 4

XXII

Le *gāna vinardin* (chant profond[1]) dont il est dit : *Vinardi sāmno vṛṇe paśavyam* (Je choisis le chant profond du *sāman* ; il est favorable aux troupeaux) est l'*udgītha* d'Agni ; l'*anirukta* (indistinct) de Prajāpati, le *nirukta* (distinct) de Soma, le *mṛdu ślakṣṇaṃ* (doux et tendre) de Vāyu, le *ślakṣṇaṃ balavad* (tendre et fort) d'Indra, le *krauñca* (la note du héron) de Bṛhaspati, l'*apadhvānta* (discordant) de Varuṇa. Il faut pratiquer tous ces *gāna*, mais éviter celui de Varuṇa. 22, 1

Il faut chanter en se promettant de son chant l'immortalité pour les dieux, l'oblation pour les mânes, l'espérance pour les hommes, le fourrage et l'eau pour les animaux, 22, 2

1. Façon de chanter le *sāman* d'une voix profonde, comme un cri d'animal (NdE).

le ciel pour le sacrifiant, la nourriture pour soi-même : il faut, en attachant son esprit à ces intentions, chanter sans distraction.

22, 3 Dans toutes les voyelles est incorporé Indra ; dans toutes les sifflantes et spirantes Prajāpati ; dans toutes les consonnes Mr̥tyu. Si quelqu'un reprend le chanteur du fait des voyelles, qu'il lui dise : « J'ai pris Indra pour mon refuge, c'est lui qui te répondra. »

22, 4 Si quelqu'un le reprend du fait des sifflantes, qu'il lui dise : « J'ai pris mon refuge en Prajāpati, c'est lui qui te répondra en t'écrasant. » Si quelqu'un le reprend du fait des consonnes, qu'il lui dise : « J'ai pris mon refuge en Mr̥tyu, c'est lui qui te répondra en te consumant. »

22, 5 Il faut prononcer toutes les voyelles avec sonorité, avec force, dans l'intention de conférer de la force à Indra ; prononcer toutes les sifflantes sans paraître les avaler ni les expulser, mais avec netteté, en se proposant de s'abandonner à Prajāpati ; prononcer toutes les consonnes avec une friction légère, en se proposant d'échapper à Mr̥tyu.

XXIII

23, 1 Trois branches de la règle religieuse (*dharma*) : le sacrifice, l'étude, l'aumône constituent la première,

23, 2 La mortification, à elle seule, la seconde ; la vie de *brahmacārin*, poursuivie dans la famille d'un maître, est la troisième. Toutes les trois mènent aux séjours purs ; celui-là (seul) qui est établi en *brahman* atteint l'immortalité[1].

1. C'est la distinction ordinaire : la pratique du sacrifice et des vertus pratiques mène seulement au ciel, aux récompenses que comporte

Prajāpati couva les mondes[1]. Des mondes couvés sortit le triple Veda : il le couva. Il en sortit les syllabes *bhūḥ, bhuvaḥ, svaḥ*. 23, 3

Il les couva : il en sortit le son *om*. Comme s'agglomèrent toutes les feuilles enfilées sur une tige qui les traverse, de même toute parole se fond dans le son *om*. Le son *om* est tout cet univers — est tout cet univers. 23, 4

XXIV

Les maîtres du *brahman* disent : Si l'offrande du matin appartient aux Vasus, celle de midi aux Rudras, aux Ādityas et aux Viśve-devas la troisième, 24, 1

Où est alors le monde du sacrifiant ? Et comment celui qui ne le connaît pas, sacrifierait-il ? Il faut le connaître pour sacrifier. 24, 2

Avant le commencement du *prātaranuvāka* (hymne du matin), il (le sacrifiant) s'assoit face au nord derrière le feu *Gārhapatya* et entonne le *sāman* qui s'adresse aux Vasus : 24, 3

« Ouvre la porte du monde (qui est ton domaine — la terre) que nous te voyions pour jouir de la royauté. » 24, 4

Puis, il fait l'offrande en disant : « Adoration à Agni, au maître de la terre, au maître du monde. Procure-moi ce monde à moi qui sacrifie ; c'est le monde de qui sacrifie. J'y entrerai. 24, 5

le *saṃsāra*. La connaissance de *brahman*, l'identification avec *brahman* donne seule le salut, l'immortalité, le *nirvāṇa*.

1. Les *lokāḥ*, c'est-à-dire les trois mondes, terre, atmosphère, ciel (cf. la section suivante).

24, 6 C'est là que réside, au terme de ses jours, celui qui sacrifie. Svāhā ! Repousse le verrou ! » Ayant ainsi dit, il se lève. Les Vasus lui concèdent le (prix du) *prātaḥsavana*.

24, 7 Avant que commence le *savana* de midi, il s'assoit face au nord derrière le feu *Āgnīdhrīya* et entonne le *sāman* qui s'adresse aux Rudras :

24, 8 « Ouvre la porte du monde (qui est ton domaine — l'atmosphère) que nous te voyions pour jouir de la domination. »

24, 9 Puis, il fait l'offrande en disant : « Adoration à Vāyu, au maître de l'espace, au maître du monde. Procure-moi ce monde à moi qui sacrifie : c'est bien le monde de qui sacrifie. J'y entrerai.

24, 10 C'est là que réside, au terme de ses jours, celui qui sacrifie. Svāhā ! Repousse le verrou ! » Ayant ainsi dit, il se lève. Les Rudras lui concèdent le (prix du) *savana* de midi.

24, 11 Avant que commence le troisième *savana*, il s'assied face au nord derrière le feu *Āhavanīya* et entonne le *sāman* qui s'adresse à Āditya, qui s'adresse aux Viśve-devas.

24, 12 « Ouvre la porte du monde (qui est ton domaine — le ciel) que nous te voyions pour jouir de la souveraineté », voilà pour Āditya ;

24, 13 Puis, pour les Viśve-devas : « Ouvre la porte du monde (qui est ton monde) que nous te voyions pour jouir de la souveraineté universelle. »

24, 14 Alors il fait l'offrande en disant : « Adoration aux Ādityas et aux Viśve-devas, maîtres du ciel, maîtres du monde. Procurez-moi votre monde à moi qui sacrifie.

C'est bien le monde de qui sacrifie. J'y entrerai. C'est là 24, 15
que réside, à la fin de ses jours, celui qui sacrifie. Svāhā !
Repoussez le verrou ! » À ces mots, il se lève.

Les Ādityas et les Viśve-devas lui concèdent le (prix du) 24, 16
troisième *savana*. Celui-là connaît pleinement le sacrifice,
celui qui sait ainsi — celui qui sait ainsi.

TROISIÈME LECTURE

Première section

En vérité, le soleil qui brille là-haut est le miel des dieux ; 1, 1
le ciel même est la ruche, l'atmosphère le gâteau, les atomes lumineux les petits.

Les rayons qu'il projette vers l'est, ce sont les alvéoles de 1, 2
devant. Les *ṛc* sont les abeilles, le Ṛg-Veda la fleur ; il y a aussi des liqueurs d'immortalité. Ces *ṛc*

couvèrent le Ṛg-Veda (le sacrifice) ; du Ṛg-Veda ainsi 1, 3
couvé sortirent, comme son essence, renommée, éclat, force, énergie, robustesse.

Cette essence s'écoula, elle s'étendit sur le soleil : c'est cela 1, 4
même qui fait l'aspect rouge du soleil.

II

Quant à ses rayons tournés vers le midi, ce sont les alvéoles 2, 1
de droite. Les *yajus* sont les abeilles, le Yajur-Veda la fleur ; il y a aussi des liqueurs d'immortalité.

Ces mêmes *yajus* couvèrent le Yajur-Veda (le sacrifice) ; 2, 2
du Yajur-Veda ainsi couvé sortirent, comme son essence, renommée, éclat, force, énergie, robustesse.

2, 3 Elle s'écoula, elle s'étendit sur le soleil : c'est cela même qui fait son aspect blanc.

III

3, 1 Ses rayons qui vont vers l'ouest, ce sont les alvéoles placées en arrière. Les *sāman* sont les abeilles, le Sāma-Veda la fleur ; il y a aussi des liqueurs d'immortalité.

3, 2 Ces mêmes *sāman* couvèrent le Sāma-Veda ; du Sāma-Veda ainsi couvé sortirent, comme son essence, renommée, éclat, force, énergie, robustesse.

3, 3 Elle s'écoula, elle s'étendit sur le soleil : c'est ce qui fait l'aspect sombre du soleil.

IV

4, 1 Ses rayons qui vont vers le nord, ce sont les alvéoles de gauche. Les *Atharvāṅgiras* (l'Atharva-Veda) sont les abeilles, l'*itihāsa* et le *purāṇa* la fleur ; il y a aussi des liqueurs d'immortalité.

4, 2 Ces *Atharvāṅgiras* couvèrent l'*itihāsa* et le *purāṇa* ; de l'*itihāsa* avec le *purāṇa* couvé sortirent, comme son essence, renommée, éclat, force, énergie, robustesse.

4, 3 Elle s'écoula, elle s'étendit sur le soleil : c'est ce qui fait l'aspect noir du soleil.

V

5, 1 Ses rayons qui vont en haut, ce sont les alvéoles situées en haut. Les enseignements secrets sont les abeilles, le *brahman* la fleur ; il y a aussi des liqueurs d'immortalité.

Ces enseignements secrets couvèrent le *brahman*[1] ; du *brahman* ainsi couvé sortirent, comme son essence, renommée, éclat, force, énergie, robustesse. 5, 2

Elle s'écoula, elle s'étendit sur le soleil : c'est ce qui semble trembler au milieu du soleil. 5, 3

Ce sont des essences[2] d'essences, car les Vedas sont des essences et celles-ci sont leurs essences. Ce sont des nectars de nectars, car les Vedas sont des nectars et ce sont leurs nectars. 5, 4

VI

Le premier de ces nectars, ce sont les Vasus qui en vivent par la bouche d'Agni[3]. Assurément, les dieux ne mangent pas, ils ne boivent pas : ils se rassasient rien qu'à voir ce nectar. 6, 1

Ils pénètrent dans cette forme [rouge du soleil] ; c'est de cette forme qu'ils sortent. 6, 2

1. Le *brahman*, c'est-à-dire la science sacrée qui est la collection des *guhyā ādeśāḥ*, autrement dit des *upaniṣad*.
2. Je comprends que ces essences sont « la renommée, l'éclat, la force, l'énergie, la robustesse », qui sortent successivement des divers Vedas et du *brahman*.
3. C'est Agni (le feu) qui apparaît toujours dans les hymnes comme la bouche qui, en dévorant l'offrande, nourrit les dieux. Il n'y a aucun doute sur le sens primitif de la locution ; mais elle subit nécessairement une déformation du fait de l'évolution des idées. C'est ainsi que plusieurs traduisent « avec Agni à leur tête » ; et, en effet, dans la suite, Indra, Varuṇa, etc. remplacent Agni sans que leur rôle ait la même justification. Mais ces formules calquées les unes sur les autres ne sauraient faire oublier la portée primitive qui leur conférait un sens et les a installées dans l'emploi secondaire où nous les retrouvons.

6, 3 Celui qui connaît ainsi ce nectar devient un des Vasus avec Agni pour bouche et il se rassasie à voir ce nectar. Il se fond dans cette forme et il s'en échappe.

6, 4 Tant que le soleil se lèvera à l'est et se couchera à l'ouest, aussi longtemps il partagera la souveraineté, la domination des Vasus.

VII

7, 1 Le second nectar ce sont les Rudras qui en vivent par la bouche d'Indra. Assurément, les dieux ne mangent pas, ils ne boivent pas : ils se rassasient rien qu'à voir ce nectar.

7, 2 Ils entrent dans cette forme (blanche du soleil) et ils s'en échappent.

7, 3 Celui qui connaît ainsi ce nectar devient un des Rudras avec Indra pour bouche et il se rassasie à voir ce nectar. Il pénètre dans cette forme et de cette forme il sort.

7, 4 Autant le soleil se lèvera à l'est et se couchera à l'ouest, deux fois autant il se lèvera au sud et se couchera au nord ; aussi longtemps il partagera la souveraineté, la domination des Rudras.

VIII

8, 1 Le troisième nectar ce sont les Ādityas qui en vivent par la bouche de Varuṇa. Assurément, les dieux ne mangent pas, ils ne boivent pas : ils se rassasient rien qu'à voir ce nectar.

8, 2 Ils pénètrent dans cette forme (sombre du soleil) ; ils sortent de cette forme.

Celui qui connaît ainsi ce nectar devient un des Ādityas 8, 3
avec Varuṇa pour bouche et il se rassasie à voir ce nectar. Il pénètre dans cette même forme ; il sort de cette forme.

Autant le soleil se lèvera au sud et se couchera au nord, 8, 4
deux fois autant il se lèvera à l'ouest et se couchera à l'est ; aussi longtemps il partagera la souveraineté, la domination des Ādityas.

IX

Le quatrième nectar ce sont les Maruts qui en vivent avec 9, 1
Soma pour bouche. Assurément, les dieux ne mangent pas, ils ne boivent pas : ils se rassasient rien qu'à voir ce nectar.

Ils pénètrent dans cette forme (noire du soleil) ; c'est d'elle 9, 2
qu'ils sortent.

Celui qui connaît ainsi ce nectar devient un des Maruts avec 9, 3
Soma pour bouche et il se rassasie rien qu'à voir ce nectar. Il entre dans cette forme du soleil ; il sort de cette forme.

Autant le soleil se lèvera à l'ouest et se couchera à l'est, 9, 4
deux fois autant il se lèvera au nord et se couchera au sud ; aussi longtemps il partagera la souveraineté, la domination des Maruts.

X

Le cinquième nectar, ce sont les Sādhyas qui en vivent 10, 1
avec Brahmā comme bouche. Assurément, les dieux ne mangent pas, ils ne boivent pas : ils se rassasient rien qu'à voir ce nectar.

Ils pénètrent dans cette forme (vibrante du soleil) ; ils 10, 2
sortent de cette forme.

10, 3 Celui qui connaît ainsi ce nectar, devient un des Sādhyas avec Brahmā comme bouche et il se rassasie à voir ce nectar. Il pénètre dans cette forme du soleil ; il sort de cette forme.

10, 4 Autant le soleil se lèvera au nord et se couchera au sud, deux fois autant il se lèvera au zénith et se couchera au nadir ; aussi longtemps il partagera la domination, la souveraineté des Sādhyas.

XI

11, 1 Mais après s'être levé au zénith, il ne se lèvera ni ne se couchera plus. Il se tiendra seul au centre. D'où ce vers :

11, 2 « Jamais là[1] il ne s'est couché, jamais il ne s'est levé. Aussi vrai, ô dieux, puissé-je ne jamais être séparé de *brahman*. »

11, 3 Il ne se lève ni ne se couche, une fois pour toutes il est dans le ciel pour celui qui connaît la doctrine du *brahman*.

11, 4 Cette doctrine Brahmā l'a expliquée à Prajāpati, Prajāpati à Manu, Manu à sa descendance. Ce *brahman*, son père l'enseigna à son fils aîné Uddālaka Āruṇi.

11, 5 Qu'un père, donc, l'enseigne, ce *brahman*, à son fils aîné ou à un élève qualifié,

11, 6 Jamais à personne d'autre, lui donnât-il la terre tout entière, avec tous les trésors qu'elle renferme. Car cette doctrine vaut bien plus — elle vaut bien plus.

1. C'est-à-dire évidemment dans le monde du *brahman* [ou de Brahmā], par opposition avec notre monde sensible.

XII

La *gāyatrī*, en vérité, est tout cet univers, tout ce qui existe ici-bas. La parole, en vérité, est *gāyatrī* ; car la parole exprime (littéralement « chante », *gāyati*) et protège (*trāyate*) tout cet univers. 12, 1

Gāyatrī est aussi la terre ; car sur elle repose toute chose, aucune ne va par delà. 12, 2

Mais la terre est aussi le corps de l'homme ; car sur lui reposent les souffles vitaux, aucun ne va par delà. 12, 3

Ce qui est le corps pour l'homme, le cœur l'est à l'intérieur de l'homme : les souffles vitaux reposent sur lui et aucun ne va par delà. 12, 4

Cette *gāyatrī* avec ses six aspects[1] comprend quatre *pada*. Voici ce que déclare une *ṛc* : 12, 5

« Telle est sa grandeur ; plus grand est *Puruṣa*[2] ; un quart de lui comprend tous les êtres ; de ses trois autres quarts est faite dans le ciel l'immortalité. » 12, 6

Ce qu'on appelle *brahman*, c'est cet espace qui est extérieur à l'homme ; mais cet espace qui est extérieur à l'homme, 12, 7

Cet espace est le même qui est à l'intérieur de l'homme ; et cet espace qui est intérieur à l'homme. 12, 8

1. On voit mieux à quoi se réfère la division en six (tous les êtres, la parole, la terre, le corps, le cœur, les souffles vitaux) que la distribution en quatre qui amène la citation. Celle-ci est relative au *puruṣa* (voir vers suivant), mais les termes *puruṣa* et *gāyatrī* sont rapprochés par la commune assimilation à « tous les êtres ».
2. *Puruṣa*, le suprême *puruṣa*, l'« Être universel ».

12, 9 Est celui-là même qui est au dedans du cœur. C'est le plein[1], l'immuable. Il jouit d'une prospérité pleine, immuable, celui qui sait ainsi.

XIII

13, 1 Le cœur a cinq canaux des *deva*[2]. Le canal de l'est c'est *prāṇa*, c'est la vue, c'est le soleil : sachez que cela est force et robustesse. Il est fort et robuste, celui qui sait ainsi.

13, 2 Le canal du sud est *vyāna*, c'est l'ouïe, c'est la lune : sachez que cela est prospérité et gloire. Il est prospère et glorieux, celui qui sait ainsi.

13, 3 Le canal de l'ouest est *apāna*, c'est la parole, c'est le feu : sachez que cela est prestige religieux et robustesse. Il a prestige religieux et robustesse, celui qui sait ainsi.

1. On sait que le *puruṣa*, l'âme, passe pour résider dans la cavité du cœur. On touche ici du doigt comment subsiste à travers toutes les combinaisons mystiques le sentiment exact que la conception de l'âme universelle repose finalement sur (ou se concrétise dans) la notion de l'espace incorporel et cependant pénétrant tout. C'est pour lui attribuer une réalité tangible, et par opposition au vide que pour nous il paraît représenter, qu'il est ici appelé « le plein ».
2. C'est-à-dire des « sens », qui sont souvent qualifiés de « dieux » (*deva*) et mis en relation avec les souffles vitaux dont l'énumération va suivre. J'ai conservé les noms sanskrits qui ne sont guère traduisibles : car les conceptions mêmes dont ils s'inspirent ne sont rien moins que limpides. On en distingue cinq : *prāṇa*, le terme générique (cf. *Bṛhad-Āraṇyaka-Up.*, I, 5, 3, p. 81), qui correspond à la respiration ; *vyāna*, le « souffle en travers » [ou « dispersé », qui sera censé présider à la circulation] ; *apāna*, « le souffle en bas » [présidant à l'évacuation] ; *samāna*, « le souffle généralisé » [ou « rassemblé », qui attise le feu digestif] ; *udāna*, « le souffle en haut » [celui de la nausée].

Le canal du nord est *samāna*, c'est l'esprit, c'est la pluie : sachez que cela est renommée et beauté. Il possède renommée et beauté, celui qui sait ainsi. 13, 4

Le canal qui est en haut est *udāna*, c'est le vent, c'est l'espace : sachez que cela est force et grandeur. Il est fort et grand, celui qui sait ainsi. 13, 5

Or, les cinq serviteurs de *brahman* sont les gardiens des portes du monde céleste. Celui qui connaît ainsi les cinq serviteurs de *brahman* pour les gardiens des portes du monde céleste, dans sa famille naît un héros ; il atteint le monde céleste, celui qui connaît ainsi les cinq serviteurs de *brahman* pour les gardiens des portes du monde céleste. 13, 6

Maintenant, cette lumière du ciel qui, au-dessus de nous, brille par delà toutes choses, par delà l'univers, dans les mondes supérieurs au-dessus desquels il n'y a plus rien, cette lumière est, assurément, la même que la lumière qui est au dedans de l'homme. C'est elle qu'on perçoit. 13, 7

Quand, en touchant son corps, on sent de la chaleur ; c'est elle qu'on entend quand, se bouchant les oreilles, on entend comme un bruit, comme le bruissement d'un feu qui flambe. Sachez que, alors, c'est elle que vous percevez, que vous entendez. Il est beau, il est renommé, celui qui sait ainsi — qui sait ainsi. 13, 8

XIV

Tout ce qui est est *brahman*. Il faut, en y reconnaissant le commencement, la fin et le présent de tout ; être dans la paix. L'homme est volonté ; il est, en sortant de la vie, 14, 1 selon qu'il en a dans ce monde conçu la volonté. Il faut exercer sa volonté[1].

14, 2 Esprit pur, n'ayant pour corps que vie, pour forme que lumière, pour concept que vérité, pour essence qu'espace, source de toute activité, de tout désir, de toute perception d'odeur ou de goût, embrassant tout ce qui est, muette, indifférente,

14, 3 Cette âme, qui est au-dedans de mon cœur, est plus petite qu'un grain de riz, qu'un grain d'orge, qu'un grain de moutarde, qu'un grain de mil, que le noyau d'un grain de mil ; cette même âme qui est au dedans de mon cœur est plus grande que la terre, plus grande que l'espace, plus grande que le ciel, plus grande que tous les mondes.

14, 4 Source de toute activité, de tout désir, de toute perception d'odeur ou de goût, embrassant tout ce qui est, muette, indifférente, est cette âme qui est au dedans de mon cœur. C'est *brahman* même. Celui qui se dit : « En sortant de ce monde, je le joindrai », en vérité, il n'y a (pour lui) aucun doute[2]. Ainsi dit Śāṇḍilya — Śāṇḍilya.

XV

15, 1 « Le trésor ne s'épuise pas dont l'atmosphère forme la caisse et la terre le fond. Car les régions du ciel sont les coins et le ciel son ouverture supérieure. Ce trésor est rempli de richesses ; toutes choses y sont réunies. »

1. Double sens « exercer sa volonté » et « offrir des sacrifices ». Le passage se rapproche naturellement de l'affirmation en vertu de laquelle, dans la thèse du *saṃsāra*, on assure que l'homme renaît dans le genre d'existence sur lequel il a fixé son dévolu dans ses derniers moments.
2. Qu'il viendra s'unir à ce *brahman*.

Sa partie orientale reçoit le nom de « libatoire », la méridionale le nom de « puissante », l'occidentale le nom de « reine », la septentrionale de « prospère ». Vāyu (le vent) est leur petit. Celui qui connaît ainsi Vāyu pour le petit des régions célestes ne pleure pas la perte d'un fils. Moi qui connais ainsi Vāyu pour le petit des régions célestes, puissé-je ne pas avoir à pleurer la perte d'un fils. 15, 2

Je m'adresse au trésor impérissable pour tel, tel, tel ; je m'adresse au souffle pour tel, tel, tel ; je m'adresse à *bhūḥ* pour tel, tel, tel ; je m'adresse à *bhuvaḥ* pour tel, tel, tel ; je m'adresse à *svaḥ*[1] pour tel, tel, tel. 15, 3

Si j'ai dit que je m'adresse au souffle, c'est que, en vérité, le souffle est toute chose, tout ce qui existe ; c'est à cet univers, par lui, que je me suis adressé[2]. 15, 4

Si j'ai dit que je m'adresse à *bhūḥ*, c'était dire : Je m'adresse à la terre, je m'adresse à l'atmosphère, je m'adresse au ciel. 15, 5

Si j'ai dit que je m'adresse à *bhuvaḥ*, c'était dire : Je m'adresse au feu, je m'adresse à l'air, je m'adresse au soleil. 15, 6

Si j'ai dit que je m'adresse à *svaḥ*, c'était dire : Je m'adresse au Ṛg-Veda, je m'adresse au Yajur-Veda, je m'adresse au Sāma-Veda. Voilà donc ce que j'ai dit — ce que j'ai dit. 15, 7

1. Respectivement la Terre, la région intermédiaire et le Ciel (NdE).
2. Comme on voit, le souffle *prāṇa* est ici équivalent à *ātman*, mais à *ātman* déjà entendu comme l'être universel. S'il est ici rapproché des syllabes mystiques *bhūḥ, bhuvaḥ, svaḥ*, c'est sans doute par suite de l'habitude de considérer la syllabe *om* comme équivalant elle-même à l'être universel.

XVI

16, 1 Le sacrifice est l'homme[1]. Ses vingt-quatre premières années correspondent au *savana* du matin. La *gāyatrī* a vingt-quatre syllabes ; or le *savana* du matin est caractérisé par la *gāyatrī*. À cette partie du sacrifice sont liés les Vasus. Mais les souffles sont Vasus, car ce sont eux qui assurent des habitants (*vāsayanti*) à tout cet univers.

16, 2 Que si, au cours de cette période, on est atteint de quelque mal, il faut dire : « Souffles qui êtes Vasus, prolongez mon *savana* du matin jusqu'au *savana* de midi. Que moi, qui suis sacrifice, je ne périsse pas au milieu des souffles Vasus. » Et alors on se lève et on guérit.

16, 3 Les quarante-quatre années qui suivent sont le *savana* de midi. La *triṣṭubh* a quarante-quatre syllabes : le *savana* de midi est caractérisé par la *triṣṭubh*. À cette partie du sacrifice sont liés les Rudras. Mais les souffles sont Rudras, car ce sont eux qui mettent les larmes (*rodayanti*) dans tout l'univers.

16, 4 Que si, au cours de cette période, on est atteint de quelque mal, il faut dire : « Souffles qui êtes Rudras, prolongez mon *savana* de midi jusqu'au troisième *savana*. Que moi, qui suis sacrifice, je ne périsse pas au milieu des souffles Rudras. » Et alors on se lève et on guérit.

16, 5 Les quarante-huit années qui suivent sont le troisième *savana*. La *jagatī* a quarante-huit syllabes : le troisième *savana* est caractérisé par la *jagatī*. À cette partie du sacrifice

1. Naturellement ceci représente un jeu de mots au second degré. La sentence repose sur l'identification connue du sacrifice avec le *puruṣa* cosmogonique. De là par un nouveau pas on descend au *puruṣa* ordinaire, à l'homme.

sont liés les Ādityas. Mais les souffles sont Ādityas ; car ce sont eux qui maîtrisent (dominent, *ādadate*) tous les êtres.

Que si, au cours de cette période, on est atteint de quelque mal, il faut dire : « Souffles qui êtes Ādityas, prolongez mon troisième *savana* jusqu'au terme (plein) de ma vie. Que moi qui suis sacrifice, je ne périsse pas au milieu des souffles Ādityas. » Et alors on se lève et on guérit. 16, 6

C'est ce que savait Mahidāsa Aitareya quand il disait (à la maladie) : « Pourquoi me tourmentes-tu de la sorte puisque aussi bien je n'en mourrai pas ? » Il vécut cent seize ans. Celui-là vit cent seize ans qui sait ainsi. 16, 7

XVII

La faim, la soif, la continence sont dans l'homme (ce qu'est) la consécration (dans le sacrifice). 17, 1

La nourriture, la boisson, le plaisir correspondent pour lui aux (cérémonies dites) *upasada* ; 17, 2

Le rire, la bonne chère, l'amour correspondent aux cantiques et récitations. 17, 3

La mortification, l'aumône, l'honnêteté, le respect de la vie et de la vérité sont chez lui les donations (faites aux prêtres officiants). 17, 4

C'est pourquoi on dit (dans les cérémonies du sacrifice) *soṣyati, asoṣṭa*[1], pour signifier sa nouvelle naissance. L'*avabhṛtha* correspond à sa mort. 17, 5

1. Les deux verbes font jeu de mots, signifiant d'une part : « il pressera, il a pressé (le *soma*) », mais aussi (et c'est l'application au *puruṣa*-sacrifice) : « elle (sa mère) enfantera, elle a enfanté ».

17, 6 Quand il eut enseigné cela à Kṛṣṇa fils de Devakī, Ghora Āṅgirasa dit : « Un homme est affranchi de la soif (du désir) ; il faut, à l'heure de la mort, qu'il prenne son refuge dans cette triade : Tu es l'impérissable, tu es l'inébranlable, tu es la plénitude de la vie. » Il y a deux *ṛc* à ce sujet :

17, 7 « Puis ils voient la lumière matinale du germe antique qui s'allume par delà le ciel. » — « Voyant, au sortir des ténèbres, la lumière supérieure, Sūrya, *deva* entre les *deva*, nous avons atteint la lumière la plus haute[1] — la lumière la plus haute. »

XVIII

18, 1 Il faut savoir que *brahman* est pensée, ceci de notre point de vue personnel ; maintenant du point de vue divin (objectif), il faut savoir que *brahman* est espace. Tels sont les deux points de vue, le subjectif et l'objectif.

18, 2 Ce *brahman* a quatre pieds (quarts) : la parole, le souffle, l'œil, l'oreille, ceci du point de vue subjectif ; maintenant, du point de vue objectif, un de ses pieds est le feu, un autre l'air, un autre le soleil, un autre les régions célestes. Tels sont les deux points de vue, le subjectif et l'objectif.

18, 3 La parole est donc un des quatre quarts de *brahman*, celui qui, avec Agni pour flamme, brille et réchauffe. Il brille et il réchauffe par sa renommée, sa gloire et son prestige religieux, celui qui sait ainsi.

1. Ce qui, à l'origine, n'est qu'une description de l'aurore ramenée par le sacrifice, avec l'apparition du soleil, parmi tous les dieux brillants du jour, est, bien entendu, transporté mystiquement dans le domaine moral : c'est la lumière suprême de la vue intérieure, c'est *brahman*, identifié avec Sūrya, qui devient ainsi la plus haute lumière, l'immortalité même.

Le souffle est un quart de *brahman,* celui qui, avec Vāyu pour flamme, brille et réchauffe. Il brille et il réchauffe par sa renommée, sa gloire et son prestige religieux, celui qui sait ainsi. 18, 4

L'œil est un quart de *brahman,* celui qui, avec le soleil pour flamme, brille et réchauffe. Il brille et il réchauffe par sa renommée, sa gloire et son prestige religieux, celui qui sait ainsi. 18, 5

L'oreille est un quart de *brahman,* celui qui, avec les Régions célestes pour flamme, brille et réchauffe. Il brille et il réchauffe par sa renommée, sa gloire et son prestige religieux, celui qui sait ainsi. 18, 6

XIX

On enseigne que « le soleil est *brahman* ». Voici l'explication : 19, 1
À l'origine, tout l'univers n'était que non-être. Il devint être. Il se développa. Un œuf se forma. Il demeura tel la durée d'une année. Alors il s'ouvrit. Des deux moitiés de la coque, l'une était d'argent, l'autre était d'or.

La moitié d'argent est la terre, la moitié d'or le ciel ; l'enveloppe externe, les montagnes ; l'enveloppe interne, les nuages et les vapeurs ; les veines, les rivières ; le liquide intérieur, l'océan. 19, 2

Ce qui naquit alors fut le soleil ; à sa naissance s'élevèrent d'immenses clameurs, et tous les êtres et tous les (objets du) désir. C'est pourquoi, à son lever et à chacun de ses retours, s'élèvent d'immenses clameurs, et tous les êtres et tous les (objets du) désir. 19, 3

Celui qui, sachant ainsi, connaît que le soleil est *brahman,* peut compter que des clameurs de bienvenue l'accueilleront et le réjouiront — le réjouiront. 19, 4

QUATRIÈME LECTURE

PREMIÈRE SECTION

Il était un homme pieux qui, donnant beaucoup, faisait préparer beaucoup d'aliments, Jānaśruti Pautrāyaṇa. Il faisait tout autour de lui construire des abris pour que, de partout, on pût se nourrir de ses dons. 1, 1

Or, une nuit, des oies survolèrent ces lieux et une oie dit à une autre : « Oh ! holà ! Bhallākṣa ! Bhallākṣa ! L'éclat de Jānaśruti Pautrāyaṇa s'étend égal au ciel. Ne t'en approche pas de peur qu'il ne te consume ! » 1, 2

L'autre répondit : « Comment parles-tu de celui-là, étant ce qu'il est, comme de Raikva au chariot ? » — « Qui donc est Raikva au chariot ? » 1, 3

— « Comme les dés inférieurs s'ajoutent au gain du dé *kr̥ta*[1], de même les bonnes actions de toutes les créatures se réunissent sur celui qui sait ce qu'il (Raikva) sait. C'est de celui-là que je parle. » 1, 4

1. Le texte traditionnel de ces versets est en désordre : je ne réussis pas, quant à moi, à le construire convenablement.

1, 5 Jānaśruti Pautrāyaṇa entendit cela. Aussitôt levé il dit à son serviteur : « Voilà que tu parles de moi comme de Raikva au chariot. » — « Qui est donc ce Raikva au chariot ? »

1, 6 — « Comme les dés inférieurs s'ajoutent au gain du dé *kṛta*, de même les bonnes actions de toutes les créatures se réunissent sur celui qui sait ce qu'il sait. C'est de celui-là que je parle. »

1, 7 Le serviteur chercha et revint en déclarant qu'il ne l'avait pas trouvé. Jānaśruti lui dit : « C'est là où on cherche un brâhmane qu'il faut chercher. »

1, 8 Un homme, sous un chariot, grattait sa lèpre ; il s'assit tout près de lui : « Tu es sans doute, Seigneur, Raikva au chariot ? — Parfaitement, c'est moi », fut la réponse. Et le serviteur revint en disant qu'il l'avait trouvé.

II

2, 1 Alors Jānaśruti Pautrāyaṇa prenant avec lui six cents vaches, une parure d'or et un char attelé de mules, retourna près de lui et lui dit :

2, 2 « Voici six cents vaches, une parure, un char attelé de mules ; enseigne-moi, Seigneur, le dieu auquel tu crois. »

2, 3 L'autre répondit : « Grand bien te fasse, Śūdra, garde tes vaches ! » Alors de nouveau, Jānaśruti Pautrāyaṇa revint avec mille vaches, une parure d'or, un char attelé de mules et sa fille.

2, 4 Il lui dit : « Raikva ! Voici (pour toi) mille vaches, voici une parure, voici un char attelé de mules, voici une femme, voici le village dans lequel tu te trouves. Instruis-moi, Seigneur. »

Celui-ci, relevant le visage incliné de la jeune fille, dit : « Foin 2, 5
de toutes ces vaches, Śūdra ! C'est seulement par cette bouche
que tu m'auras fait parler. » C'est au lieu dit des Raikvaparṇas,
au pays des Mahāvṛṣas, qu'il lui parla. Il lui dit :

III

« L'air, en vérité, est un absorbant. Quand le feu s'éteint, 3, 1
c'est dans l'air qu'il disparaît ; quand le soleil se couche, c'est dans l'air qu'il disparaît ; quand la lune se couche, c'est dans l'air qu'elle disparaît ;

« Quand l'eau sèche, c'est dans l'air qu'elle disparaît. C'est 3, 2
l'air qui les absorbe tous. Ceci du point de vue des choses extérieures.

« Maintenant le point de vue humain. Le souffle, en vérité, 3, 3
est un absorbant. Quand on dort, la parole disparaît dans le souffle ; de même la vue, de même l'ouïe, de même la pensée. Le souffle, donc, les absorbe tous.

« Ce sont là les deux absorbants : l'air, dans l'ordre des objets 3, 4
extérieurs ; le souffle, dans l'ordre des êtres vivants.

« Un jour, un novice demanda l'aumône à Śaunaka Kāpeya 3, 5
et Abhipratārin Kākṣaseni au moment où on leur servait leur nourriture. Ils ne lui donnèrent rien.

« Il dit : 3, 6

« Quel est le dieu, gardien de l'univers, qui à lui seul a absorbé quatre êtres puissants ? les mortels, ô Kāpeya, ne le voient pas, bien que, ô Abhipratārin, il demeure partout[1].

1. L'énigme formulée par le novice fait écho au vers 3 juste au-dessus : le dieu (souffle) absorbe les quatre puissants (parole, vue, ouï pensée).

« La nourriture n'a pas été accordée à qui elle appartenait ».

3, 7 « Alors Śaunaka Kāpeya répliqua en opposant cette pensée :

« Âme des dieux, père des créatures, il a des crocs d'or ; il dévore et possède toute sagesse. On proclame grande sa grandeur parce que, jamais dévoré, il dévore même ce qui ne se mange pas.

« Voilà, ô novice, ce que nous professons. Donnez-lui la nourriture qu'il demande. »

3, 8 « On la lui donna. Ces cinq et ces autres cinq font dix[1] ; c'est le dé *kṛta*. C'est pourquoi par tout pays le dé *kṛta*, qui compte dix[2], est nourriture. C'est la *virāj* elle-même qui se nourrit en dévorant. C'est par elle que toute chose se voit. Il voit toute chose, il a de la nourriture en abondance celui qui sait ainsi — qui sait ainsi. »

IV

4, 1 Satyakāma Jābāla dit un jour à Jabālā sa mère : « Je désire, ô ma mère, faire mon noviciat de *brahmacārin*. Quel est ma famille (*gotra*) ? »

4, 2 Elle lui répondit : « Je ne sais pas, mon enfant, à quelle famille tu appartiens. J'allais et venais beaucoup pour tous

1. Les premiers cinq sont : l'air, le feu, le soleil, la lune et l'eau ; les cinq autres : le souffle, la parole, la vue, l'ouïe, la pensée. Dans l'ensemble on les prend ici comme exprimant la totalité de l'univers, objets extérieurs et homme. D'où le lien avec *virāj* considérée à la fois comme vers de dix syllabes et comme démiurge. Le personnage de Virāj est d'ailleurs un des plus flottants, des moins déterminés et des plus employés à des comparaisons diverses par le mysticisme brahmanique : en somme, il paraît correspondre à l'ensemble ou monde sensible.
2. Quatre points pour le dé *kṛta* et 3 + 2 + 1 pour les trois autres = 10.

les services de la maison, dans ma jeunesse, quand je t'ai conçu ; et moi-même je ne sais pas quelle est ta famille. Mais je m'appelle Jabālā, tu t'appelles Satyakāma. Dis-toi donc Satyakāma Jābāla. »

Allant donc à Hāridrumata Gautama, il lui dit : « Je 4, 3
voudrais, Seigneur, faire mon noviciat de *brahmacārin* près de vous. M'admettrez-vous, Seigneur ? »

Celui-ci lui répondit : « Eh bien ! de quelle famille êtes-vous, 4, 4
mon ami ? » — L'autre : « Je ne sais, Seigneur, de quelle famille je suis. J'ai interrogé ma mère. Elle m'a répondu : "J'allais et venais beaucoup pour tous les services de la maison, dans ma jeunesse, quand je t'ai conçu, et moi-même je ne sais pas de quelle famille tu es. Mais je me nomme Jabālā, tu te nommes Satyakāma." Je suis donc Satyakāma Jābāla. »

Gautama reprit : « Seul un brâhmane peut parler si 4, 5
franchement. Apportez le bois à brûler. Je vous initierai. Vous ne vous êtes pas écarté de la vérité. » Quand il l'eut initié, il forma à part un troupeau de quatre cents vaches maigres et faibles et dit : « Suivez ces vaches, mon ami. » En les mettant en route : « Je ne reviendrai pas, dit-il, avec moins de mille. » Il demeura éloigné quelques années, tant qu'il y en eut mille.

V

Un taureau lui parla ainsi : « Satyakāma ! ». — « Seigneur ! » 5, 1
— « Nous avons atteint le nombre de mille. Ramène-nous à la maison du maître,

Et je te dirai un pied (quart) de *brahman*. » — « Parlez, 5, 2
Seigneur. » Alors il lui dit : « La région orientale, est

un seizième, la région occidentale un seizième, la région méridionale un seizième, la région septentrionale un seizième. Ce sont ces quatre seizièmes qui font le pied (quart) de *brahman* qui est resplendissant.

5, 3 « Celui qui, sachant ainsi, connaît le quart de *brahman*, fait de quatre seizièmes, qui est splendeur, celui-là resplendit en ce monde. Il conquiert des mondes resplendissants celui qui, sachant ainsi, connaît ce quart de *brahman*, fait de quatre seizièmes, qui est resplendissant.

VI

6, 1 « Le feu te dira un (autre) quart. » Satyakāma, le lendemain matin, mit les vaches en route. Là où elles étaient parvenues au soir, il alluma un feu, enferma les vaches et, après avoir mis du bois, s'assit tout près derrière le feu et tourné vers l'est.

6, 2 Le feu lui adressa la parole : « Satyakāma ! » Il répondit : « Seigneur ! »

6, 3 — « Je veux, mon ami, te dire un quart de *brahman*. » — « Parlez, Seigneur ! » Il lui dit alors : « La terre est un seizième, l'atmosphère un seizième, le ciel un seizième, l'océan un seizième. C'est, fait de quatre seizièmes, le quart de *brahman* qui n'a pas de limites.

6, 4 « Celui qui, sachant ainsi, connaît le quart de *brahman*, en quatre seizièmes, qui n'a pas de limites, celui-là ne se heurte en ce monde à aucune limite. Il conquiert des mondes infinis, celui qui, sachant ainsi, connaît le quart de *brahman*, en quatre seizièmes, qui n'a pas de limites.

VII

« Une oie te dira un (autre) quart. » le lendemain matin, il remettait en route les vaches. Là où elles étaient parvenues au soir, il alluma un feu, enferma les vaches et, après avoir mis du bois, s'assit tout près derrière le feu et tourné vers l'est. 7, 1

Une oie, descendant près de lui, l'interpella : « Satyakāma ! » — « Seigneur ! », répondit-il. 7, 2

— « Je veux, mon ami, te dire un quart de *brahman* ». — « Dites, Seigneur ! ». Alors l'autre lui dit : « Le feu est un seizième, le soleil un seizième, la lune un seizième, l'éclair un seizième. Tel est le quart de *brahman*, en quatre seizièmes, qui est lumière. 7, 3

« Celui qui, sachant ainsi, connaît ce quart de *brahman*, en quatre seizièmes, qui est lumière, celui-là brille en ce monde. Il conquiert des mondes lumineux celui qui, sachant ainsi, connaît le quart de *brahman*, en quatre seizièmes, qui est lumière. 7, 4

VIII

« Un [cormoran] te dira un (autre) quart. » Et lui, le lendemain, remettait les vaches en route. À l'endroit où, vers le soir, elles parvenaient, il alluma un feu, enferma les vaches, et ayant mis du bois au feu, il s'assit tout près derrière le feu et tourné vers l'est. 8, 1

Descendant près de lui, un plongeon l'interpella : « Satyakāma ! » — « Seigneur ! », répondit-il. 8, 2

— « Je veux, mon ami, te dire un quart de *brahman*. » — « Dites, Seigneur », lui répondit-il. — « Le souffle 8, 3 est un seizième, la vue un seizième, l'ouïe un seizième, la pensée un seizième. C'est, en quatre seizièmes, le quart de *brahman* qui est établi dans les sens.

8, 4 « Celui qui, sachant ainsi, connaît ce quart de *brahman*, en quatre seizièmes, qui est établi dans les sens, celui-là a un établissement heureux en ce monde. Il conquiert des mondes solidement établis, celui qui, sachant ainsi, connaît ce quart de *brahman*, en quatre seizièmes, qui est établi dans les sens. »

IX

9, 1 Il atteignit enfin la demeure de son maître. Son maître l'interpella : « Satyakāma ! » — « Seigneur ! », répondit-il.

9, 2 — « Tu resplendis, mon ami, comme un homme qui connaît le *brahman*. Qui t'a enseigné ? » Il répondit : « Des êtres autres que les hommes. Mais c'est votre parole seule, Seigneur, que je désire.

9, 3 « Car j'ai entendu de vos pareils, Seigneur, que seule la science reçue du maître produit tout son effet. » Alors il la lui enseigna sans que rien y manquât — y manquât.

X

10, 1 Or, Upakosala Kāmalāyana fit son noviciat de *brahmacārin* sous Satyakāma Jābāla. Pendant douze années, il entretint pour lui les feux. Le maître libéra bien les autres disciples ; mais, celui-là, il ne le renvoya pas.

10, 2 La femme du maître lui dit : « Le novice souffre ; il a soigneusement entretenu les feux. De peur que les feux ne te blâment, instruis-le. » Mais il s'éloigna sans l'avoir instruit.

Alors, malade de chagrin, Upakosala décida de ne plus 10, 3
manger. La femme du maître lui dit : « Novice, mange. Pourquoi ne manges-tu pas ? » Il répondit : « Il y a dans l'homme bien des désirs féconds en dangers. Je suis plein de chagrins. Je ne mangerai pas. »

Alors les feux se concertèrent : « Le *brahmacārin* souffre. 10, 4
Il nous a soigneusement entretenus. Instruisons-le. » Ils lui dirent :

« Le *brahman* est souffle ; le *brahman* est *ka* ; le *brahman* 10, 5
est *kha* ». Il répondit : « Je sais que le *brahman* est souffle. Mais je ne sais ce qu'est *ka* ni *kha*. » Ils reprirent : « Ce qui est *ka*, cela même est *kha* ; ce qui est *kha*, cela même est *ka*. » Il lui expliquèrent ainsi le souffle et l'espace[1].

XI

Le feu *Gārhapatya*[2] lui enseigna : « Cet être — terre, feu, 11, 1
nourriture, soleil — que l'on voit dans le soleil, je suis cet être, je suis cet être même. »

Celui qui, sachant ainsi, le connaît, éloigne de soi le péché, 11, 2
il est maître du monde, il vit entièrement ses jours, il vit longtemps, sa descendance ne s'éteint pas. Nous le soutenons dans ce monde et dans l'autre, celui qui, sachant ainsi, le connaît.

1. Cf. *Bṛhad-āraṇyaka-Up.*, V, 1, 1, p. 159.
2. Sur le rôle des trois feux, voir l'introduction p. 37 (NdE).

XII

12, 1 Puis, le feu *Anvāhārya* lui enseigna : « Cet être — eaux, régions célestes, constellations, lune — que l'on voit dans la lune, je suis cet être, je suis cet être même. »

12, 2 Celui qui, sachant ainsi, le connaît, éloigne de soi le péché, il est maître du monde, il vit entièrement ses jours, il vit longtemps, sa descendance ne s'éteint pas. Nous le soutenons dans ce monde et dans l'autre, celui qui, sachant ainsi, le connaît.

XIII

13, 1 Alors, le feu *Āhavanīya* lui enseigna : « Cet être — souffle, espace, ciel, éclair — que l'on voit dans l'éclair, je suis cet être, cet être même. »

13, 2 Celui qui, sachant ainsi, le connaît, éloigne de soi le péché, il est maître du monde, il vit entièrement ses jours, il vit longtemps, sa descendance ne s'éteint pas. Nous le soutenons en ce monde et dans l'autre, celui qui, sachant ainsi, le connaît.

XIV

14, 1 Ils reprirent : « Upakosala, te voilà, mon ami, en possession de notre science et de la science de l'*ātman* ; mais le maître t'enseignera la voie. » Revint son maître et le maître s'adressa à lui : « Upakosala » !

14, 2 Il répondit : « Seigneur ! » — « Ton visage resplendit comme celui d'un homme qui connaît le *brahman*. Qui donc t'a instruit ? » — « Et qui, Seigneur, m'aurait instruit ? » En parlant ainsi, il semblait dissimuler ; puis, se tournant vers les feux : « Ceux-ci, en vérité, ont changé d'aspect. » — « Eh bien ! que t'ont-ils donc dit ? »

« Telle et telle chose », répondit-il. — « Ils t'ont donc, mon ami, parlé du cosmos (des mondes). Mais moi, ce que je vais te dire, celui qui le sait, le démérite ne s'attache pas plus à lui que l'eau à la feuille de lotus. » — « Parlez, Seigneur ». Il lui dit donc : 14, 3

XV

« Cet être que l'on voit dans l'œil, c'est l'*ātman*, ainsi parla-t-il ; c'est l'immortalité, c'est la félicité ; c'est *brahman*. C'est pourquoi si on l'asperge d'un liquide, beurre fondu ou eau, seuls les cils sont atteints. 15, 1

On le nomme *saṃyadvāma* ; car tous les bonheurs (*vāma*) vont à lui (*abhisaṃyanti*). Tous les bonheurs vont à celui qui sait ainsi. 15, 2

Il est vraiment *vāmanī* ; car il amène (*nayati*) tous les bonheurs (*vāma*). Il amène tous les bonheurs, celui qui sait ainsi. 15, 3

Il est vraiment *bhāmanī* ; car il brille (*bhāti*) dans tous les mondes. Celui-là brille dans tous les mondes, qui sait ainsi. 15, 4

Puis (à sa mort) qu'on lui fasse ou non des funérailles, il va droit à la flamme, de la flamme au jour, du jour à la quinzaine claire, de la quinzaine claire aux six mois durant lesquels le soleil monte au nord, de ces mois à l'année, de l'année au soleil, du soleil à la lune, de la lune à l'éclair. Là est un être qui, lui, n'est pas un humain. 15, 5

C'est lui qui mène (l'arrivant) à *brahman*. Tel est le chemin des dieux, le chemin de *brahman*. Ceux qui le suivent ne reviennent pas au tourbillon humain — ils ne reviennent pas ». 15, 6

XVI

16, 1 Celui-là, en vérité, est le sacrifice, qui purifie (le vent) ; en passant, il nettoie tout ; c'est parce que, en passant, il nettoie tout qu'il est le sacrifice. La pensée et la parole sont ses deux jantes.

16, 2 Le brahmane[1] procure l'une en pensant ; le *hotar*, l'*adhvaryu*, l'*udgātar* procurent l'autre en chantant. Quand, le service du matin étant commencé, le brahmane rompt le silence avant le vers final,

16, 3 Il ne procure qu'une des jantes, l'autre est perdue. Comme on ne peut marcher avec une seule jambe, ni un char rouler avec une seule roue, son sacrifice est compromis ; avec le sacrifice compromis, le sacrifiant lui-même est compromis : il perd à sacrifier.

16, 4 Mais quand, le service du matin commencé, le brahmane ne rompt pas le silence avant le vers final, alors les deux jantes sont sauves, il n'en manque pas une.

16, 5 Comme est d'aplomb un homme qui marche sur ses deux jambes ou un char qui roule sur ses deux roues, ainsi le sacrifice est bien d'aplomb. Avec le sacrifice d'aplomb, le sacrifiant lui-même est d'aplomb : il gagne à sacrifier.

XVII

17, 1 Prajāpati répandit une chaleur sur les mondes ; de chacun de ces mondes ainsi chauffés il exprima l'essence : le feu

1. J'écris « brahmane » pour désigner l'officiant appelé *brahman* afin de le distinguer, d'une part, du brâhmane en général (la caste) et, d'autre part, du *brahman* divin, lequel peut être à son tour masculin ou neutre, selon qu'il est conçu comme un dieu ou comme une entité.

(Agni) de la terre, l'air (Vāyu) de l'atmosphère, le soleil (Āditya) du ciel.

Sur ces trois divinités il répandit une chaleur ; de chacune 17, 2
de ces divinités ainsi chauffées, il exprima l'essence : d'Agni les *ṛc*, de Vāyu les *yajus*, les *sāman* d'Āditya.

Sur ces trois Vedas il répandit une chaleur ; de chacun 17, 3
des Vedas ainsi chauffés, il exprima l'essence : *bhūḥ* des *ṛc*, *bhuvaḥ* des *yajus*, *svar* des *sāman*.

C'est pourquoi si le sacrifice est compromis par quelque 17, 4
faute dans les *ṛc*, il faut faire une oblation dans le feu *Gārhapatya* en prononçant : « *Bhūḥ svāhā* ». Grâce à cette essence des *ṛc*, à la puissance des *ṛc*, on répare le dommage qu'a subi le sacrifice du fait des *ṛc*.

Et s'il y a eu quelque faute dans les *yajus*, il faut faire 17, 5
une oblation dans le feu *Dakṣiṇa* en disant : « *Bhuvaḥ svāhā* ». Grâce à cette essence des *yajus*, à la puissance des *yajus*, on répare le dommage qui vient des *yajus*.

Et s'il y a eu faute dans les *sāman*, il faut faire une offrande 17, 6
dans le feu *Āhavanīya* en disant : « *Svaḥ svāhā* ». Grâce à cette essence des *sāman*, à cette puissance des *sāman*, on répare le dommage qui est du fait des *sāman*.

Comme on répare l'or avec le borax (?), l'argent avec 17, 7
l'or, le zinc avec l'argent, le plomb avec le zinc, le fer avec le plomb, le bois avec le fer, le cuir avec le bois,

C'est ainsi par la puissance de ces mondes, de ces divinités, 17, 8
de ce triple Veda qu'on pourvoit aux défauts du sacrifice. Le sacrifice est sauf où le brahmane sait ainsi.

17, 9 Le sacrifice est orienté vers le nord[1] où le brahmane sait ainsi. Au brahmane qui sait ainsi s'applique cette strophe[2] : « L'homme va partout où se poursuit le tourbillon (du *saṃsāra*) ; seul le brahmane protège prêtres et sacrifiants. »

17, 10 En effet, le brahmane qui sait ainsi sauve le sacrifice, le sacrifiant et tous les officiants. Qu'on ne prenne donc qu'un brahmane qui sait ainsi, jamais un qui ne sache pas ainsi — qui ne sache pas ainsi.

1. Je suppose que cette notion se rattache à l'idée de la voie des dieux que suit le soleil dans sa marche vers le nord : cf. ci-dessus, IV, 15, 5.
2. Le texte est ici, semble-t-il, corrompu en plusieurs manières. Il semble qu'il soit statué une opposition entre l'homme ordinaire, qui continue à tourner toujours dans le cercle de la transmigration, et le brahmane (par allusion au *brahman* et au *brahma-patha*).

Le personnage qui est dans le disque solaire
et le personnage qui est dans l'œil droit reposent l'un sur l'autre ;
par les rayons celui de là-haut repose sur celui d'ici-bas,
et celui d'ici-bas par la perception vivante sur celui d'en haut.
(BU V, 5, 2)

CINQUIÈME LECTURE

Première section

En vérité, celui qui connaît le plus ancien et le meilleur, celui-là devient le plus ancien et le meilleur. Or, c'est le souffle qui est le plus ancien et le meilleur. 1, 1

En vérité, celui qui connaît le plus riche[1], celui-là est le plus riche entre les siens. Or, c'est la parole qui est la plus riche. 1, 2

En vérité, celui qui connaît le support, celui-là s'établit solidement dans ce monde et dans l'autre. Or, c'est la vue qui est le support. 1, 3

En vérité, celui qui connaît la prospérité, à celui-là affluent tous les biens divins et humains. Or, c'est l'ouïe qui est prospérité. 1, 4

1. Je suppose que c'est pour son emploi dans l'hymne, qui assure tous les biens, que la parole est dite riche, et à cause de son apparentement avec la lumière et le soleil que l'œil forme comme le point d'appui, le support de toute existence sensible. Quant à la « prospérité » dont le privilège est attribué à l'ouïe, je pense (par analogie avec ce qui se passe pour *vāc*) qu'elle le doit à la faculté de percevoir la parole et la tradition sacrées (*śruti*).

1, 5 En vérité, celui qui connaît le refuge, celui-là est le refuge des siens. Or, le refuge c'est l'esprit[1].

1, 6 Un jour les sens (souffles) se disputèrent la préséance, chacun prétendant être le meilleur[2].

1, 7 Les sens se rendirent près de Prajāpati, leur père, et lui dirent : « Seigneur, lequel de nous est le meilleur ? » — Il leur dit : « Celui qui, s'éloignant, met le corps en plus mauvais point, c'est celui-là qui est le meilleur d'entre vous. »

1, 8 Alors la parole s'éloigna. Après une absence d'un an, elle revint et dit : « Comment avez-vous pu vivre sans moi ? » — « Comme des muets, sans parler, mais respirant par le souffle, voyant par l'œil, entendant par l'oreille, pensant par l'esprit. » — « C'est vrai », et la parole reprit sa place.

1, 9 La vue s'éloigna. Après une absence d'un an, elle revint et dit : « Comment avez-vous pu vivre sans moi ? » — « Comme des aveugles, sans voir, mais en respirant par le souffle, en parlant par la voix, en entendant par l'oreille, en pensant par l'esprit. » — « C'est vrai », et la vue reprit sa place.

1, 10 L'ouïe s'éloigna. Après une absence d'un an, elle revint et dit : « Comment avez-vous pu vivre sans moi ? » — « Comme des sourds, sans entendre, mais en respirant par le souffle,

1. C'est comme centre et condition des perceptions (*āyatana*) que le *manas* est ainsi représenté, ce qui supposerait la classification des sens à la manière du *Sāṅkhya* avec le *manas* comme « sens interne » ? Il semble que le rôle du *prāṇa* conserve la tradition du devenir de l'*ātman* philosophique, suggéré par et réalisé dans le *prāṇa*.
2. Les sens sont comme d'habitude désignés sous le nom de « souffles », ce qui semble indiquer que c'est du souffle comme condition et expression de la vie que sont parties ces spéculations.

en parlant par la voix, en voyant par l'œil, en pensant par l'esprit. » — « C'est vrai », et l'ouïe reprit sa place.

L'esprit s'éloigna. Après une absence d'un an, il revint et dit : « Comment avez-vous pu vivre sans moi ? » — « Comme des enfants, dépourvus de pensée, mais respirant par le souffle, parlant par la voix, voyant par l'œil, entendant par l'oreille. » — « C'est vrai », et l'esprit reprit sa place. 1, 11

Alors quand le souffle voulut s'éloigner, comme un cheval vigoureux entraînerait les piquets où sont fixées ses entraves, il entraîna les autres souffles (sens). S'empressant vers lui, ils lui dirent : « Soit, Seigneur, tu es entre nous le meilleur. Ne t'éloigne pas ! » 1, 12

Et la parole lui dit : « Si je suis la plus riche, tu l'es bien plus, toi qui m'englobes. » Puis l'œil lui dit : « Si je suis le support, tu es, toi, le support de ce support (que je suis). » 1, 13

L'oreille lui dit : « Si je suis prospérité, tu enveloppes, toi, cette prospérité. » L'esprit lui dit : « Si je suis le fondement, tu es à moi-même le fondement. » 1, 14

C'est pourquoi le nom générique des sens n'est pas les paroles, les vues, les ouïes, les esprits, mais les souffles. Le souffle (la vie) est tous les sens. 1, 15

II

Il (le souffle) dit : « Quelle sera ma nourriture » ? Ils répondirent : « Tout ce qui existe, jusqu'aux chiens, aux oiseaux. » « En vérité, tout cela est *anna* (nourriture) de l'*ana* (du souffle). Car *ana* est le nom générique du *prāṇa* 2, 1 (du souffle). À celui qui sait ainsi il n'est rien qui ne soit nourriture (aucune nourriture n'est interdite). »

2, 2 Il dit : « Quel sera mon vêtement ? » Ils répondirent : « L'eau ». C'est pourquoi, quand on veut manger, on enveloppe d'eau la nourriture[1]. Ainsi on s'assure un vêtement, on échappe à la nudité[2].

2, 3 Alors, Satyakāma Jābāla, ayant ainsi parlé à Gośruti Vaiyāghrapadya, ajouta : « Si on disait cela même à un tronc d'arbre desséché, des branches lui viendraient, des feuilles lui pousseraient. »

2, 4 Quand, donc, on se propose de poursuivre quelque grand objet, il faut procéder à la *dīkṣā* (cérémonie d'initiation) le jour de la nouvelle lune, dans la nuit de la pleine lune mêler de lait caillé et de miel un breuvage composé de toutes sortes d'herbes pressées, et faire dans le feu une offrande de beurre en prononçant : « *Svāhā* au plus ancien, au meilleur. » Puis on verse dans le breuvage le reste de beurre.

2, 5 Après avoir fait dans le feu l'offrande de beurre en disant : « *Svāhā* à la plus riche », il faut verser dans le breuvage le reste du beurre ; de même après l'offrande qu'accompagnent les mots : « *Svāhā* au support », et après celle qu'accompagnent les mots : « *Svāhā* à la prospérité », et après celle qu'accompagnent les mots : « *Svāhā* au refuge ».

1. On se rince la bouche avant et après le repas.
2. Je traduis en me fondant sur les analogies qui nous font attendre ici la récompense que comporte la doctrine exprimée. Cependant, comme toute la formule est ici modifiée, peut-être vaut-il mieux accepter le souffle comme sujet et comprendre que c'est grâce à la nourriture qu'il est revêtu d'un corps et n'apparaît jamais sans ce vêtement ? Le verset suivant me semble favoriser cette seconde interprétation.

Alors, reculant légèrement, il prend le breuvage dans ses mains réunies et récite à mi-voix : 2, 6

« Tu as nom *Ama* ; car tout ce qui existe est en (*amā*) toi. Il est le plus ancien, le meilleur, le roi, le souverain. Puisse-t-il faire de moi le plus ancien, le meilleur, le roi, le souverain !

« Que je sois moi-même tout ce qui existe. »

Alors, il boit à petits coups en récitant cette *ṛc*, un *pāda* par gorgée : « Nous choisissons de ce Savitar — il boit — du dieu, la nourriture — il boit — C'est la meilleure, celle qui produit tout — il boit — Nous connaissons la rapidité du Seigneur » — il achève de boire. 2, 7

Après avoir nettoyé le vase, *kaṃsa* ou *camasa*, il s'assoit à l'ouest du feu sur une peau ou sur la terre, attentif à garder strictement le silence. S'il aperçoit une femme, qu'il sache que le rite a réussi. 2, 8

C'est à quoi se réfère cette stance : 2, 9

« Quand, pratiquant des rites destinés à réaliser un désir, on voit une femme en rêve, il faut reconnaître le gage du succès dans cette apparition — dans cette apparition. »

III

Un jour, Śvetaketu Āruṇeya se rendait à l'assemblée des Pañcālas. Pravāhaṇa Jaivali lui dit : « Enfant, ton père t'a instruit ? » — « Assurément, Seigneur. » 3, 1

— « Tu sais où, en partant d'ici-bas, vont les créatures ? » — « Non, Seigneur. » — « Sais-tu comment elles reviennent ? » — « Non, Seigneur. » — « Sais-tu comment 3, 2 bifurquent les deux chemins, sentier des dieux et sentier des mânes. » — « Non, Seigneur. »

3, 3 — « Sais-tu comment l'autre monde ne finit pas par se remplir ? » — « Non, Seigneur. » — « Sais-tu comment, à la cinquième offrande, les eaux ont la parole ? » — « Non, Seigneur ».

3, 4 — « Mais, alors, comment as-tu dit que tu avais été instruit ? Comment se dire instruit quand on ne sait pas ces choses ? » Tout attristé, il se rendit à la demeure de son père et lui dit : « Vous m'avez dit, Seigneur : je t'ai instruit, et vous ne m'avez pas instruit.

3, 5 « Un homme de la classe militaire m'a posé cinq questions, et je n'en ai pas pu résoudre une seule ». — Le père répondit : « D'après ce que tu m'as dit de ces cinq questions, moi-même je n'en connais pas une seule. Si je les avais connues, comment ne t'en aurais-je pas fait part ? »

3, 6 Alors Gautama se rendit à la demeure du roi. Celui-ci, quand il se présenta, l'accueillit avec respect. Puis, au matin, il se leva pour se rendre à l'assemblée. Il lui dit : « Seigneur Gautama, émettez le vœu de quelque bien terrestre. » L'autre répondit : « Les biens terrestres sont ton lot, ô roi. Répète-moi seulement le discours que tu as tenu à l'enfant. »

3, 7 Le prince se sentit embarrassé et l'invita à patienter un temps. Alors il dit : « D'après ce que vous m'avez dit, ô Gautama, cette connaissance n'est pas, jusqu'à vous, parvenue aux brâhmanes ; c'est bien pourquoi dans tous les mondes la domination a été réservée à la classe des kṣatriyas ». Il lui dit alors :

IV

« En vérité, ô Gautama, le monde céleste est Agni : le soleil en est le combustible, ses rayons la fumée, le jour la flamme, la lune les charbons, les astres les étincelles. 4, 1

« Dans ce feu-là, les dieux versent la foi en offrande. De cette offrande naît le roi Soma. » 4, 2

V

« En vérité, ô Gautama, Parjanya (l'orage) est Agni : c'est le vent qui est le combustible, la nuée la fumée, l'éclair la flamme, la foudre les charbons, la grêle les étincelles. 5, 1

« Dans ce feu-là, les dieux versent le roi Soma en offrande. De cette offrande naît la pluie. » 5, 2

VI

« En vérité, ô Gautama, la terre est Agni : le combustible est l'année, l'espace la fumée, la nuit la flamme, les régions célestes les charbons, les régions intermédiaires les étincelles. 6, 1

« Dans ce feu-là les dieux versent la pluie en offrande. De cette offrande naît la nourriture. » 6, 2

VII

« En vérité, ô Gautama, l'homme est Agni : c'est la parole qui est le combustible, le souffle la fumée, la langue la flamme, l'œil les charbons, l'oreille les étincelles. 7, 1

« Dans ce feu-là les dieux versent la nourriture en offrande. De cette offrande naît le sperme. » 7, 2

VIII

8, 1 « En vérité, ô Gautama, la femme est Agni : c'est son giron qui est le combustible, l'appel de l'homme la fumée, la vulve la flamme, le coït le charbon, le plaisir les étincelles.

8, 2 « Dans ce feu-là les dieux versent le sperme en offrande. De cette offrande naît l'embryon. »

IX

9, 1 « Ainsi s'explique ce qui a été dit[1] que, à la cinquième offrande, les eaux ont la parole comme l'homme. Cet embryon demeure enveloppé de la membrane, dix mois, ou quelque temps que ce soit, dans le sein de la mère, puis il naît.

9, 2 « Né, il vit jusqu'au terme de ses jours ; mort, fixé dans sa destinée future, il est porté à Agni d'où il est venu, dont il est sorti. »

X

10, 1 « Ceux, donc, qui savent ainsi et ceux dans la forêt qui connaissent que la mortification vaut la foi, ceux-là entrent dans la flamme, de la flamme dans le jour, du jour dans la quinzaine claire, de la quinzaine claire dans les six mois que le soleil monte vers le nord ;

10, 2 « De ces mois dans l'année, de l'année dans le soleil, du soleil dans la lune, de la lune dans l'éclair. Là un personnage qui, lui, n'est pas un humain, les conduit à *brahman*. Tel est le chemin de la voie des dieux.

1. Ci-dessus, V, 3, 3.

« Quant à ceux qui, maîtres de maison, au village pensent 10, 3
que l'aumône vaut tous les sacrifices et les œuvres, ceux-là entrent dans la fumée, de la fumée dans la nuit, de la nuit dans la quinzaine sombre, de la quinzaine sombre dans ces six mois où le soleil descend au sud. Ceux-là n'atteignent pas l'année.

« Des mois ils vont au monde des mânes, du monde des 10, 4
mânes à l'espace, de l'espace à la lune : là est le roi Soma : il est l'aliment des dieux, les dieux s'en nourrissent.

« Ils y demeurent jusqu'au bout, puis, ils retournent, par 10, 5
le même chemin par lequel ils sont venus à l'espace, de l'espace dans le vent ; après avoir été vent, ils deviennent fumée ; de fumée ils deviennent brouillard,

« De brouillard, nuage. Devenus nuage, ils tombent en 10, 6
pluie. Alors, apparaissent sur la terre le riz et l'orge, les plantes et les arbres, le sésame et les pois. De là on ne sort pas sans peine. Au fur et à mesure que l'un ou l'autre mange et engendre, on revient à la vie.

« Ceux qui ont une conduite satisfaisante ont la perspective 10, 7
d'obtenir une naissance satisfaisante, brâhmane, Kṣatriya ou Vaiśya. Ceux, au contraire, qui se sont souillés par une conduite mauvaise ont la perspective d'une naissance souillée, chien, porc ou Caṇḍāla.

« Mais il y a tous les petits êtres condamnés à revenir 10, 8
indéfiniment, qui ne vont ni par l'un ni par l'autre des deux chemins. C'est la troisième catégorie soumise au seul décret : "Vis ! meurs !" C'est ainsi que le monde ne se remplit pas[1]. Que l'on prenne donc garde ! À cela se rapporte la stance :

1. Je suppose que, dans cette vue du *saṃsāra*, on comprend que les vies inférieures qui n'ont pas de sanction morale, donc pas de *karman* véri-

10, 9 « Qui vole de l'or et qui boit des liqueurs, qui déshonore le lit de son maître et qui frappe un brâhmane, ces quatre tombent et, en cinquième, celui qui s'associe à eux. »

10, 10 « Mais celui qui connaît ainsi les cinq feux, celui-là, même associé à eux, n'est pas souillé par le péché. Il est pur, net et digne du monde des bienheureux, celui qui sait ainsi — qui sait ainsi. »

XI

11, 1 Prācīnaśāla Aupamanyava, Satyayajña Pauluși, Indradyumna Bhāllaveya, Jana Śārkarākṣya, Buḍila Āśvatarāśvi, tous cinq grands maîtres de maison et grands théologiens, s'étant réunis, examinèrent ces questions : « Qui est notre moi (*ātman*), et qui est *brahman* ? »

11, 2 Ils réfléchirent. « Uddālaka Āruṇi, Seigneurs, étudie justement, en ce moment, l'*ātman* Vaiśvānara (l'âme qui est dans tous les hommes). Allons donc le trouver. » Et ils allèrent.

11, 3 Mais lui réfléchit : « Ces hommes, grands maîtres de maison et grands théologiens, vont m'interroger. Je ne pourrai sans doute pas leur tout expliquer. Je les dirigerai vers un autre maître. »

11, 4 Il leur dit donc : « En vérité, Seigneurs, Aśvapati Kaikeya étudie présentement l'*ātman* Vaiśvānara. Allons donc le trouver. » Et ils allèrent.

table, vont et viennent sous le seul décret du destin ou du créateur. Ce décret étant arbitraire est donc une raison de restriction des naissances. De même, parmi les hommes qui dépendent du *karman*, la lenteur des renaissances suivant les particules de plantes absorbées et ceux qui les absorbent ou même la destinée qui est réservée à certaines de ces plantes, met un grand obstacle à leur multiplication infinie.

Le maître, à leur arrivée, leur fit rendre à chacun tous 11, 5
les respects. Puis, au matin, se levant, il dit :

« Dans mon pays, il n'y a pas de voleur, pas d'avare, pas d'ivrogne, pas d'homme qui ne sacrifie régulièrement, pas d'ignorant ; il n'est pas de débauché, encore moins encore de débauchée.

« Je vais sacrifier, Seigneurs. Autant je donnerai d'argent à chacun des officiants, autant, Seigneurs, je vous en donnerai à vous. Demeurez. »

Ils répondirent : « C'est de l'objet qui occupe sa vie 11, 6
que l'homme doit parler. C'est le seul *ātman* Vaiśvānara
(commun à tous les hommes) que tu étudies présentement.
Parle-nous de lui. »

Il leur dit : « Demain matin je vous répondrai. » le lendemain, de 11, 7
bonne heure, ils revenaient, apportant du bois pour le sacrifice.
Mais, sans les soumettre à aucune initiation, il leur dit :

XII

« Aupamanyava ! Qu'est-ce que tu considères comme 12, 1
l'*ātman* ? » — « Le ciel, Seigneur roi », répondit-il. —
« C'est la splendeur de l'*ātman* Vaiśvānara que tu considères
comme l'ātman. De là vient que, dans ta famille, on voit
presser le soma (*suta*) en des sacrifices de tout genre, d'un
jour, de plusieurs jours, de beaucoup de journées.

« Tu manges, tu obtiens ce qui t'est agréable. Il mange, il 12, 2
obtient ce qui lui est agréable, sa famille jouit du prestige
religieux, celui qui croit ainsi à cet *ātman* Vaiśvānara. Mais
c'est la tête de l'*ātman*, reprit-il. Ta tête aurait éclaté si tu
n'étais pas venu à moi. »

XIII

13, 1 Alors il dit à Satyayajña Pauluṣi : « Prācīnayogya, qu'est-ce que tu considères comme l'*ātman* ? » — « Le Soleil, Seigneur roi », répondit l'autre. — « C'est l'infinité d'aspects de l'*ātman* Vaiśvānara que tu considères comme l'*ātman*. De là vient que, dans ta famille, se voient beaucoup de biens de toutes sortes,

13, 2 « Un char à mules tout équipé, une esclave, une parure d'or. Tu manges, tu obtiens ce qui t'est agréable. Il mange, il obtient ce qui lui est agréable, sa famille jouit du prestige religieux, celui qui croit ainsi à l'*ātman* Vaiśvānara. Mais c'est l'œil de l'*ātman*. Ainsi, reprit-il, tu serais devenu aveugle si tu n'étais pas venu à moi. »

XIV

14, 1 Il dit alors à Indradyumna Bhāllaveya : « Vaiyāghrapadya ! qu'est-ce que tu considères comme l'*ātman* ? » — « Le vent, Seigneur roi », répondit-il. — « C'est, en vérité, l'universelle pénétration de l'*ātman* Vaiśvānara que tu considères comme l'*ātman*. C'est pourquoi une foule de dons viennent à toi, des lignes de chars te suivent en foule[1].

14, 2 « Tu manges, tu obtiens ce qui t'est agréable. Il mange, il obtient ce qui lui est agréable, sa famille jouit du prestige religieux, celui qui croit ainsi à l'*ātman* Vaiśvānara. Mais c'est là le souffle de l'*ātman*, reprit-il. Le souffle t'aurait abandonné si tu n'étais pas venu à moi. »

1. Il faut se souvenir, pour comprendre l'effet attribué à cette croyance, que la pénétration universelle de l'*ātman* est exprimée par *pṛthagvartman* qui le montre « pénétrant par tous les chemins », les mêmes chemins que prennent aussi les dons et les chars.

XV

Il s'adressa alors à Jana Śārkarākṣya : « Śārkarākṣya ! 15, 1
Qu'est-ce que tu considères comme l'*ātman* ? » — « L'espace, Seigneur roi », dit-il. — « C'est, en vérité, l'étendue immense de l'*ātman* Vaiśvānara que tu considères comme l'*ātman*. C'est pourquoi tu t'étends en descendance et en richesse.

« Tu manges, tu obtiens ce qui t'est agréable. Il mange, 15, 2
il obtient ce qui lui est agréable, celui qui croit ainsi à cet *ātman* Vaiśvānara. Mais c'est là le corps de l'*ātman*, reprit-il. Ton corps serait tombé en morceaux si tu n'étais pas venu à moi. »

XVI

Alors il s'adressa à Buḍila Āśvatarāśvi : « Vaiyāghrapadya ! 16, 1
Qu'est-ce que tu considères comme l'*ātman* ? » — « Les eaux, Seigneur roi », répondit-il. — « C'est donc la fécondité de l'*ātman* Vaiśvānara que tu considères comme l'*ātman*. C'est pourquoi tu es riche, tu es opulent.

Tu manges, tu obtiens ce qui t'est agréable. Il mange, il 16, 2
obtient ce qui lui est agréable, sa famille jouit du prestige religieux, celui qui considère ainsi l'*ātman* Vaiśvānara. Mais c'est là la vessie de l'*ātman*, reprit-il. Ta vessie se serait rompue si tu n'étais venu à moi. »

XVII

Alors il s'adressa à Uddālaka Āruṇi : « Gautama, que 17, 1
considères-tu comme l'*ātman* ? » — « La terre, Seigneur », répondit-il. — « C'est, en vérité, l'inébranlable solidité de l'*ātman* Vaiśvānara que tu considères comme l'*ātman*. C'est

pourquoi tu as, en descendance et en troupeaux, un solide établissement.

17, 2 « Tu manges, tu obtiens ce qui t'est agréable. Il mange, il obtient ce qui lui est agréable, sa famille jouit du prestige religieux, celui qui considère ainsi l'*ātman* Vaiśvānara. Mais ce sont là les pieds de l'*ātman*, reprit-il. Tes pieds auraient perdu toute force si tu n'étais pas venu à moi. »

XVIII

18, 1 Il leur dit alors : « Tous, c'est en considérant cet *ātman* Vaiśvānara séparément (dans ses divers aspects) que vous vivez[1]. Mais celui qui connaît cet *ātman* Vaiśvānara haut d'un empan et qui défie toute mesure, celui-là vit dans tous les mondes, dans tous les êtres, dans tous les moi.

18, 2 « De cet *ātman* Vaiśvānara, la (voûte céleste qui est) splendeur est la tête, (le soleil) qui fait tout apparaître est l'œil, (l'air) qui pénètre partout est le souffle, (l'étendue) immense est son corps, (l'eau qui fait) la richesse sa vessie, la (terre qui est) solidité inébranlable ses pieds ; l'autel est sa poitrine, la jonchée ses poils ; c'est le feu *Gārhapatya* qui est son cœur, le feu *Anvāhārya* son esprit, le feu *Āhavanīya* sa bouche.

1. On a vu que les vues partielles de l'*ātman vaiśvānara* assurent des avantages matériels, richesse, descendance, etc. « Se nourrir », c'est tout ensemble assurer sa vie et obtenir des avantages, terrestres pour qui connaît imparfaitement l'*ātman*, supérieurs pour qui le connaît en vérité. L'image est appelée notamment par la nécessité de faire transition avec la suite où l'on voit que, pour qui connaît l'*ātman vaiśvānara*, se nourrir est comme nourrir Agni (car Vaiśvānara désigne aussi un feu) et que nourrir *vaiśvānara* est le vrai *agnihotra*.

XIX

« Donc le premier aliment venu peut servir d'oblation. 19, 1
Quand on offre (dans sa bouche considérée comme le feu *āhavanīya*) la première offrande, il faut l'offrir en disant : "*Svāhā* au *Prāṇa* (souffle)". Le souffle est rassasié.

« Le souffle rassasié, l'œil est rassasié ; l'œil rassasié, le soleil 19, 2
est rassasié ; le soleil rassasié, le ciel est rassasié ; le ciel rassasié, tout ce qui est sous le ciel et sous le soleil est rassasié ; en suite de quoi on est rassasié de descendance, de troupeaux, de nourriture, de force, de splendeur, de prestige religieux.

XX

« Quand on fait la seconde offrande, il faut la faire en 20, 1
disant : "*Svāhā* au *Vyāna* (le souffle répandu dans le corps)". Le *vyāna* est rassasié.

« Le *vyāna* rassasié, l'oreille est rassasiée ; l'oreille rassasiée, 20, 2
la lune est rassasiée ; la lune rassasiée, les régions célestes sont rassasiées ; les régions rassasiées, tout ce qui est sous les régions et sous la lune est rassasié ; en suite de quoi on est rassasié de descendance, de troupeaux, de nourriture, de force, de splendeur, de prestige religieux.

XXI

« Quand on fait la troisième offrande, il faut la faire en 21, 1
disant : "*Svāhā* à l'*Apāna* (souffle inhalé)". L'*apāna* est rassasié.

« L'*apāna* rassasié, la parole est rassasiée ; la parole rassasiée, 21, 2
le feu est rassasié ; le feu rassasié, la terre est rassasiée ;

la terre rassasiée, tout ce que dominent le feu et la terre est rassasié ; en suite de quoi on est rassasié de descendance, de troupeaux, de nourriture, de force, de splendeur, de prestige religieux.

XXII

22, 1 « Quand on fait la quatrième offrande, il la faut faire en disant : "*Svāhā* au *Samāna* (souffle intérieur)". Le *samāna* est rassasié.

22, 2 « Le *samāna* rassasié, l'esprit est rassasié ; l'esprit rassasié, Parjanya (l'orage) est rassasié ; Parjanya rassasié, l'éclair est rassasié ; l'éclair rassasié, tout ce que dominent Parjanya et l'éclair est rassasié ; en suite de quoi on est rassasié en descendance, en troupeaux, en nourriture, en force, en splendeur, en prestige religieux.

XXIII

23, 1 « Quand on fait la cinquième offrande, il faut la faire en disant : "*Svāhā* à l'*Udāna* (souffle qui monte)". L'*udāna* est rassasié.

23, 2 « L'*udāna* rassasié, l'air est rassasié ; l'air rassasié, l'espace est rassasié ; l'espace rassasié, tout ce que dominent l'air et l'espace est rassasié ; en suite de quoi on est rassasié en descendance, en troupeaux, en nourriture, en force, en splendeur, en prestige religieux.

XXIV

24, 1 « Celui qui offre l'*Agnihotra* sans savoir cela est comme celui qui, écartant les braises, ferait l'offrande dans la cendre.

« Mais celui qui, sachant cela ainsi, offre l'*Agnihotra*, celui-là fait l'offrande dans tous les mondes, dans tous les êtres, dans tous les moi. 24, 2

« Comme est brûlée, quand on la jette dans le feu, la panicule d'un roseau, ainsi sont brûlés tous les péchés de celui qui, sachant cela ainsi, offre l'*Agnihotra*. 24, 3

« C'est pourquoi de celui qui sait ainsi, quand même il donnerait à un caṇḍāla les restes du sacrifice, l'offrande serait faite dans l'*ātman* Vaiśvānara. C'est à quoi s'applique cette stance : 24, 4

« Comme des enfants affamés autour de la mère, ainsi s'empressent tous les êtres autour de l'*Agnihotra* — autour de l'*Agnihotra*. » 24, 5

SIXIÈME LECTURE

Première section

Il était une fois Śvetaketu Āruṇeya. Son père lui dit : « Śvetaketu ! va faire ton noviciat. En vérité, mon enfant, un homme de notre famille ne doit pas, faute de s'instruire, devenir un brâhmane indigne. » 1, 1

Il se rendit donc à douze ans auprès d'un maître. À vingt-quatre, ayant étudié tous les Vedas, il revint, content de soi, fier de ses connaissances, orgueilleux. 1, 2

Son père lui dit : « Śvetaketu ! Puisque, mon ami, tu es content de toi, fier de tes connaissances, orgueilleux, t'es-tu jamais enquis de l'enseignement grâce auquel on est informé de ce qu'on n'a pas appris comme si on l'avait appris, de ce qu'on n'a pas perçu comme si on l'avait perçu, de ce qu'on n'a pas élucidé comme si on l'avait élucidé[1] ? » 1, 3

— « Comment donc, Seigneur, est cet enseignement ? » 1, 4
— « De même, mon ami, que par un morceau d'argile on

1. Cette formule se rapporte au *satkāryavāda*, qui va être expliqué et en vertu duquel les choses, étant coexistantes avec la substance dont elles ne sont que des modifications temporaires, sont d'avance connues par la connaissance qu'on a de cette substance à laquelle elles sont identiques, sans qu'il soit besoin de les étudier chacune directement.

connaît tout ce qui est argile, les diverses modifications n'en étant que distinction de nom et affaire de langage et n'y ayant qu'une réalité, l'argile ;

1, 5 « De même, mon ami, que par un morceau de cuivre on connaît tout ce qui est cuivre, les diverses modifications n'en étant que distinction de nom et affaire de langage, et n'y ayant qu'une réalité, le cuivre ;

1, 6 « De même, mon ami, que par une seule lame on connaît tout ce qui est fer, les diverses formes n'en étant que distinction de nom et affaire de langage et n'y ayant qu'une réalité, le fer : ainsi en est-il, mon ami, de cet enseignement. »

1, 7 — « Sûrement mes vénérables maîtres ne savaient pas cela. S'ils l'avaient su, comment ne me l'auraient-ils pas dit ? Mais vous, Seigneur, dites-le moi. » — « Soit, mon ami », répondit-il.

II

2, 1 « De toutes choses au commencement, mon ami, il n'y avait, seul et sans second, que l'être. Quelques-uns disent, il est vrai : De toutes choses, au commencement, il n'y avait, seul et sans second, que le néant. De ce néant, naquit l'être.

2, 2 « Mais comment, continua-t-il, en serait-il ainsi, mon ami ? Comment l'être naîtrait-il du néant ? En vérité, c'est l'être qu'il y avait au commencement, l'être, seul et sans second.

2, 3 « Il pensa : Puissé-je me multiplier ! Puissé-je enfanter ! Et il produisit le *tejas* (feu-chaleur). Le *tejas* pensa : Puissé-je me multiplier ! Puissé-je enfanter ! Et il produisit les eaux. Et c'est ainsi que toutes les fois qu'un homme pleure ou transpire (par l'effet de la chaleur, de la peine ou de la fatigue), un liquide se produit.

« Les eaux pensèrent : Puissions-nous nous multiplier ! 2, 4
Puissions-nous enfanter ! Elles produisirent la nourriture. C'est ainsi que partout où il pleut, la nourriture est en abondance. C'est de l'eau que naît la nourriture.

III

[Il y a pour les êtres trois origines possibles : ils naissent 3, 1
d'un œuf, ou d'un être vivant, ou d'une graine[1].]

« L'Être pensa : Je veux, par l'âme individuelle vivante, 3, 2
entrer dans ces trois règnes (ciel-tejas, atmosphère-eaux, terre-nourriture), et établir la distinction du nom et de la forme[2].

« Je les veux faire chacun triple (en les combinant avec 3, 4
les deux autres). Et il entra dans les trois règnes par l'âme individuelle et établit la distinction du nom et de la forme.

« Il fit triple chacun d'eux. Mais comment chacun de ces 3, 5
règnes est triple, apprends-le de moi, mon ami.

IV

« L'aspect rouge du feu est la manifestation du *tejas*[3] ; 4, 1
le blanc, de l'eau ; le noir, de la nourriture. Le feu disparaît

1. Cette remarque n'a rien à faire ici, où elle trouble la suite des idées. C'est sans doute une interpolation amenée par le chiffre 3, et qui donne à penser que ces classifications ont pu souvent être réunies par voie des chiffres.
2. C'est-à-dire créer les êtres individuels au moyen des vies individuelles.
3. Le *tejas*, qui est « feu », est surtout « rayonnement » comme expression de la chaleur et de la lumière. Le *tejas* a son lieu dans le ciel, comme

comme entité véritable. Ce n'est qu'une création du langage, une modification, un nom. Seuls, les trois aspects sont réalité[1].

4, 2 « L'aspect rouge du soleil est la manifestation du *tejas* ; le blanc, de l'eau ; le noir, de la nourriture. Le soleil disparaît comme entité véritable. Ce n'est qu'une création du langage, une modification, un nom. Seuls, les trois aspects sont réalité.

4, 3 « L'aspect rouge de la lune est la manifestation du *tejas* ; le blanc, de l'eau ; le noir, de la nourriture. La lune disparaît comme entité véritable. Ce n'est qu'une création du langage, une modification, un nom. Seuls, les trois aspects sont réalité.

4, 4 « L'aspect rouge de l'éclair est la manifestation du *tejas* ; le blanc, de l'eau ; le noir, de la nourriture. L'éclair disparaît comme entité véritable. Ce n'est qu'une création du langage, une modification, un nom. Seuls, les trois aspects sont réalité.

4, 5 « C'est quand ils surent cela que, jadis, les grands maîtres de maison et grands théologiens dirent : “Personne ne nous saurait maintenant rien dire qui nous soit nouveau, que nous n'ayons pensé, que nous n'ayons pénétré.” Par ces (trois règnes) ils savaient.

4, 6 « Ce qui leur apparaissait rouge, ils savaient que c'était la manifestation du *tejas* ; ce qui leur apparaissait blanc, la manifestation de l'eau ; noir, la manifestation de la nourriture.

4, 7 « Quant à ce qui leur apparaissait indistinct, ils savaient que c'était le mélange des trois règnes. Maintenant, mon

l'eau s'identifie avec l'atmosphère et la nourriture avec la terre. Ce sont là « les trois mondes » : ce sont aussi « les trois *guṇa* ».

1. On sent là dans ces trois entités : feu (lumière), eau (atmosphère), nourriture (terre), un prolongement de la théorie des trois mondes-*guṇa* et l'on peut voir au verset 7 comment le mélange des *guṇa* équivaut à l'indiscriminé.

ami, comment, dans l'homme, chacun des trois est triple, c'est ce que je vais t'apprendre.

V

« Absorbée, la nourriture se répartit en trois : les éléments les plus grossiers deviennent excréments ; les moyens deviennent chair ; les plus subtils, esprit. 5, 1

« Bues, les eaux se répartissent en trois : les éléments les plus grossiers deviennent urine ; les moyens deviennent sang ; les plus subtils, souffle. 5, 2

« Absorbé, le *tejas* se répartit en trois : les éléments les plus grossiers deviennent os ; les éléments moyens deviennent moelle ; les plus subtils, parole. 5, 3

« En vérité, mon ami, l'esprit est fait de nourriture, le souffle d'eau, la parole de *tejas*. » — « Seigneur, instruisez-moi encore », dit le fils. — « Soit, mon ami », répondit le père. 5, 4

VI

« Lorsque, mon ami, on baratte le lait, la partie subtile monte et devient beurre. 6, 1

« De même, mon ami, de la nourriture, quand on l'absorbe, la partie subtile monte et devient esprit. 6, 2

« De l'eau, quand on boit, la partie subtile monte et devient souffle. 6, 3

« Du *tejas*, mon ami, quand on l'absorbe, la partie subtile monte et devient parole. 6, 4

6, 5 « En vérité, mon ami, l'esprit est fait de nourriture, le souffle d'eau, la parole de *tejas*. » — « Seigneur, dit le fils, instruisez-moi encore ». — « Soit, mon ami. »

VII

7, 1 « L'homme, mon ami, est composé de seize parties. Pendant quinze jours abstiens-toi de manger, mais bois tant que tu voudras. Le souffle est fait d'eau ; dès l'instant que tu boiras, il ne te sera pas coupé. »

7, 2 Pendant quinze jours, donc, il s'abstint de manger. Il s'approcha alors de son père : « Que dois-je dire ? » — « Des *ṛc*, mon ami, des *yajus*, des *sāman*. » — Il reprit : « Ils ne me reviennent pas à l'esprit. »

7, 3 Son père lui dit : « Si, mon ami, d'un grand feu il ne reste plus qu'un charbon, de la dimension d'une luciole, il ne suffit pas à donner une grande flamme ; de même, mon ami, de tes seize parties il ne t'en reste plus qu'une, et ce n'est pas assez pour que tu te ressouviennes des Vedas. Mange !

7, 4 Ensuite je t'expliquerai. » Il mangea, puis il revint près de son père, et à toutes les questions que celui-ci lui posa il répondit parfaitement. Son père alors lui dit :

7, 5 « Si, d'un grand feu il ne restait qu'un charbon de la dimension d'une luciole, on peut le ranimer en le chargeant d'herbes sèches et refaire une grande flambée ;

7, 6 « De même, mon ami, de tes seize parties il ne t'en restait plus qu'une seule : rechargée de nourriture, elle a repris feu et voici que c'en est assez pour que tu te remémores les Vedas. En vérité, mon ami, l'esprit est fait de nourriture ;

le souffle est fait d'eau et la parole de *tejas*. » Tel est l'enseignement qu'il reçut de lui — qu'il reçut.

VIII

Uddālaka Āruṇi dit à son fils Śvetaketu : « Connais de 8, 1
moi, mon ami, la vérité sur le sommeil. Quand on dit d'un homme qu'il dort, il est alors uni à l'être[1]. Il est entré (*apīta*) dans le soi (*sva*) ; c'est pourquoi on dit qu'il dort (*svapiti*) ; c'est qu'il est entré dans le soi.

« Comme un oiseau attaché par un fil vole de droite et 8, 2
de gauche et, ne trouvant aucun autre lieu où se poser, finalement se réfugie au lieu même où il est lié, de même, mon ami, l'esprit de l'homme, après avoir volé de place en place, ne trouvant nulle part ailleurs où se fixer, se réfugie dans le souffle ; car l'esprit, mon ami, est lié au souffle.

« Connais de moi, mon ami, la faim et la soif. Quand on 8, 3
dit qu'un homme désire manger, l'eau emmène ce qu'il mange. Comme on dit un meneur de vaches, un meneur de chevaux, un meneur d'hommes, de même on appelle l'eau (qui, en faisant disparaître la nourriture, produit la faim), *aśanāyā* ("faim" ou *aśa-nāyā* "meneuse de nourriture"). Là, sache-le, mon ami, se développe le germe qu'est le corps ; car il faut bien qu'il ait une racine.

« Et où aurait-il sa racine ailleurs que dans la nourriture ? 8, 4
Tout de même, mon ami, de cet autre germe qu'est la nourriture remonte à sa racine, l'eau : du germe qu'est l'eau remonte à sa racine, le *tejas* ; du germe qu'est le *tejas* remonte à sa racine qui est l'être. Toutes les créatures,

1. L'être *sat*, c'est l'être absolu que nous avons vu, VI, 2, 1, et qui est, dans la notion de l'upaniṣad, identique à l'âme individuelle, au soi (*sva*).

mon ami, ont dans l'être leur racine ; elles ont leur siège dans l'être ; elles reposent sur l'être.

8, 5 « Maintenant, quand on dit qu'un homme veut boire, c'est le *tejas* qui emmène la boisson. Comme on dit un meneur de vaches, de chevaux, un meneur d'hommes, de même on appelle le *tejas udanyā* ("soif" ou "meneuse d'eau"). Là, sache-le, mon ami, se développe le germe qu'est le corps ; car il faut bien qu'il ait une racine.

8, 6 « Et où aurait-il sa racine ailleurs que dans l'eau ? Du germe qu'est l'eau remonte de même à sa racine le *tejas* ; du germe qu'est le *tejas* remonte à sa racine, l'être. Toutes les créatures, mon ami, ont dans l'être leur racine ; elles ont leur siège dans l'être ; elles reposent sur l'être. Comment, dans l'homme, ces trois règnes (*tejas*, eau, nourriture) se combinent pour devenir chacun triple, c'est ce qui a été expliqué précédemment (VI, 4-5). De l'homme, quand il meurt, la parole passe dans l'esprit, l'esprit dans le souffle, le souffle dans le *tejas*, le *tejas* dans l'être suprême. Cette essence subtile,

8, 7 « C'est par elle que tout est animé ; c'est la seule réalité ; c'est l'*ātman*, et, toi-même, ô Śvetaketu, tu es cela. »
— « Seigneur, instruisez-moi encore », reprit le fils.
— « Soit », répondit le père.

IX

9, 1 « Pour faire le miel, mon ami, les abeilles, recueillant les sucs des plantes les plus diverses, les ramènent à l'unité d'un seul suc.

« Les divers sucs ne se distinguent pas l'un comme le suc de telle plante, l'autre comme le suc de telle autre. De même, en vérité, mon ami, toutes les créatures, bien que plongeant dans l'être, ignorent qu'elles plongent dans l'être. 9, 2

« Ici-bas, tigre ou lion, loup ou sanglier, ver ou papillon, mouche ou moustique, quoi qu'elles soient, elles gardent leur individualité[1]. 9, 3

« Quant à l'essence subtile, c'est par elle que tout est animé ; elle est la seule réalité, c'est l'*ātman* ; et toi-même, Śvetaketu, tu es cela. » — « Seigneur, reprit le fils, instruisez-moi encore. » — « Soit, mon ami ! » 9, 4

X

« Les rivières, mon ami, coulent, celles de l'orient vers l'est, celles de l'ouest vers le couchant. Sorties de l'océan, elles y retournent. Cela ne fait qu'un océan unique. Elles ne se souviennent pas d'être telle ou telle rivière. 10, 1

« De même, en vérité, mon ami, toutes les créatures, quoique sorties de l'être, ne savent pas qu'elles sortent de l'être. Toutes, tigre ou lion, loup ou sanglier, ver ou papillon, mouche ou moustique, quoi qu'elles soient, gardent leur individualité. 10, 2

« Quant à l'essence subtile, c'est par elle que tout est animé ; c'est l'unique réalité, c'est l'*ātman* ; et toi-même, Śvetaketu, tu es cela. » — « Seigneur, reprit le fils, instruisez-moi encore. » — « Soit, mon ami ! » 10, 3

1. Les êtres, bien que plongeant dans l'être absolu, n'ont que la conscience de leur existence particulière et individuelle, comme tigre, lion, etc.

XI

11, 1 « Si, mon ami, on frappait ce grand arbre que voici à la racine, tout en perdant de sa sève, il continuerait de vivre. De même si on le frappait au tronc, ou si on le frappait au sommet, tout en perdant de sa sève, il continuerait de vivre. Pénétré par l'*ātman*, par la vie, aspirant avidement les sucs de la terre, il demeure en joie.

11, 2 Mais si la vie abandonne une branche, elle sèche ; une seconde, elle sèche de même ; une troisième, elle sèche aussi ; si elle abandonne tout, il sèche tout entier. De même, mon ami, sache ceci :

11, 3 « En vérité, l'être, abandonné par l'âme vivante, meurt ; l'âme ne meurt pas. C'est par cette essence subtile que tout est animé ; elle est la seule réalité ; elle est l'*ātman*. Toi-même, Śvetaketu, tu es cela. » — « Seigneur, reprit le fils, instruisez-moi encore. » — « Soit ! »

XII

12, 1 « Apporte-moi un fruit de ce nyagrodha. » — « Le voici, Seigneur. » — « Partage-le ». — « Le voici partagé. » — « Qu'y vois-tu ? » — « Un nombre de petites graines, Seigneur. » — « Eh bien ! partage une de ces graines. » — « En voici une partagée, Seigneur. » — « Qu'y vois-tu ? » — « Rien, Seigneur. »

12, 2 Le père reprit : « Cette essence subtile qui échappe, mon ami, à notre perception, c'est en vertu de cette essence subtile que cet arbre, si grand qu'il soit, se dresse.

12, 3 « Crois, mon ami. Cette essence subtile anime tout ; elle est la seule réalité ; elle est l'*ātman*. Toi-même, Śvetaketu, tu es cela. » — « Seigneur, instruisez-moi encore ». — « Soit ! »

XIII

« Jette ce sel dans l'eau et reviens à moi demain matin. » 13, 1
Ainsi fit Śvetaketu. Son père lui dit : « Ce sel que tu as, hier soir, jeté dans l'eau, apporte-le moi. » Śvetaketu regarda et ne le vit plus. Il était fondu.

« Goûte de cette eau prise à la surface… Eh bien ? » 13, 2
— « C'est salé. » — « Goûte de l'eau prise au milieu… Eh bien ? » — « C'est salé. » — « Goûte du fond… Eh bien ? » — « C'est salé. » — « Goûte encore et reviens près de moi. » Ainsi fit-il en disant : « C'est toujours de même ». Alors son père dit à Śvetaketu : « Ainsi, en vérité, mon ami, tu ne perçois pas l'être, et, pourtant, il est là.

« Cette essence subtile, c'est par elle que tout est animé ; elle 13, 3
est la seule réalité ; elle est l'*ātman* ; et toi-même, Śvetaketu, tu es cela. » — « Seigneur, instruisez-moi encore », reprit le fils. Et le père : « Soit, mon ami ! »

XIV

« Imaginez qu'on a, mon ami, du pays des Gāndhāras amené 14, 1
un homme, les yeux bandés, puis qu'on l'a abandonné dans un lieu désert ; amené et abandonné les yeux bandés, cet homme errerait au hasard soit vers l'est soit vers le nord, vers l'occident ou vers le sud.

« Que quelqu'un, le débarrassant de son bandeau, lui dise : 14, 2
"Les Gāndhāras sont dans telle direction ; marche dans cette direction" : l'homme, s'il est avisé et sage, s'informant

de village en village, atteindra finalement les Gāndhāras. Tout de même, ici-bas, un homme qui a reçu l'enseignement sait qu'il lui faudra du temps avant d'être délivré ; mais que, ensuite, il touchera le port.

14, 3 « C'est par cette essence subtile que tout est animé ; elle est la seule réalité ; elle est l'*ātman*. Et toi-même, Śvetaketu, tu es cela. » — « Seigneur, reprit le fils, instruisez-moi encore. » — Et le père : « Soit, mon ami ! »

XV

15, 1 « Quand un homme est à la mort, ses proches s'empressent autour de lui : "Me reconnais-tu ? Me reconnais-tu ?" Aussi longtemps que, chez le malade, la parole n'est pas retirée dans l'esprit, l'esprit dans le souffle, le souffle dans le *tejas*, le *tejas* dans l'être suprême, aussi longtemps il les reconnaît.

15, 2 « Mais quand la parole s'est retirée dans l'esprit, l'esprit dans le souffle, le souffle dans le *tejas* et le *tejas* dans l'être suprême, alors il ne les reconnaît plus.

15, 3 « C'est par cette essence subtile que tout est animé ; elle est la seule réalité ; elle est l'*ātman*. Et toi-même, Śvetaketu, tu es cela ». — « Instruisez-moi encore, Seigneur », reprit le fils. — « Soit, mon ami ! »

XVI

16, 1 « On amène, mon ami, un homme qui a les mains liées : "Il a dérobé ! Il a commis un vol ! Mettez la hache au feu pour l'épreuve". S'il a vraiment commis l'acte qu'il nie, alors il se montre faux ; par son affirmation fausse il s'enveloppe de fausseté ; s'il saisit la hache rougie au feu, il se brûle, il est condamné.

« Mais s'il est innocent, alors il se montre vrai ; par son affirmation il s'enveloppe de réalité ; s'il saisit la hache rougie au feu, il ne se brûle pas, il est mis en liberté. 16, 2

« Comme cet homme n'est pas brûlé (grâce à la réalité qui le protège), c'est par cette (réalité) que tout est animé ; elle est la (seule) réalité ; elle est l'*ātman*. Et toi-même, Śvetaketu, tu es cela. » Tel est l'enseignement qu'il reçut de lui – qu'il reçut. 16, 3

SEPTIÈME LECTURE

PREMIÈRE SECTION

« Enseignez, Seigneur ». En parlant ainsi Nārada s'était 1, 1
approché de Sanatkumāra. Celui-ci répondit : « Fais-moi connaître ce que tu sais ; je te dirai la suite. »

« Je connais, Seigneur, le Ṛg-Veda, le Yajur-Veda, 1, 2
le Sāma-Veda, l'Ātharvaṇa comme quatrième, les vieilles légendes en cinquième, le Veda des Vedas (la grammaire), le rituel pour les mânes, le calcul, la science augurale, la connaissance des temps, la logique, les règles de conduite, l'étymologie, la science des textes sacrés, la connaissance des démons, la science des armes, l'astronomie, la science des serpents et des génies[1]. Voilà, Seigneur, ce que je connais. »

« Je ne connais que les hymnes, je ne connais pas l'*ātman*. 1, 3
Mais j'ai entendu dire par des maîtres semblables à vous, Seigneur : "Qui connaît l'*ātman* traverse (l'océan de la souffrance)." Or, Seigneur, je souffre. Faites-moi donc,

1. De cette liste, l'interprétation repose à peu près uniquement sur le commentaire de Śaṅkara. Plusieurs termes en sont, à mon avis, douteux ou même tout à fait improbables.

Seigneur, traverser (l'océan de) la souffrance[1]. » Il lui répondit : « Tout ce que tu as énuméré, tout cela n'est que mots. »

1, 4 « Mots, le Ṛg-Veda, le Yajur-Veda, le Sāma-Veda, l'Ātharvaṇa comme quatrième, les vieilles légendes en cinquième, la grammaire, le rituel pour les mânes, le calcul, la science augurale, la connaissance des temps, la logique, les règles de conduite, l'étymologie, la science des textes sacrés, la connaissance des démons, la science des armes, l'astronomie, la science des serpents et des génies : mots que tout cela. Prends une vue juste des mots.

1, 5 « Quant à celui qui prend les mots pour *brahman*, il peut tout ce qu'il veut, (mais seulement) dans le domaine des mots. » — « Y a-t-il donc quelque chose qui soit plus que les mots ? » — « Assurément il y a quelque chose qui est plus que les mots. » — « Seigneur, faites-le moi connaître. »

II

2, 1 « La parole, en vérité, est plus que les mots. C'est la parole qui fait connaître le Ṛg-Veda, le Yajur-Veda, le Sāma-Veda, l'Ātharvaṇa comme quatrième, les vieilles légendes en cinquième, la grammaire, le rituel pour les mânes, le calcul, la science augurale, la connaissance des temps, la logique, les règles de conduite, l'étymologie, la science des textes sacrés, la connaissance des démons, la science des armes, l'astronomie, la science des serpents et des génies, le ciel, la terre, l'air, l'éther, les eaux, le *tejas*, les dieux, les hommes, les animaux, les oiseaux, les plantes

1. Ici une pensée et même une formule entièrement bouddhiques.

et les arbres, toutes les bêtes jusqu'aux vers, aux insectes et aux fourmis, et le juste et l'injuste, le vrai et le faux, le bien et le mal, le plaisant et le déplaisant. Si la parole n'existait pas, ni le juste ni l'injuste ne serait connu, ni le vrai ni le faux, ni le bien ni le mal, ni le plaisant ni le déplaisant. C'est la parole qui fait discerner tout cela. Prends une vue juste de la parole.

« Quant à celui qui tient la parole pour *brahman*, il peut 2, 2
tout ce qu'il veut, (mais seulement) dans le domaine auquel s'étend la parole » — « Y a-t-il, Seigneur, quelque chose qui soit plus que la parole ? » — « Assurément, il y a quelque chose qui est plus que la parole. » — « Seigneur, faites-le moi connaître. »

III

« L'esprit (*manas*), en vérité, est plus que la parole. Comme 3, 1
la main reployée enferme deux fruits d'*āmalaka* ou de *kola* ou d'*akṣa*, de même l'esprit enferme et la parole et les mots. Que l'on pense en esprit : Je veux étudier les hymnes, et on les étudie ; je veux accomplir des sacrifices, et on les accomplit ; je choisis la vie de famille avec des fils et des troupeaux, et on la choisit : je me consacre aux poursuites de ce monde ou à l'autre monde, et on s'y consacre. [Car l'*ātman* est esprit ; le monde est esprit ; *brahman* est esprit[1]]. Prends une vue juste de l'esprit.

1. Les mots enfermés entre crochets sont certainement interpolés. Le texte ne peut dire que *manas* (l'esprit) est *brahman* alors qu'à la ligne suivante il va expliquer qu'une pareille opinion est erronée et ne conduit qu'à des résultats insuffisants et imparfaits. L'interpolation s'expliquerait assez aisément par l'idée qui aurait pu surgir

3, 2 « Quant à celui qui tient l'esprit pour *brahman*, il peut tout ce qu'il veut (seulement) dans le domaine de l'esprit. » — « Y a-t-il donc quelque chose qui soit plus que l'esprit ? » — « Assurément, il y a quelque chose qui est plus que l'esprit. » — « Seigneur, faites-le moi connaître. »

IV

4, 1 « La pensée (*saṅkalpa*), en vérité, est plus que l'esprit. Quand on pense, on met l'esprit en action ; alors on émet la voix ; on l'émet en mots ; c'est dans les mots que les hymnes prennent corps ; dans les hymnes, les actes liturgiques.

4, 2 « Tout cela apparaît uniquement par le *saṅkalpa*[1], tient l'être du *saṅkalpa*, repose sur le *saṅkalpa*. Le ciel et la terre ont fait leur apparition ; l'air et l'espace ont fait leur apparition ; l'eau et le *tejas* ont fait leur apparition ; grâce à leur apparition apparaît la pluie ; grâce à l'apparition de la pluie apparaît la nourriture ; grâce à l'apparition de la nourriture apparaît la vie ; grâce à l'apparition de la vie apparaissent les hymnes ; grâce à l'apparition

d'opposer aux vues exprimées ici d'autres textes d'upaniṣads qui, dans la forme sinon dans le fond, concordent assez mal avec elles.

1. *Saṅkalpa* est à vrai dire intraduisible et « concept » le rend mal : car le mot n'embrasse pas seulement des nuances de significations variées, pensée, concept, volonté (et en effet les hymnes, etc., sont des fruits de la pensée), il implique une manière de jeu de mots. *Saṃ-kalp* signifie d'une façon générale « se constituer, se réaliser ». *Saṅkalpa*, c'est la réalisation au moyen de l'esprit, c'est-à-dire soit réalisation de pensées, d'idées (= conception, imagination), soit réalisation de pensées dans les faits (= résolution, volonté). Mais *saṅkalpa* s'applique aussi bien à la production de la voix, du mot, etc. sous l'action de la faculté intérieure du *saṅkalpa* (représentation et volonté) qu'à la production d'apparitions du monde extérieur. De là l'enchaînement des idées, lequel n'apparaît pas clairement de prime abord.

des hymnes apparaissent les œuvres liturgiques ; grâce à l'apparition des œuvres liturgiques apparaît le monde ; grâce à l'apparition du monde apparaissent tous les êtres. Voilà ce qu'est le *saṅkalpa*. Prends une vue juste du *saṅkalpa*.

« Quant à celui qui tient le *saṅkalpa* pour *brahman*, celui-là, 4, 3
dans l'univers réalisé, atteint des mondes fermes, solides, inébranlables, ferme lui-même, lui-même solide, inébranlable. Il peut tout ce qu'il veut dans le domaine du *saṅkalpa*, celui qui tient le *saṅkalpa* pour *brahman*. » — « Y a-t-il, Seigneur, quelque chose qui soit plus que le *saṅkalpa* ? » — « Assurément, il y a quelque chose qui est plus que le *saṅkalpa*. » — « Seigneur, faites-le moi connaître. »

V

« La raison, en vérité, est plus que la pensée. Quand on 5, 1
raisonne, on conçoit, on met l'esprit en action, on émet la voix, on l'émet en mots ; dans les mots les hymnes prennent corps ; dans les hymnes, les actes liturgiques.

« Tout cela a sa source unique dans la raison, tient l'être 5, 2
de la raison, repose sur la raison. C'est pourquoi lorsqu'un homme savant manque de raison, on dit de lui : “Quoiqu'il sache, il est comme s'il n'était pas. S'il savait vraiment, il ne serait pas ainsi déraisonnable.” Et quand un homme peu instruit montre de la raison, on lui obéit. Car la raison est pour les hommes le vrai chemin, la raison est *ātman*, la raison est le fondement de tout. Prends une vue juste de la raison.

« Quant à celui qui tient la raison pour *brahman*, il obtient, 5, 3
fermes, solides, inébranlables, les mondes qu'il a pensés, ferme lui-même, lui-même solide, inébranlable. Dans le domaine où s'étend la raison, il peut tout ce qu'il veut,

celui qui tient la raison pour *brahman*. » — « Y a-t-il, Seigneur, quelque chose qui soit plus que la raison ? » — « Assurément, il y a quelque chose qui est plus que la raison. » — « Enseignez-le moi, Seigneur. »

VI

6, 1 « En vérité, la réflexion est plus que la raison. La terre est comme absorbée par la réflexion[1] ; l'atmosphère est comme absorbée par la réflexion ; le ciel est comme absorbé par la réflexion ; les eaux sont comme absorbées par la réflexion ; les dieux et les hommes sont comme absorbés par la réflexion. C'est pourquoi ceux d'entre les hommes qui atteignent à la grandeur sont enclins à la réflexion. Tandis que le vulgaire est querelleur, prompt aux imputations et aux reproches, les hommes supérieurs sont enclins à la réflexion. Prends une vue juste de la réflexion.

6, 2 « Quant à celui qui tient la réflexion pour *brahman*, dans le domaine de la réflexion il peut tout ce qu'il veut. » — « Y a-t-il, Seigneur, quelque chose qui soit plus que la réflexion ? » — « Assurément, il y a quelque chose qui est plus que la réflexion. » — « Enseignez-le moi, Seigneur. »

VII

7, 1 « La science, en vérité, est plus que la réflexion. C'est par la science qu'on connaît le Ṛg-Veda, le Yajur-Veda, le Sāma-Veda, l'Ātharvaṇa en quatrième, les vieilles légendes en cinquième, la grammaire, le rituel pour les mânes, le calcul,

1. L'idée paraît singulière de représenter la terre, le ciel, etc., comme voués à la méditation. C'est sans doute une manière d'exprimer leur stabilité, leur impassibilité.

la science augurale, la connaissance des temps, la logique, les règles de la conduite, l'étymologie, la science des textes sacrés, la connaissance des démons, la science des armes, l'astronomie, la science des serpents et des génies, le ciel et la terre, l'air et l'espace, l'eau et le *tejas*, les dieux et les hommes, les animaux et les oiseaux, les plantes et les arbres, les bêtes jusqu'aux vers, aux papillons et aux fourmis, le juste et l'injuste, le vrai et le faux, le bien et le mal, le plaisant et le déplaisant, la nourriture et le goût, et ce monde et l'autre ; tout cela, c'est par la science qu'on le connaît. Prends une vue juste de la science.

« Quant à celui qui tient la science pour *brahman*, celui- 7, 2
là atteint les mondes de la science, de la connaissance. Dans le domaine de la science il peut tout ce qu'il veut, celui qui tient la science pour *brahman*. » — « Y a-t-il, Seigneur, quelque chose qui soit plus que la science ? » — « Assurément, il y a quelque chose qui est plus que la science. » — « Enseignez-le moi, Seigneur. »

VIII

« En vérité, la force est plus que la science. Un seul homme, 8, 1
par sa force, peut faire trembler cent savants. Quand on est fort, on se dresse ; debout, on circule ; en circulant, on s'établit ; établi, on voit, on entend, on pense, on connaît, on agit, on sait. C'est en vertu de la force que tout subsiste : la terre, l'atmosphère, le ciel, les montagnes, les dieux et les hommes, les animaux et les oiseaux, les plantes et les arbres, les bêtes jusqu'aux vers, aux papillons et aux fourmis. C'est par la force que subsiste le monde. Prends une vue juste de la force.

8, 2 « Quant à celui qui tient la force pour *brahman,* celui-là peut tout ce qu'il veut dans le domaine de la force. » — « Y a-t-il, Seigneur, quelque chose qui soit plus que la force ? » — « Assurément, il y a quelque chose qui est plus que la force. » — « Seigneur, enseignez-le moi. »

IX

9, 1 « En vérité, la nourriture est plus que la force. C'est pourquoi si l'on reste dix jours sans manger, alors, en supposant que l'on soit encore vivant, on n'est plus capable de voir, ni d'entendre, ni de penser, ni de connaître, ni d'agir, ni de savoir ; mais, revenant à la nourriture, on redevient capable de voir, d'entendre, de penser, de connaître, d'agir, de savoir. Prends une idée juste de la nourriture.

9, 2 « Quant à celui qui tient la nourriture pour *brahman,* il atteint les mondes où l'on mange et où l'on boit. Dans tout le domaine auquel s'étend la nourriture il peut tout ce qu'il veut, celui qui tient la nourriture pour *brahman.* » — « Y a-t-il, Seigneur, quelque chose qui soit plus que la nourriture ? » — « Assurément, il y a quelque chose qui est plus que la nourriture. » — « Enseignez-le moi, Seigneur. »

X

10, 1 « Les eaux, en vérité, sont plus que la nourriture. C'est pourquoi, quand la pluie manque, tout ce qui vit s'inquiète, à la pensée que la nourriture sera insuffisante. Mais quand la pluie est abondante, toutes les créatures se réjouissent, pensant qu'il y aura beaucoup de nourriture. Ce sont ces mêmes eaux qui, prenant des formes diverses, constituent la terre, l'espace, le ciel, les montagnes, les dieux et les hommes, les animaux et les oiseaux, les plantes et les arbres, les bêtes jusqu'aux vers, aux papillons et aux fourmis. Ce sont toujours les eaux sous des apparences diverses. Prends une vue juste des eaux.

« Quand à celui qui tient les eaux pour *brahman*, il réalise 10, 2
tous ses souhaits, ses vœux sont satisfaits. Dans le domaine des eaux il peut tout ce qu'il veut, celui qui tient les eaux pour *brahman*. » — « Y a-t-il, Seigneur, quelque chose qui soit plus que les eaux ? » — « Assurément, il y a quelque chose qui est plus que les eaux. » — « Enseignez-le moi, Seigneur. »

XI

« Le *tejas*, en vérité, est plus que les eaux. C'est ainsi que, 11, 1
porté par le vent, il échauffe l'espace et l'on dit : "Il fait chaud, il fait brûlant, certainement il pleuvra." C'est le *tejas* qui, après avoir produit ces signes avant-coureurs, déchaîne les eaux. C'est alors que, parmi les éclairs qui sillonnent les nuages en tous sens un fracas résonne, et l'on dit : "Il éclaire, il tonne, certainement il pleuvra." C'est le *tejas* qui, après avoir produit ces signes avant-coureurs, déchaîne les eaux. Prends une vue juste du *tejas*.

« Quant à celui qui tient le *tejas* pour *brahman*, resplendissant 11, 2
lui-même[1], il atteint des mondes resplendissants, éclatants, affranchis de ténèbres. Dans tout le domaine du *tejas* il peut tout ce qu'il veut, celui qui tient le *tejas* pour *brahman*. » — « Est-il, Seigneur, quelque chose qui soit plus que

1. *Tejas* a un double sens de chaleur-éclat et de force qui fait ici un jeu de mots impossible à rendre.

le *tejas* ? » — « Assurément, il est quelque chose qui est plus que le *tejas*. » — « Enseignez-le moi, Seigneur. »

XII

12, 1 « En vérité, l'espace est plus que le *tejas*. Dans l'espace se meuvent le soleil et la lune, l'éclair, les constellations, le feu. C'est à travers l'espace qu'on appelle, à travers l'espace qu'on entend, à travers l'espace qu'on répond, dans l'espace qu'on jouit, dans l'espace qu'on souffre, dans l'espace qu'on naît, vers l'espace que tend tout ce qui naît. Prends une vue juste de l'espace.

12, 2 « Quant à celui qui prend l'espace pour *brahman*, il atteint des mondes vastes et lumineux, affranchis de la souffrance et spacieux. Dans le domaine auquel s'étend l'espace il peut tout ce qu'il veut, celui qui tient l'espace pour *brahman*. » — « Y a-t-il, Seigneur, quelque chose qui soit plus que l'espace ? » — « Assurément, il y a quelque chose qui est plus que l'espace. » — « Veuillez donc, Seigneur, me l'enseigner. »

XIII

13, 1 « La mémoire[1], en vérité, est plus que l'espace. C'est pourquoi des gens privés de mémoire, en quelque nombre qu'on les suppose, ne sauraient entendre, ni penser, ni savoir. Mais s'ils avaient la mémoire, ils entendraient, ils penseraient, ils sauraient. C'est par la mémoire qu'on connaît ses fils, ses troupeaux. Prends une vue juste de la mémoire.

1. Plus encore que *mémoire*, les termes *smara* / *smṛti* employés ici désignent la concentration ou la grande attention portée à un objet d'étude (NdE, d'après Olivelle).

« Quant à celui qui tient la mémoire pour *brahman*, il peut tout ce qu'il veut dans le domaine auquel s'étend la mémoire. » — « Y a-t-il, Seigneur, rien qui soit plus que la mémoire ? » — « Assurément, il y a quelque chose qui est plus que la mémoire. » — « Veuillez, Seigneur, me l'enseigner. » 13, 2

XIV

« L'espérance, en vérité, est plus que la mémoire. C'est enflammé par l'espérance qu'on récite les *mantra*, qu'on accomplit les actes liturgiques, qu'on souhaite des fils et des troupeaux, qu'on souhaite les biens de ce monde et de l'au delà. Prends une vue juste de l'espérance. 14, 1

« Quant à celui qui tient l'espérance pour *brahman*, grâce à l'espérance, tous ses désirs réussissent, ses vœux sont exaucés. Dans le domaine auquel s'étend l'espérance, là, il peut tout ce qu'il veut, celui qui tient l'espérance pour *brahman*. » — « Y a-t-il, Seigneur, rien qui soit plus que l'espérance ? » — « Assurément, il y a quelque chose qui est plus que l'espérance. » — « Veuillez, Seigneur, me l'enseigner. » 14, 2

XV

« La vie (le souffle vital) est plus, en vérité, que l'espérance. Comme les rais d'une roue sont engagés dans le moyeu, ainsi tous les êtres sont engagés dans la vie. La vie se soutient par la vie ; la vie donne la vie ; elle donne à la vie. Le père est vie, la mère est vie, le frère est vie, vie la sœur, vie le maître, vie le brâhmane. 15, 1

15, 2 « Quand on répond avec violence à un père, à une mère, à un frère, à une sœur, à un maître, à un brâhmane, chacun se récrie : "Honte à toi ! meurtrier de ton père ! meurtrier de ta mère ! meurtrier de ton frère ! meurtrier de ta sœur ! meurtrier de ton maître ! meurtrier de brâhmane !"

15, 3 « Mais que, lorsque la vie s'est retirée d'eux, il les manœuvre avec un croc pour les brûler complètement, personne ne lui criera : "Tu es le meurtrier de ton père, le meurtrier de ta mère, le meurtrier de ton frère, le meurtrier de ta sœur, le meurtrier de ton maître, le meurtrier d'un brâhmane !"

15, 4 « C'est que tout cela (mots, etc...) est vie. Celui qui voit ainsi, qui pense ainsi, qui sait ainsi, celui-là est *ativādin* (c'est-à-dire triomphe par la doctrine et en même temps, peut-être, s'appuie sur la série des supériorités successives). Si on lui dit : "Tu es un ativādin", qu'il dise : "En effet, je suis un ativādin[1]". Qu'il ne s'en défende pas !

XVI

16, 1 « Mais celui-là seulement l'emporte par la parole qui l'emporte par la vérité. » — « Puissé-je, Seigneur, l'emporter par la vérité ! » — « Il faut alors désirer connaître la vérité. » — « Je désire, Seigneur, connaître la vérité. »

1. *Ativādin* pourrait désigner à la fois la personne suffisamment intelligente pour remporter le débat mais aussi le beau parleur au discours creux. Ceci expliquerait cette dernière phrase : « — Tu es un beau parleur. », « — Je suis un subtil interlocuteur. » (NdE, d'après Olivelle).

XVII

« C'est seulement quand on sait que l'on dit ce qui est. 17, 1
Qui ne sait pas ne dit pas ce qui est ; celui-là seulement qui sait peut dire ce qui est ; mais il faut désirer connaître la science. » — « Je désire, Seigneur, connaître la science. »

XVIII

« C'est seulement quand on pense qu'on connaît ; sans 18, 1
penser on ne peut connaître ; c'est seulement en pensant qu'on connaît ; mais il faut désirer connaître la pensée. » — « Je désire, Seigneur, connaître la pensée. »

XIX

« C'est seulement quand on a la foi qu'on pense ; qui ne 19, 1
croit pas ne pense pas ; seul pense celui qui croit ; mais il faut vouloir connaître la foi. » — « Seigneur, je désire connaître la foi. »

XX

« C'est seulement quand on pratique parfaitement (les rites) 20, 1
qu'on a la foi. Qui ne pratique pas ne croit pas ; seul, celui qui pratique a la foi ; mais il faut vouloir connaître la pratique parfaite. » — « Je veux, Seigneur, connaître la pratique parfaite. »

XXI

« C'est seulement quand on sacrifie qu'on pratique 21, 1
parfaitement ; sans sacrifices pas de pratique parfaite. Celui seul qui sacrifie pratique parfaitement ; mais il faut

vouloir connaître le sacrifice. » — « Je veux, Seigneur, connaître le sacrifice. »

XXII

22, 1 « C'est seulement quand on éprouve la joie (intérieure) que l'on sacrifie[1]. On ne sacrifie pas quand on est en proie à la souffrance. C'est seulement quand on éprouve la joie qu'on sacrifie ; mais il faut vouloir connaître la joie. » — « Je veux, Seigneur, connaître la joie. »

XXIII

23, 1 « Il n'y a de joie que dans l'infinitude. Il n'y a pas de joie dans le fini. La joie est infinitude ; mais il faut vouloir connaître l'infinitude. » — « Je veux, Seigneur, connaître l'infinitude. »

XXIV

24, 1 « Ce par delà quoi on ne connaît rien, ni de vue, ni par ouï-dire, on ne conçoit rien, c'est l'infinitude. Ce au delà de quoi on connaît autre chose de ses yeux ou par ouï-dire, on conçoit autre chose, c'est le fini. Ce qui est infinitude est immortel ; ce qui est fini est mortel. » — « L'infinitude, Seigneur, sur quoi repose-t-elle ? Sur sa propre grandeur ou sur aucune grandeur ? »

24, 2 — « On appelle en ce monde "grandeur" la richesse en vaches et en chevaux, en éléphants et en or, en esclaves et en femmes, en champs, en demeures. Ce n'est pas là

1. Cette phrase n'est pas claire pour moi. Il semble que *sukha*, « bonheur », doive être pris dans une acception spéciale pour exprimer la joie de la piété qui aspire à se satisfaire par des œuvres rituelles.

ce que j'entends, dit-il ; car, dans ce cas, l'un repose sur l'autre (ce qui pour l'infini est impossible).

XXV

« Elle (l'infinitude) est en bas, elle est en haut, elle est à 25, 1
l'ouest et à l'est, au midi et au nord, elle est tout ce qui existe. Mais la même description s'applique au moi : le moi est en bas, il est en haut, il est à l'ouest, il est à l'est, il est au midi et au nord, le moi est tout ce qui existe.

« La même description s'applique à l'*ātman* : il est en bas, 25, 2
il est en haut, il est à l'ouest, il est à l'est, il est au midi et il est au nord, il est tout ce qui existe. Celui qui voit ainsi, qui pense ainsi, qui sait ainsi, qui aime l'*ātman*, qui se joue avec l'*ātman*, qui s'unit à l'*ātman*, qui fait sa félicité de l'*ātman*, celui-là est maître souverain ; il peut tout ce qu'il veut dans tous les mondes. Mais ceux qui pensent autrement, ils sont dépendants et voués aux mondes périssables. Ils ne peuvent pas ce qu'ils veulent dans tous les mondes.

XXVI

« Pour celui qui voit ainsi, qui pense ainsi, qui sait ainsi, 26, 1
la vie procède de l'*ātman*, de l'*ātman* l'espérance, de l'*ātman* la mémoire, de l'*ātman* l'espace, de l'*ātman* le *tejas*, de l'*ātman* l'eau, de l'*ātman* l'apparition et la disparition des choses, de l'*ātman* la nourriture, de l'*ātman* la force, de l'*ātman* la science, de l'*ātman* la réflexion, de l'*ātman* la raison, de l'*ātman* la pensée, de l'*ātman* l'esprit, de l'*ātman* la parole, de l'*ātman* les mots, de l'*ātman* les hymnes, de l'*ātman* les actes rituels ; de l'*ātman* procède tout ce qui existe. »

26, 2 D'où cette stance :

« Celui qui voit ne voit pas la mort, ni la maladie, ni la souffrance. Celui qui voit voit tout, partout il atteint à tout. »

« Celui-là est un ; il est trois, il est cinq, sept et neuf ; on dit aussi qu'il est onze et cent onze, aussi vingt mille. »

La pureté de la nourriture procure la pureté intérieure, la pureté intérieure la tradition sûre, la tradition sûre la libération de tous les liens. À Nārada purifié de toute souillure, le vénérable Sanatkumāra, par delà les ténèbres, montre ainsi la rive. On l'appelle Skanda — on l'appelle Skanda.

HUITIÈME LECTURE

Première section

Dans cette forteresse de *brahman* qu'est le corps, un petit lotus forme une demeure à l'intérieur de laquelle règne un petit espace. Il s'agit de rechercher ce qui l'occupe. Cela, en vérité, il faut désirer le savoir. 1, 1

Si l'on dit : « Dans cette forteresse de *brahman* qu'est le corps un petit lotus forme une demeure à l'intérieur de laquelle règne un petit espace, que renferme-t-il qu'il faille rechercher, qu'il faille désirer savoir ? », 1, 2

Il faut répondre : « Aussi vaste que l'espace qu'embrasse notre regard est cet espace à l'intérieur du cœur. L'un et l'autre, le ciel et la terre y sont réunis, le feu et l'air, le soleil et la lune, l'éclair et les constellations, et ce qui appartient à chacun ici-bas et ce qui ne lui appartient pas, tout cela y est réuni. » 1, 3

Si l'on reprend : « Si tout ce qui existe est réuni dans cette forteresse de *brahman*, tous les êtres réels et tous les désirs[1], 1, 4

1. La traduction littérale est imposée, on va le voir, par la complexité même des notions que la formule implique. Mais, à vrai dire, le terme « désirs » est trop étroit, il le faut élargir par la pensée : ce ne sont pas seulement les désirs conçus subjectivement, ce sont en même temps, objectivement, toutes les possibilités pouvant correspondre

qu'en subsiste-t-il quand l'âge l'atteint ou quand elle se dissout ? »,

1, 5 Il faut répondre : « Ils ne sont pas atteints par la décomposition, ils ne sont pas frappés par le coup qui la détruit. C'est la vraie forteresse de *brahman* ; tous les désirs sont là réunis. C'est l'*ātman* pur de toute tache, qui ne connaît ni la vieillesse, ni la mort, ni la peine, ni la faim, ni la soif, dont tous les désirs, toutes les pensées sont réalité. Comme les créatures, ici-bas, se comportent suivant l'autorité qui les domine, vers quelque objet que se porte leur désir, vers quelque pays ou quelque morceau de terre, elles en vivent… »

1, 6 Comme s'épuisent, ici-bas, les avantages obtenus par les actes, de même s'épuisent dans l'autre monde les avantages mérités par les bonnes œuvres. C'est pourquoi ceux qui passent ici-bas sans reconnaître l'*ātman* et (par lui) les désirs qui sont réalité, ceux-là de monde en monde ne peuvent pas ce qu'ils veulent. Mais ceux qui, en passant ici-bas, reconnaissent l'*ātman* et (par lui) les désirs qui sont réalité, ceux-là dans tous les mondes peuvent ce qu'ils veulent.

II

2, 1 S'il aspire au monde des pères, il n'a qu'à penser : les pères viennent au-devant de lui. Assuré du monde des pères, il est heureux.

à n'importe quels désirs. Dans l'être unique coexistent tous les êtres réels, mais aussi tous les êtres en puissance. Cependant on va voir à la section suivante que la notion de l'âme individuelle avec ses opérations et ses destinées particulières demeure en même temps très présente à l'esprit. C'est en vérité l'âme individuelle qui est tout particulièrement en cause ; bien que ressentie, son identité avec l'âme universelle est laissée au second plan.

S'il aspire au monde des mères, il n'a qu'à penser : les mères viennent au-devant de lui. Assuré du monde des mères, il est heureux. 2, 2

S'il aspire au monde des frères, il n'a qu'à penser : les frères viennent au-devant de lui. Assuré du monde des frères, il est heureux. 2, 3

S'il aspire au monde des sœurs, il n'a qu'à penser : les sœurs viennent au-devant de lui. Assuré du monde des sœurs, il est heureux. 2, 4

S'il aspire au monde des amis, il n'a qu'à penser : les amis viennent au-devant de lui. Assuré du monde des amis, il est heureux. 2, 5

S'il aspire au monde des parfums et des guirlandes, il n'a qu'à penser : parfums et guirlandes viennent à lui. Assuré du monde des parfums et des guirlandes, il est heureux. 2, 6

S'il aspire au monde de la nourriture et de la boisson, il n'a qu'à penser : aliments et boissons viennent à lui. Assuré du monde de la nourriture et de la boisson, il est heureux. 2, 7

S'il aspire au monde des chants et de la musique, il n'a qu'à penser : chants et musique viennent à lui. Assuré du monde des chants et de la musique, il est heureux. 2, 8

S'il aspire au monde des femmes, il n'a qu'à penser : les femmes viennent à lui. Assuré du monde des femmes, il est heureux. 2, 9

Quelque objet qu'il ait en vue, quoi qu'il désire, il n'a qu'à le penser, et cet objet se présente à lui. Assuré de cet objet, il est heureux. 2, 10

III

3, 1 Ces désirs qui sont réalité sont voilés par l'irréel[1] ; ils sont, mais l'irréel les masque. C'est ainsi que l'homme, si l'un des siens vient à mourir, n'a plus le moyen de le voir.

3, 2 Mais tous les siens, vivants ou morts, tout ce qu'il souhaite sans l'obtenir, tout cela il le trouve là en descendant en soi (dans son cœur où réside *brahman*) : car là existent les désirs qui sont réalité, mais que voile l'irréel. Comme des gens qui en ignorent l'emplacement passent et repassent, sans le trouver, sur un trésor, de même toutes les créatures vivent jour après jour sans découvrir ce monde de *brahman* (qu'elles portent en elles) ; elles en sont séparées par l'irréel.

3, 3 Cet *ātman* (la seule vraie réalité) est dans le cœur. C'est ce qu'exprime le mot : il (*ayam*) est dans le cœur (*hr̥di*), d'où *hr̥dayam*. Jour après jour, celui qui sait ainsi atteint le monde céleste.

3, 4 Et le calme profond qui se réalise dans sa forme propre en émanant du corps mortel et en pénétrant dans la lumière suprême, c'est l'*ātman*, dit-il. C'est l'immortalité, c'est la félicité, c'est *brahman*. Le nom de ce brahman est *Sat-ti-yam*.

3, 5 *Sat-ti-yam* comprend trois syllabes : *Sat* c'est l'immortalité, *ti* ce qui est mortel, *yam* est ce qui relie les deux ; car *yam* est la racine du thème *yacchati* qui signifie unir. Jour après jour il atteint le monde céleste, celui qui sait ainsi.

1. *Scil.* Le monde décevant, la *māyā* des apparences, par opposition à la seule réalité vraie, l'être en soi.

IV

Cet *ātman* est une digue, une barrière qui sépare les mondes. Cette digue, les jours et les nuits ne la franchissent pas, ni la vieillesse, ni la mort, ni la souffrance, ni les bonnes actions, ni les mauvaises. 4, 1

En s'y heurtant tous les péchés reculent ; car ce monde de *brahman* est affranchi du péché. C'est pourquoi en vérité, en traversant cette digue, l'aveugle devient clairvoyant, le blessé est guéri, le malade bien portant. C'est pourquoi, en vérité, la nuit, à qui traverse cette digue, se mue en jour. Car le monde de *brahman* est, une fois pour toutes, lumineux. 4, 2

Ceux qui atteignent ce monde de *brahman* par le *brahmacarya* (les connaissances et la vie d'un novice brahmanique), à ceux-là seuls appartient le monde de *brahman* ; dans tous les mondes ils peuvent ce qu'ils veulent. 4, 3

V

Ce qu'on appelle sacrifice (*yajña*) n'est, en réalité, rien d'autre que le *brahmacarya* ; car c'est par le *brahmacarya* qu'on atteint celui qui sait (*yo jñātā*). Ce qu'on appelle l'offrande (*iṣṭa*) n'est, en réalité, rien d'autre que le *brahmacarya* ; car c'est seulement en le cherchant (*iṣṭvā*) par le *brahmacarya* qu'on atteint l'*ātman*. 5, 1

Ce qu'on appelle *sattrāyaṇa* n'est, en réalité, rien d'autre que le *brahmacarya* ; car c'est par le *brahmacarya* que l'on obtient le salut (*trāṇa*) du soi, qui est l'être (*sat*). Ce que l'on appelle le vœu du silence (*mauna*) n'est, en réalité, rien d'autre que le *brahmacarya* ; car c'est 5, 2 seulement par le *brahmacarya* que, atteignant l'*ātman*, on pense (*manute*).

5, 3 Ce qu'on appelle abstinence (*anāśakāyana*) n'est, en vérité, rien d'autre que le *brahmacarya* ; car il ne périt pas (*na naśyati*), l'*ātman* que l'on atteint par le *brahmacarya*. Ce qu'on appelle l'*araṇyāyana* (la vie d'ermite dans la forêt) n'est, en réalité, rien d'autre que le *brahmacarya* : les océans *ara* et *ṇya* sont dans le monde de *brahman*, au troisième ciel. [Là est le lac *Airaṃmadīya*, là le figuier *Somasavana*, là la forteresse *Aparājitā* de *brahman*, le palais de Prabhu tout en or].

5, 4 Ceux qui, par le *brahmacarya*, atteignent, dans le monde de *brahman*, ces deux océans *ara* et *ṇya*, à ceux-là seuls appartient le monde de *brahman*. Dans tous les mondes ils peuvent tout ce qu'ils veulent.

VI

6, 1 Les veines qui sortent du cœur consistent en une substance subtile brune, blanche, bleue, jaune, rouge. En vérité, le soleil, là-haut, est brun, il est blanc, il est bleu, il est jaune, il est rouge.

6, 2 Comme une route établie entre deux villages va à l'un et à l'autre, de même les rayons du soleil vont à deux mondes : celui d'ici-bas et celui de là-haut. Du soleil qui est là-haut ils se propagent dans ces veines en s'y glissant ; de ces veines ils se propagent, en s'y glissant, dans le soleil.

6, 3 Ainsi quand on est endormi tout entier dans un calme total sans rêve, c'est qu'on s'est glissé dans ces veines. On échappe alors à toute souillure ; car on est en possession du *tejas*.

Quand un malade est à l'approche du coma, ceux qui l'entourent lui disent : « Me reconnaissez-vous ? Me reconnaissez-vous ? » Et lui, aussi longtemps qu'il n'a pas quitté le corps, il les reconnaît. 6, 4

Mais quand il quitte le corps, c'est au moyen de ces rayons qu'il s'élève ; le temps de dire *oṃ* ! et il est emporté vers les régions supérieures ; aussi prompt que la pensée il atteint le soleil, car là est la porte du monde ; elle s'ouvre à ceux qui savent et se ferme pour ceux qui ne savent pas. 6, 5

C'est à quoi s'applique cette stance : 6, 6

« Il y a cent une veines au cœur ; dans le nombre une seule s'élève vers la tête ; celui qui monte par celle-là va à l'immortalité ; par les autres on sort dans toutes les directions — on sort dans toutes les directions. »

VII

« L'*ātman* affranchi de toute souillure, qui n'est sujet ni à la vieillesse, ni à la mort, ni à la souffrance, ni à la faim, ni à la soif, dont les désirs et les pensées sont réalité, c'est celui-là qu'il faut chercher, qu'il faut s'appliquer à connaître. Il obtient tous les mondes et tous ses désirs, celui qui atteint cet *ātman* et le connaît. » Ainsi parla Prajāpati. 7, 1

Devas et Asuras, les uns et les autres, entendirent ses paroles. Ils dirent : « Eh bien donc ! Mettons-nous à la recherche de cet *ātman* par la découverte duquel on obtient tous les mondes et tous ses désirs. » Alors, Indra, parmi les Devas, et Virocana, parmi les Asuras, se levèrent. Tous les deux, sans s'être concertés, s'approchèrent de Prajāpati portant le bois (destiné au feu du maître). 7, 2

7, 3 Tous deux, pendant trente-deux ans, pratiquèrent le *brahmacarya*. Prajāpati leur dit : « Dans quelle vue avez-vous assumé ce noviciat ? » Ils répondirent : « "L'*ātman* affranchi de toute souillure, qui n'est sujet ni à la vieillesse, ni à la mort, ni à la souffrance, ni à la faim, ni à la soif, dont les désirs et les pensées sont réalité, c'est celui-là qu'il faut chercher, qu'il faut s'appliquer à connaître. Il obtient tous les mondes et tous ses désirs, celui qui atteint cet *ātman* et le connaît." Voilà les paroles, Seigneur, que l'on vous attribue. C'est en vue de l'atteindre que nous nous sommes faits vos disciples. »

7, 4 Alors Prajāpati leur dit : « Le personnage que l'on voit dans l'œil, c'est lui qui est l'*ātman*, ainsi parla-t-il : c'est l'immortalité, la félicité, c'est *brahman* ». — « Et le personnage, Seigneur, que l'on voit dans l'eau ou dans un miroir, quel est-il ? » — « C'est celui-là même, dit-il, que l'on découvre au fond de tout. »

VIII

8, 1 « Regardez-vous dans un vase rempli d'eau, et ce que vous ne retrouveriez pas de vous-même, dites-le moi. » L'un et l'autre se regardèrent dans un vase rempli d'eau. Prajāpati leur dit : « Que voyez-vous ? » Ils répondirent : « Nous nous voyons, Seigneur, reflétés au complet, jusqu'aux poils et aux ongles. »

8, 2 Prajāpati reprit : « Parez-vous bien, prenez de beaux vêtements et, ainsi ornés, regardez-vous dans le vase rempli d'eau. » Ils se parèrent, prirent de beaux vêtements et, ainsi ornés, ils se regardèrent dans le vase rempli d'eau. Alors Prajāpati leur dit : « Que voyez-vous ? »

Ils répondirent : « Tels nous sommes, Seigneur, bien vêtus, 8, 3
bien parés, tout ornés, tels nous nous voyons bien ornés, bien vêtus et tout parés ». — « C'est l'*ātman,* dit-il ; c'est l'immortalité, la félicité ; c'est *brahman.* » Et ils s'éloignèrent, le cœur content.

Alors, les suivant du regard, Prajāpati prononça : « Ils 8, 4
s'en vont sans avoir perçu, sans avoir atteint l'*ātman*. Ceux, des uns et des autres, Devas et Asuras, qui s'en tiendront à cette croyance (*upaniṣad*)[1], ceux-là périront. » Or, Virocana s'en alla vers les Asuras, le cœur pleinement satisfait, et il leur enseigna cette croyance (*upaniṣad*) : « C'est le corps (*ātman*) qu'ici-bas il faut satisfaire, le corps qu'il faut soigner. C'est seulement en satisfaisant le corps, en soignant le corps qu'on gagne les deux mondes, ce monde-ci et le monde de par delà. »

C'est pourquoi, aujourd'hui encore, on dit ici-bas d'un 8, 5
homme qui ne fait pas l'aumône, qui n'a pas la foi, qui ne sacrifie pas, qu'il est de la race des Asuras : car cette doctrine est celle des Asuras. Ils parent le corps des morts de parfums, de vêtements, d'ornements, et ils se figurent par là conquérir l'autre monde.

IX

Quant à Indra, avant d'avoir rejoint les Devas, il fut pris 9, 1
de ce scrupule : « Cet *ātman,* si le corps est bien paré, est bien paré ; est bien vêtu, si le corps est bien vêtu ; est orné, si le corps est orné ; tout de même, le corps étant aveugle, il est aveugle ; le corps étant difforme, il est difforme ; il est

1. Ce passage est des plus instructifs et des plus décisifs pour la vraie interprétation d'*upaniṣad* comme « croyance, doctrine ».

mutilé quand le corps est mutilé ; à la suite de la destruction du corps, il est détruit. Je ne vois là rien de consolant. »

9, 2 Il revint sur ses pas portant le bois pour le feu du maître. Alors Prajāpati lui dit : « Tu étais, Maghavat, parti le cœur content avec Virocana. Pourquoi es-tu revenu ? » Il répondit : « Cet *ātman*, quand le corps est bien paré, est bien paré ; bien vêtu, si le corps est bien vêtu ; orné, si ce corps est orné ; de même le corps étant aveugle, il est aveugle ; difforme, si ce corps est difforme ; mutilé, si ce corps est mutilé ; à la suite de la destruction du corps il est détruit. Je ne vois là rien de consolant. »

9, 3 — « Il en est en effet ainsi de cet *ātman*, ô Maghavat, reprit alors Prajāpati ; mais je t'expliquerai l'*ātman* plus à fond ; demeure près de moi encore trente-deux années. » Indra demeura donc derechef trente-deux ans comme novice. Prajāpati lui dit alors :

X

10, 1 « Celui qui se meut heureux en rêve, celui-là est l'*ātman*, ainsi parla Prajāpati ; c'est l'immortalité, la félicité, c'est *brahman*. » Et Indra s'éloigna, l'esprit satisfait ; mais avant d'avoir rejoint les Devas, il conçut ce scrupule : « Même si le corps est aveugle, cet *ātman* ne l'est pas, ni difforme si le corps est difforme ; il n'a pas de part aux défauts du corps ;

10, 2 « Il n'est pas tué par le coup qui le frappe, ni atteint par ses infirmités ; et, pourtant, il semble qu'on le tue, qu'on le fasse souffrir, qu'il ait conscience d'être malheureux ; il semble même qu'il pleure. Je ne vois là rien de consolant. »

Il revint sur ses pas portant le bois pour le feu du maître. 10, 3
Prajāpati alors lui dit : « Maghavat, tu t'étais éloigné l'esprit satisfait ; pourquoi es-tu revenu ? » Indra répondit : « Il est bien vrai que, même si le corps est aveugle, cet *ātman* ne l'est pas, ni infirme si le corps est infirme ; il n'a point de part à ses défauts ;

« Il n'est pas tué par le coup qui le frappe, ni déformé 10, 4
par ses difformités. Cependant, il semble qu'on le tue, qu'on le fasse souffrir ; il semble qu'il ait conscience d'être malheureux, qu'il pleure même. Je ne vois là rien de consolant. » — « Il en est bien ainsi de cet *ātman,* dit Prajāpati ; mais je t'expliquerai l'*ātman* plus à fond ; demeure ici encore trente-deux années. » Indra demeura donc encore trente-deux années. Alors Prajāpati lui dit :

XI

« Quand on est endormi tout entier dans un calme total, 11, 1
sans rêve, c'est l'*ātman,* dit-il ; c'est l'immortalité, la félicité, c'est *brahman* ». Indra s'éloigna alors, l'esprit satisfait ; mais, avant d'avoir rejoint les Devas, il conçut ce scrupule : « En vérité, cet *ātman* ne se connaît pas dans son existence présente pour tel ou tel ; il ne connaît pas les autres êtres ; en réalité il s'enfonce dans le néant. Je ne vois là rien de consolant. »

Il revint sur ses pas portant le bois pour le feu du maître. 11, 2
Prajāpati lui dit alors : « Tu t'étais, Maghavat, éloigné l'esprit satisfait ; pourquoi es-tu revenu ? » Il répondit : « Cet *ātman,* Seigneur, ne se connaît pas lui-même, dans son existence actuelle, pour tel ou tel ; il ne connaît pas

les autres êtres ; en réalité, il s'enfonce dans le néant. Je ne vois là rien de consolant. »

11, 3 — « Il en est bien ainsi de cet *ātman*, ô Maghavat, répondit Prajāpati ; mais je te l'expliquerai plus à fond, seulement sous cette condition que tu demeureras cinq années encore. » C'est pourquoi l'on dit : « Maghavat accomplit pendant cent un ans les pratiques du *brahmacarya* sous la direction de Prajāpati ». Prajāpati dit alors à Indra :

XII

12, 1 « Maghavat ! En vérité, ce corps est mortel, il est sous l'emprise de la mort. Ce corps est le siège de l'*ātman* immortel, incorporel. Uni au corps, il est sous l'emprise du plaisir et de la peine ; tant qu'il est uni au corps il ne peut s'affranchir du plaisir et de la peine ; mais quand il est débarrassé du corps, ni le plaisir ni la peine ne l'atteignent.

12, 2 « L'air est incorporel ; incorporels, le nuage, l'éclair, le tonnerre ; comme les uns et les autres émergent de l'espace supérieur et, s'approchant de la lumière suprême, apparaissent chacun sous sa forme propre,

12, 3 « De même ce calme parfait, émergeant du corps, prend, en s'approchant de la lumière suprême, sa forme propre ; c'est l'esprit suprême. Là il se meut, mangeant, jouant, s'amusant soit avec des femmes ou avec des chars ou avec des parents, ne se souvenant pas de l'appendice corporel. Comme l'animal de trait est attelé à la voiture, de même le souffle (vie) est attelé au corps.

« Alors, quand le regard se perd dans l'espace, c'est l'esprit qui est dans l'œil ; l'œil, lui, est l'organe de la vue[1]. Celui qui se dit : je veux sentir, c'est l'*ātman* ; l'odorat est là pour percevoir l'odeur. Celui qui se dit : je vais dire telle chose, c'est l'*ātman* ; la parole est là pour pourvoir à l'expression. Celui qui se dit : je veux entendre, c'est l'*ātman* ; l'ouïe est là pour percevoir le son. 12, 4

« Celui qui se dit : je veux penser, c'est l'*ātman* ; l'esprit, lui, est sa vue divine ; évoquant par cette vue divine, par l'esprit les objets qu'il désire, il en jouit. 12, 5

« Les Devas qui sont dans ce monde de *brahman* connaissent cet *ātman* (l'*ātman* compris comme il vient d'être dit) ; et c'est pourquoi ils ont prise sur tous les mondes, sur tous les objets de leur désir. Celui-là obtient tous les mondes, tous les objets de son désir, qui atteint et connaît cet *ātman*. » Ainsi parla Prajāpati — ainsi parla Prajāpati. 12, 6

XIII

Je vais du noir au coloré ; je vais du coloré au noir[2]. Secouant le mal comme un cheval secoue ses poils, secouant le corps — telle la lune se libère de la gueule de Rāhu — j'entre, m'étant fait une âme disciplinée, dans le monde increé de *brahman* — j'entre dans le monde de *brahman*. 13, 1

1. La pensée, gauchement exprimée, est claire : l'esprit qui apparaît dans l'œil est la puissance vitale qui y réside toujours, même quand le regard se perd dans l'espace sans voir ; l'œil est l'organe, l'instrument de la vision dont l'esprit est l'agent permanent.
2. Cet étrange début se rapporte sans doute à ce qui a été exposé ci-dessus au sujet de la cavité (noire) du cœur (1, 1-2), du bariolage des veines ainsi que des rayons solaires (6, 1-2), et du va-et-vient qui s'établit entre le cœur et le soleil.

XIV

14, 1 En vérité, c'est l'espace qui rend sensibles le nom et la forme ; ce en quoi ils sont contenus est *brahman*, est l'immortalité, est l'*ātman*. Je vais à l'assemblée, à la demeure de Prajāpati. Je suis la gloire des brâhmanes, la gloire des princes, la gloire des hommes du commun. J'ai ainsi acquis la gloire ; je suis la gloire des gloires. Puissé-je ne jamais retourner à la membrane brillante[1], qui dévore sans dents – ne jamais retourner à la membrane.

XV

15, 1 Tel est l'enseignement que Brahmā donna à Prajāpati, Prajāpati à Manu, Manu aux hommes. Celui qui, revenu de chez son maître après avoir appris le Veda et s'être complètement acquitté, conformément aux prescriptions, du service dû au *guru*, établi dans un foyer à lui, se consacrant à l'étude dans un lieu pur, prépare des disciples vertueux ; qui, concentrant en soi tous ses sens, respecte, à la seule exception des victimes sacrificielles, la vie de tous les êtres, en vérité, celui qui toute sa vie se conduit ainsi entre dans le monde de *brahman* et il n'en revient plus – et il n'en revient plus.

FIN

1. Il s'agit, d'après le commentaire qui paraît bien donner le vrai sens, du sein maternel, donc de la renaissance à laquelle coupe court l'entrée au monde de *brahman*.

En vérité, à l'origine, brahman *seul existait.*
Il ne connaissait donc que lui-même :
« Je suis brahman » ; et il était le Tout. Puis chacun des dieux le fut,
au fur et à mesure qu'ils s'éveillèrent à la pensée ;
de même des ṛṣi, *de même des hommes.*
(BU I, 4, 10)

INDEX-GLOSSAIRE

des noms et termes sanskrits figurant dans le texte

TABLE DES MATIÈRES

ENSEIGNEMENTS DE LA FORÊT, LA *BṚHAD-ĀRAṆYAKA-UPANIṢAD*

ENSEIGNEMENTS POUR LES CHANTRES, LA *CHĀNDOGYA-UPANIṢAD*

Ce volume,
publié aux Éditions Les Belles Lettres,
a été achevé d'imprimer
en février 2022 par
l'imprimerie SEPEC
01960 PÉRONNAS – France

IMPRIM'VERT®

N° d'édition : 10195
N° d'impression : 05425220202
Dépôt légal : avril 2022